U0464135

HISTORICAL STUDIES OF
WOMEN AND GENDER

《妇女与性别史研究》编委会名单

(按姓氏笔画排序)

Françoise Thébaud Karen Offen 王　政　邓小南　朱易安　向　荣

刘文明　刘咏聪　刘津瑜　苏智良　杜芳琴　李志生　李剑鸣　陆伟芳

陆建平　陈　恒　陈　雁　武　寅　畅引婷　赵立行　侯建新　俞金尧

姜　进　洪庆明　晏绍祥　徐善伟　徐　蓝　高世瑜　郭小凌　黄　洋

康　凯　程　郁　熊　莹　裔昭印　薄洁萍

妇女与性别史研究

主编／裔昭印　副主编／洪庆明

HISTORICAL STUDIES OF WOMEN AND GENDER

第三辑

上海三联书店

CONTENTS 目 录

专题研究

理论与综述

专题研究

《面饼和鱼》以及面饼和鱼

——多萝西·戴为何不是女权主义者

彭小瑜

摘　要：人们一般认为多萝西·戴是一位社会活动家，而不是一位思想家。不过在研究戴的过程中，学者们其实可以由她的言论和行动中发现很丰富的素材，能够从里面总结出很多天主教社会思想的经典表述和实践案例。戴对现代西方女权主义模棱两可的态度透露出，她的关注重点并非是性别问题和性别之争，而是底层社会的弱小群体。她对美国中产阶级妇女在社会问题上的傲慢与偏见有尖锐和深刻的批评。多萝西·戴的感情和全部注意力都倾注在那些没有任何财富和影响力的、她每天在日常生活中都能遇见的贫困弱小者身上，不论他们是男人还是女性。在这个意义上，她当然不是一位女权主义者。

关键词：多萝西·戴；女权主义；天主教社会思想；美国研究

我写过几篇关于多萝西·戴的文章，不过以前没有从妇女研究的角度去关注过这位 20 世纪美国著名的天主教徒。[①] 教宗方济各 2015 年 9 月 24 日在美国国会的演讲中，提到有四个人可以作为美国社会的道德楷模，即林肯总统、小马丁·路德·金、托马斯·默顿和多萝西·戴(1897—1980)。《华盛顿邮报》报道说，和希拉里竞争民主党总统候选人的参议员伯尼·桑德斯完全认同教宗表扬戴的话语，认为倡导社会正义和关爱底层民众的戴女士应该得到美国社会和政治家更多的关注。非常有意思的是，桑德斯还特地指出，教宗的演说并没有重点去讨论一些精英分子用来标榜他们的进步和时尚的性别平等和气候变化等问题，而是通过突出戴的历史地位和社会意义，强调了社会公平的缺失和贫富分化的加剧，批评美国产生

[①] 彭小瑜："一个激进者的皈依——多萝西·戴的思想与行动"，《历史研究》2005 年第 2 期，第 144—155 页；"改革者的理想与意识形态的困扰——多萝西·戴与约翰·科特的社会思想"，《北大史学》第 13 辑 (2008 年)，第 366—392 页。关于戴的经历及其活动背景，可以参考这两篇文章，以及彭小瑜所著《基督教与近代西方民族国家》(南昌：江西人民出版社，2011 年)中的有关章节。

社会不平等的经济模式以及接受社会不平等的文化和态度。[1]

其实按照马克思主义的观点,社会经济结构通常是许多特定社会问题的根源,社会经济改革也往往是缓解和消除这些问题的前提条件。譬如我们对男女不平等问题的思考和改良,一旦脱离对不公正社会经济和权力结构的批评,将问题的中心挪移到性别之争和种族问题,真正的社会改革焦点反而会被模糊化,贫困妇女沦落悲惨处境、少数族裔遭受歧视的真正原因反而会被遮蔽和掩盖。这就是为何致力于激进社会批评和改革的人士,诸如多萝西·戴和伯尼·桑德斯,通常不会将种族歧视和男女不平等这类问题看作他们工作的核心,而是提出解决这些问题的关键在于建立正义的社会经济结构和与之匹配的道德文化氛围。这样来看待社会问题的立场,展现在戴救助无家可归者的日常活动中,展现在她为社会正义不停写作和呼吁的文字和声音里。

这或许就是为何多萝西·戴不是女权主义者。由此思路,我在下面试图更多关照到多萝西·戴的女性身份,对她抗议社会不平等的思想和行动进行新的解读。

一、男女不平等与社会不平等

如果我们观察一下西方现代女权主义者,包括基督宗教人士中间致力于女权的积极分子,我们很容易注意到一个比较普遍的倾向,即她们对男女平等问题的极度重视会压倒对社会平等和社会经济问题的关怀,甚至会任由女权主义诉求变成中产阶级女性的特权,变成自私的抱怨和索取,譬如由女权主义立场进行的宗教研究就容易获得这样的特征。[2] 但是看重在历史上长期受压迫的妇女这一群体的权

---

[1] David Weigel, "The Pope Name-Dropped a Radical Catholic Activist, and Bernie Sanders Couldn't Be Happier," *The Washington Post*, 24 September 2015.

[2] Kenneth Aman, ed., *Border Regions of Faith: An Anthology of Religious and Social Change* (Maryknoll, New York: Orbis Books, 1987), pp. 1-87。编者在这里介绍了九篇具有代表性的女权主义宗教研究作品,其中多数体现的是欧美发达国家中产阶级妇女的权利和平等诉求。这个意义上的女权主义,不是多萝西·戴所认同的主张。June O'Connor, *The Moral Vision of Dorothy Day: A Feminist Perspective* (New York: Crossroad, 1991); "Stories from the South: The Voices of Latin American Women," *The Annual of the Society of Christian Ethics* 13(1993), pp. 283-290; "Guiding Questions and Changing Directions: How My Mind Has and Has Not Changed", *The Journal of Religious Ethics* 5(1997), pp. 221-232。奥康纳认为,多萝西·戴并不完全认同现代西方流行的女权主义观念,而是抗议所有人在不正义社会秩序中的遭遇,并以此来展现对贫困妇女的深切同情和爱护。奥康纳关注到拉丁美洲底层妇女在政治、经济和文化上极其悲惨的命运,注意到极度的物质贫穷甚至到了剥夺人们拥有精神生活的可能性的地步。她由这样的角度出发,强调戴对基督教道德的理解和实践不是去裁判人们做错了什么,而是去关爱物质和精神上被剥夺、被边缘化的底层人民,不是裁判、指责而是关爱,是设身处地、站到物质和精神双重贫困的人们的环境里面去关爱那里的男人和妇女。

益,是否本身就意味着努力去维护包括男性在内的所有人的尊严?① 在社会压迫十分严重的语境中,男女不平等和社会不平等很难作为两个不同的问题来处理。在上个世纪 80 年代,当拉美解放神学备受欢迎的时候,女权主义的立场也与之交融,而解放神学强烈的社会公正诉求也鼓舞了妇女反抗压迫的斗争精神,揭示了男女不平等与阶级不平等二者之间的必然联系。② 这恰恰是多萝西·戴关爱贫困妇女的鲜明特征。

关爱贫困者的精神和道德必须由关怀他们的基本物质生活开始。而在富裕的美国社会,为何还存在难以解决的贫困问题呢? 戴早年曾经为美国社会党刊物采访和写作。她对美国资本主义经济和文化的批评,并没有因为她皈依天主教而改变。在 1963 年出版的《面饼和鱼》里面,戴所关注的问题以及她笔端流露的情感与她在一战期间为社会主义宣传所写的文字并无不同。她讲述了很多贫穷妇女的故事,透露出她对垄断资本体制下贫富分化状况的感受。譬如《除了自己的身体,她没有别的东西可以典当》。这篇文章里的安妮·米勒因为得了肺痨的丈夫和两岁的儿子没有食物,不得不上街去当妓女,因此以拉客的罪名被送往感化院接受改造。戴在写安妮的遭遇时,关注的重点在她的丈夫和孩子:杰米虚弱得都端不起汤碗,甚至早上那片面包对他都太沉重了。安妮想给他买个可口的橙子和能够抹在面包片上的新鲜奶油,想给儿子买点土豆做土豆泥,可是家里已经没有任何值钱的东西可以典当,除了她自己的身体。她因此被送进了感化院! 由于戴所关注的重点是社会最底层的男女以及他们的家庭,她并不特别强调中产阶级妇女在当时围绕女性选举权和计划生育来倡导的性别平等问题。譬如在 1916 年感恩节那一天,她采访和写到了一位因为重病吐血、卧床不起的丈夫:他的妻子必须整天在餐馆厨房打杂挣得全家的生活费,12 岁的女儿在家照看着父亲和 3 岁的弟弟。交完房租和医药费,这家人几乎就没有钱买食物和取暖的煤炭了。③

在这些为美国社会党报刊所写的文章里,妇女儿童的福利始终是戴特别关心的问题,几乎所有文章的主角都是妇女。不过她也时刻让读者的眼睛看见在她们身边或者背后艰难谋生的或者在病痛中挣扎的丈夫和父亲。妇女平等的经济、政

---

① Leonard Swidler, "Jesus as a Feminist," in Kenneth Aman, *Border Regions of Faith*, pp. 30 - 38。作者在这里特意指出,耶稣提倡男女平等和维护女性尊严,因为他肯定所有人的尊严和他们之间的平等。

② Alfred T. Hennelly, ed., *Liberation Theology*:*A Documentary History*(Maryknoll, New York:Orbis Books,1990), pp. 385 - 389,514 - 520.

③ Dorothy Day, "Nothing to Pawn but Her Body", *New York Call*, 27 February 1917, p. 1.;"Dying Man Unable to Cut Turkey if the Family Had One", ibid., 30 November 1916, p. 2。这两篇文章以及戴发表在同一刊物的其他文章于 2018 年 3 月 1 日下载自 www. catholicworker. org。这些文章及其背景介绍,也见 Tom McDonough, *An Eye for Others*:*Dorothy Day Journalist 1916 -1917*(Washington D. C.:Clemency Press,2016)。

治和社会权利,在戴看来,不可能在一个贪婪的资本主义环境里实现。因此,她的文章总是把锋芒指向当时的垄断资本家,突显他们的奢侈生活与贫穷者艰难生活之间的巨大反差。譬如她呼吁约翰·洛克菲勒注意,人们正在用喂狗的食物充饥。她还提醒人们注意,富裕的阿斯特家族养育一个孩子一年的费用可以供养 7000 个贫民的孩子。① 戴在写这些文字的时候是否内心在考虑一个明确的社会问题解决方案呢? 她这一时期的文章并没有讨论系统的社会改革,更不要说社会革命。在这数十篇文章里,戴透露出一个女性记者观察贫困者生活细节的敏锐,以及对女工人和劳工家属的体贴。戴对她们日常的衣食住行细节异常留心,譬如她谈到贫民在吃通常喂狗的鸡爪,用河边上捡来的漂流木头把鸡爪煮烂,做成味道尚可的肉冻。戴描写贫穷,但是在她的文章里,窘迫的穷人是有尊严和讲究颜面的。她曾经描写失业工人家庭的主妇如何照看孩子。学校的老师注意到孩子营养不良的容貌,派护士来家访,让做母亲的每天给孩子吃牛奶、水果,在面包上涂抹奶油和果酱,烹饪营养丰富的肉汤。但是孩子的母亲能够做的,是把房间打扫得干干净净,帮助孩子做好个人卫生。家里唯一的可靠收入来源是腾出来转手出租的一间房,因此他们通常能够吃得起的只能是咸鱼、面包和菜场里正上市的便宜水果。②

在另一篇文章里,戴刻画了一位卧病不起、没有任何养老金的南北战争老兵。他太太靠自己饿肚子省下钱,买一点点牛奶和鸡蛋给进食困难的丈夫。戴还提及女工和女售货员工资低微,每天都不得不盘算花销,过着捉襟见肘的日子,而显赫的大银行家摩根的女儿居高临下地呼吁民众支持美国参加一次大战,声称那些每周有 15 美元收入的女工已经可以过无忧无虑的生活,但是她们却只看重物质享受,不懂得爱国是她们首先需要上心的事情。戴的文章用温和的语气揭示富人的虚伪。譬如她用平淡叙述的风格讽刺了纽约贵妇人举办的烹饪演示会:她们标榜自己的节俭,指责穷人经常浪费面包,并试图在活动中教会后者如何用过期的面包来制作开胃菜、浓汤、沙拉、主菜和甜食。当然,很多穷人并不领情,前来出席的人寥寥无几。这是否证实了富人们对他们的印象,即穷人之所以穷,是因为他们不懂得勤俭和自立?③ 西方现代资本主义版本的"何不食肉糜",与其说是愚蠢,不如说

---

① Dorothy Day, "Mr. J. D. Rockefeller, 26 Broadway: Here's a Family Living on Dog Food," *New York Call*, 13 November 1916, p. 1; "7000 Could Live on Sum Astor Baby Requires," ibid., p. 7.

② Dorothy Day, "Mr. J. D. Rockefeller, 26 Broadway: Here's a Family Living on Dog Food", *New York Call*, 13 November 1916, p. 1; "East Side Home Is Cold and Dreary, because Machine Takes Tailor's Job", ibid., 26 November 1916, p. 4.

③ Dorothy Day, "The Short and Simple Annals of the Poor Are Slow Starvation", *New York Call*, 16 November 1916, p. 1; "Girl on $12 a Week Sneers at Anne Morgan's Idea of Ease and Comfort on $15", ibid., 4 March 1917, p. 1; "What! Bread Crumbs Go to Waste! Won't Poor Ever Learn?" ibid., 17 February 1917, p. 1.

是伪善。

戴为美国社会党刊物所写的这些文章并不论及政策和立法意义上的社会主义观点。非常有意思的是,戴在这里提出的改良社会疾病的办法与她皈依罗马天主教之后系统执行的济贫措施几乎是完全一致的,即非暴力、不依赖国家干预、强调个人责任和敬重个人尊严的社会慈善。她描写了纽约圣公会妇女主持的一个救助屋:很多街头妓女以及酗酒和吸毒的潦倒女性在离开教养所以后在那里免费食宿,获得歇息和适应新生活的机会,有些人在找到正当工作之后继续在那里居住,交出自己薪金的一半,把另一半储存起来。与政府的社会福利机构不同,这一救助屋有几个特点,其一是不调查入住妇女的背景,不嫌弃她们的个性和脾气,也欢迎怀孕和带着小孩的妇女,不询问孩子们的来历,不责怪这些妇女的婚外关系。其二是用并非奢侈的体面物质生活待遇来体现对这些底层妇女的敬重和尊重。戴特别注意到救助屋内部的宽敞和亮堂,那里墙壁和地面上漂亮悦目的装饰,家具的优雅风格和细心摆放,以及住所外面的怡人景色。这是多萝西·戴一辈子,无论是在皈依天主教之前还是之后,试图在她的文字中展示的一个立场,即救助贫困的方式始终需要排除轻视穷人的一种特殊偏见,即社会只需要满足他们最基本甚至简陋的物质生活,他们对舒适、有尊严生活环境和条件的期望似乎是可以忽略的,他们的精神世界和心理需求似乎不需要精细体贴的关心。

戴在写这些文章的时候,曾经尝试用 5 美元支付一周的生活开销,发现靠这种低薪工资生活的单身女性,尽管饿不死,但是基本上不可能有任何其他生活乐趣,也无法逃避狭小廉价出租公寓里的臭虫。救助贫穷妇女以及其他穷人,只是给他们提供这样一种生活吗? 戴不能接受这样一种标准。① 那么戴所追求的社会理想,也就是时刻把个人尊严和权益放在重要位置的正义社会秩序,如何才能实现呢?

多萝西·戴在1927年12月29日皈依了罗马天主教。在皈依之后,她并没有立刻停止与美国激进左派人士的交往,她在言论和文字中始终没有对美国社会主义者和共产党人个人进行过任何攻击,始终尊重他们为推进社会正义付出的努力。美国共产党领袖伊丽莎白·格里·弗林(1890—1964)临终前甚至把自己的摇椅馈赠给戴作为纪念。② 皈依之后的戴逐渐意识到自己基于宗教信仰的世界观将导致她所选择的道路,与原来一起工作的社会主义者们所选择的道路不同。但是这一

① Dorothy Day, "Here's a Home in Which Girls May Bury Past Woes", *New York Call*, 15 February 1917, p. 1; "'Man Cannot Live by Bread Alone', Neither Can a Normal Woman", ibid., 18 December 1917, p. 2.

② Jim Forest, *All Is Grace*, *A Biography of Dorothy Day* (Maryknoll, New York: Orbis Books, 2012), p. 31.

转变没有让戴放弃批评资本主义制度下的贫富分化和阶级不平等,而是让她转向天主教的社会思想,创办《天主教工作者》这份报纸,建立了服务无家可归者的济贫屋,以一种独特方式继续她原本对劳工群众的关心,继续追求她原本在美国社会主义运动中寻找的平等和正义理想。在戴看来,漠视资本主义社会问题的神父忽略了基督关于建立公正社会秩序的福音,而社会主义者在努力改变社会不公平的时候没有看到基督是和劳工站在一起的。男女平等和女性的命运,始终是戴密切关注的问题,但是始终被她置放在基督宗教关于社会平等的语境之中来处理,而不是被处理成性别问题和性别之争。①

二、旨在改变世界的"心灵的革命"

"每个初生婴儿都在胳膊下带着面包。"在《面饼和鱼》这部回忆天主教工作者济贫工作的著作里,戴的一个重要主题是基于信仰的乐观生活态度:"困难会自然而然地被解决,苦难会凭借我们的信仰得到缓解。"这部书的书名取自《新约》四部福音书里面都提及的一个故事,即耶稣用五个面饼和两条鱼喂饱五千人的事迹。②戴引用这个故事的用意是想说明,资本主义的经济社会秩序以及与之相伴随的贪婪、掠夺和战争,与基督宗教的价值观是格格不入的,需要人们积极努力去改变,不过改变的正确途径不是暴力、强制,更不是牺牲人们的自由和尊严,而是一条极其艰难的道路,是由每一个人自己开始,发起一场"心灵的革命",通过每一个人自己的微小努力来改变世界,让世界更美好。那么在与强大的财富、权力以及与之相伴随的傲慢和盛气凌人抗争的过程中,弱小的个人又如何能够在卑微、失败和刻骨铭心的艰难困苦中,保持平和、拒绝暴力、坚守信心和耐心呢? 戴的回答是,在这场持久的、必须不间断坚持下去的心灵革命中,参与者自己必须选择志愿的贫穷,与自己期望帮助的社会底层民众生活在一起,遭受贫穷生活的种种匮乏和不舒适:

> 当我们开始选取那最卑微的地位,开始为他人洗濯双足,开始渴望热爱自己身边的兄弟姐妹们,并用这种为他们受难的决心模仿走向十字架的耶稣,这时候我们才真正可以说,"我们已经开始了这场心灵的革命"。日复一日,我们坦然领受我们的挫败。我们能够如此,是因为我们对天主的胜利拥有信心。天主召唤了我们,就像他曾经召唤了那个幼小的孩子。那个孩子贡献出自己

---

① Dorothy Day, *The Long Loneliness: The Autobiography of Dorothy Day*, reprint edn. (San Francisco: Harper & Row, 1981; first edn., 1952), pp. 149 - 166.
② 《马太福音》,参见《马可福音》《路加福音》《约翰福音》。

仅有的几块面饼和几条鱼,试图以此去喂饱众人,而耶稣让面饼和鱼增加了无数倍,喂饱了五千人。

在戴看来,理想的济贫方式不是大规模的国家福利项目,而是在这场心灵革命改造了人和社会之后,每一个基督徒都能够在自己的家里接纳一个无家可归者,每一个基督徒个人做出的努力汇聚成整个社会的革命性变化。而此时的社会还会有任何人可能遭遇无家可归的命运吗? 耶稣用面饼和鱼教给人们的,就是这样一种信念、文化和生活方式。①

戴在 30 岁的时候皈依了罗马天主教,但是观察其一生为济贫和反对帝国主义战争所做出的持续努力,她又何曾告别过自己青年时代信奉的社会主义理想! 戴在自传以及其他带有自传性质的多部作品中都提及,她从 1933 年开始以自己独特方式进行天主教社会工作,是因为受到了彼得·莫兰的鼓动。莫兰的三大设想,即宣传社会公正的报纸、救助无家可归者的济贫屋以及众人共同所有共同劳作的农村公社,成为戴从此坚持不懈、为之终生奋斗的工作。这份报纸就是 1933 年 5 月 1 日首次出版并延续至今的《天主教工作者》,戴和莫兰发起的组织及其活动也因此被称为天主教工作者运动。其编辑部最初位于纽约市东 15 街 436 号,而第一家济贫屋就是戴的住所和编辑部的所在地,并逐渐为容纳更多流浪者而扩大到附近的其他几处公寓。后来为了更多空间,济贫屋两次搬迁,先在 1935 年搬到查尔斯街 144 号,后在 1936 年搬到莫特街 115 号一处有 36 个房间的公寓。1938 年 12 月,在写给纽约市卫生委员会的一封信中,戴说明了天主教工作者在莫特街过去两年的工作:每天为大约 1000—1500 人提供早餐。如果按照三年的时间来计算,戴和同伴们解决了大约 5 万人次无家可归者的住宿,供应了将近 110 万份早餐,13 万份以上的中餐和晚餐。②

然而这些慈善劳作,拆分到每天都必须做的、日复一日的工作中,不仅不起眼,甚至也不美丽和耀眼。在有限的空间里,使用着简陋不完备的设施,天主教工作者济贫屋的生活环境并不光鲜,无家可归者经常需要睡在地板上,卫生间远远不够拥挤的人群使用,志愿者们繁忙疲劳之余还要和臭虫和跳蚤进行难以取胜的战斗。因此,莫兰不得不承认,即便是同情天主教工作者运动的神职人员和学者,譬如富

---

① Dorothy Day, *Loaves and Fishes* (Maryknoll, New York: Orbis Books, 1997; first edn., 1963), p. 215; *The Long Loneliness*, pp. 185 – 187; *House of Hospitality* (Huntington, Indianan: Our Sunday Visitor Publishing, 2015; first edn., 1939), pp. 251 – 254.

② Dorothy Day, *The Long Loneliness*, pp. 182 – 190; Jim Forest, *All Is Grace, A Biography of Dorothy Day*, pp. 124 – 130. 戴关于莫兰的记载和回忆被集中收录在 Dorothy Day with Francis J. Sicius, *Peter Maurin, Apostle to the World* (Maryknoll, New York: Orbis Books, 2004)。

菲神父,也往往转变方向,改而倚重国家主导、以立法为手段的社会改革。大家的目标都是追求社会正义,但是在莫兰看来,依靠国家和工会组织等渠道去关注贫困者命运,往往会导致冷漠的高高在上的官僚主义,因为一个好官温暖和充满爱意的双手很难触摸到底层真实的人民。立法者和官员会住在首都华盛顿的以及各地的贫民窟吗? 会与那里的人民真正深入地接触和交流吗? 多萝西·戴与莫兰的信念在于,有爱心和责任心的个人努力是国家和社会组织的制度性慈善活动不可替代的,个人自发和脱离官僚管制的慈善事业带给贫困者的温馨和体贴,是财力强大的政府救济很难做到的。①

多萝西·戴很清楚,她和莫兰发起和组织的济贫活动,在由政府和其他私立机构有组织的慈善工作面前,在规模、管理水准和硬件条件上不可能给人们留下深刻印象。那么天主教工作者济贫屋的优越之处和存在意义到底是什么呢? 戴对此的认识可以分析到两个方面。

首先是官僚化、有组织和规则的福利制度对贫困者个人尊严难以避免的蔑视和伤害。戴描写过上个世纪 30 年代中期纽约市政府的收容所:那是一个放置着 1700 张床铺的超级大厅,分成 8 排,可能是"世界上最大的卧室",但同时也可能是世上最让人心情黯淡的贫困窘迫景象。如果一家子人因为交不起房租被迫来到这里寻找住处,那么父母和孩子们会被强制分开,孩子会被送往贫儿救济院,而夫妻则分别被安置在男女隔离的集体宿舍。戴承认市政府在不断改善收容所的条件,让不得不在那里过夜和躲避风雪的民众有了坐下聊天的空间,有了淋浴间、理发室和洗衣房。她也注意到,即便是教会的慈善机构也未必会把无家可归者当作家人来对待,有些会有一定的收费要求,另一些可能会安排被收容者整日工作。而多萝西·戴主持的天主教工作者运动所建立和运作的济贫屋,对前来投靠的穷人没有苛刻的规矩和纪律约束,也不限制他们停留的时间,让他们自由来去。"我们没有制定什么规矩,我们的规矩就是普通家庭所要求的那些,我们不询问新来的人们任何问题。"②

"我们抗议有组织规则的慈善事业,正是这些规则让无数人厌恶慈善这个原本美丽的字眼。"③戴是善于讲故事的作家,在《面饼和鱼》以及更早写作的《济贫屋》里面,在一连串小故事的叙述中,戴对弱者的体贴和同情、对资本主义贪婪的鄙视和愤怒,让读者难以躲避和漠视,逼迫读者在事实面前进行思考和做出选择。戴其

---

① *Dorothy Day with Francis J. Sicius*, *Peter Maurin*, *Apostle to the World*, pp. 121 - 122. 参见彭小瑜讨论富菲神父思想的文章,"特惠穷人的取向——天主教社会思想历史考察之一",《首都师范大学学报》2010 年第 1 期,第 1—10 页。

② Dorothy Day, *House of Hospitality*, pp. 68 - 71.

③ Dorothy Day, *House of Hospitality*, p. 255.

实是想告诉人们,现代社会的技术、组织性和高效率本来是能够让弱小和贫苦的人得到扶助和支持的。她给出一组让人心酸的对比情况:一头鹿被困在山坡上的深坑里,各界人士都热心参加救援,连续几天报刊都突出报道救援的进展。与此同时在戴的身边,是一位失业的丈夫、他的太太和四个孩子。对他们,周围环境里绝大多数人投射过来的是冷漠的眼光。戴和她的朋友花费了好几天的时间为无依无靠的这一家人去申请救济和寻找住处。三只小猪在运输路途中被关在狭小的笼子里,当事人被告到法庭,法官裁决说,小猪们的待遇不符合人道主义的要求。戴指出,与此同时在纽约的贫民窟里,夫妻和八个孩子拥挤在三个房间里,大家一般认为他们运气还不错,他们的错误在于生活拮据,还不知道节制生育。戴还谈到当时富人们玩的一个游戏是在豪华酒店的晚会之后到街上垃圾桶里寻宝,看谁能够找到最新奇好玩的东西,而纽约有些穷人却真的每天在垃圾里面找到自己的生活用品,或许是一双旧鞋子,或许是一件旧家具。以上三个对比不同态度的例子说明了,在资本主义社会,既得利益者和成功人士有意识或者无意识的对弱者普遍和习以为常的忽视和轻视。①

那么那些从事社会救济工作的政府和非政府机构工作人员能够摆脱这样的成见和偏见吗?戴的回答是,他们一般不能平等和友善地对待被认为是失败者的贫弱民众。质疑天主教工作者运动的人们很难理解,为何戴及其同伴的济贫以及出版《天主教工作者》的活动没有"规则和规章"、缺乏严密的组织性。戴则认为,这种松散和随意状况乃是她和同伴们刻意的设计和安排,是有确定意图的:由从事济贫和编辑写作的天主教工作者的立场看,尊重个性和最大限度发挥人的主动性,需要一个宽松和自由的氛围,让不同秉性和能力的人在合作中互助互补,"你们的富裕弥补了他们的缺乏,好使他们的富裕也弥补你们的缺乏"(《哥林多后书》8∶14)。况且,省却了繁琐的规章也有利于把精力更多用在为贫困者提供食物和住所,因为不需要浪费时间来硬性安排谁负责洗碗和打扫卫生。②

戴手里的物质资源全凭捐赠,是极其有限的,但是摆脱规章制度约束的便利让她能够在某些场合更好地照顾无依无靠的穷人,那些在制度的框架内不能被接纳的穷人。她用赫伯特·乔伊斯的故事来证明这一点:在寒冷的天气里,这个两岁半的男孩和他失业的玻璃匠父亲由西弗吉尼亚州搭车到了济贫屋,赶上了吃晚饭。但是那里的房间没有充足的暖气热水和适合儿童的其他设施,戴觉得不适合乔伊斯这样的幼童,于是带着他的父亲伯纳德在夜里去寻找能够收容孩子的福利机关,以便让伯纳德有机会外出去寻找工作。他们先去的两家儿童收容所都因为传染病

---

① Dorothy Day, *House of Hospitality*, pp. 65 – 66.
② Dorothy Day, *House of Hospitality*, pp. 154 – 157.

暂停接受孩子了,于是他们又去了一家修女主持的儿童院,但是主管的修女说,按照市政府的要求,在接纳乔伊斯之前,他们需要带着孩子到附近的警察分局接受询问和确认身份。在分开和一起询问了戴和伯纳德之后,警察质疑戴和伯纳德是否非法同居并带着乔伊斯在各地四处流浪,于是建议由法庭来决定是否将父子俩送回西弗吉尼亚。戴最终只好带着乔伊斯和伯纳德回到天主教工作者的济贫屋,腾出自己的房间让他们过了一夜,并在次日把他们送往天主教工作者在宾州的小农场。[①]

不仅在纽约市,在其他城市的天主教工作者济贫屋,一些无法在制度化政府和私人济贫机构获得帮助的人,在社会福利网格里掉落下来的可怜人,也因为戴在济贫工作中拒绝"规矩和规章"的思路和实践而得到了关怀和照顾。譬如戴提到,在宾州哈里森堡,23岁的黑人妓女露西尔患有严重的性病,终日酗酒,露宿街头,周身全是苍蝇,全城的救济机关没有人愿意接受她。她被天主教工作者抬进济贫屋干净的房间内,得到照看,后来又为她找到一家做临终关怀的教会医院,那家医院不要求露西尔出示任何病历和身份证明。[②] 戴以及与她志同道合的人在从事社会工作时经常违反常规,甚至违反政府规定,但是不这样,乔伊斯和露西尔的命运难道不会更加悲惨吗?

多萝西·戴的思想和实践与制度化社会福利发生分歧的第二个方面在于,在原则上,她并不相信制度变革和社会革命能够真正改造旧的社会秩序。在戴的早期著作《济贫屋》里面,读者和学者应该注意到,戴所理解和实践的天主教社会思想,从她创办《天主教工作者》开始就具备明显特点,即强调基督徒个人的社会责任以及他们必须在个人生活中履行这一出自信仰的责任。戴并不认为她自己以及她的同伴们在办什么收容所:"我们的济贫屋就像是一个大家庭,当妇女们来投靠的时候,她们想呆多久就呆多久。有些人已经在这里四年了。我们没有与普通家庭不同的规则,我们不打听来者的隐私。来投靠的有些妇女被贫穷和生活危机搞得筋疲力尽,需要好几个月才能恢复过来。有些人在艰苦生活中精神崩溃,无法持有稳定的职业。她们中的许多人试图帮助我们,努力参加这里的各项劳作。她们的任何参与都是志愿的。"戴在这里提及了陀思妥耶夫斯基的短篇小说《诚实的贼》:穷人天天生活在毫无安全感的饥寒交迫之中,精神状态也很糟糕,酗酒和偷窃以及其他陋习是他们日常生活的一部分,而同情和帮助这些有缺点的弱者才是真正的基督教慈善,道貌岸然地厌恶和排斥贫困者的不完美是虚伪、是在根本上背离基督教道德,尽管这是经常在基督徒中间出现的问题。

---

① Dorothy Day, *House of Hospitality*, pp. 257 – 261.
② Dorothy Day, *House of Hospitality*, pp. 279 – 280.

  经常被戴提及的另一部陀氏小说是《卡拉马佐夫兄弟》。戴喜欢小说人物佐西马神父在第 2 卷第 4 章里面的一句话："真正的爱,是让人不舒适和畏沮却步的。"佐西马在这里是在批评一位热心于慈善事业的阔太太,后者表示,让她最不能接受的乃是穷人在接受恩惠时候往往表现出不知感恩的态度。以基督的名义帮助穷人并不是借助慈善来博取虚荣声名和自我满足,而是要践行基督徒个人出自自己信仰的社会责任,与穷人以及伴随贫穷的种种不完美生活在一起,看到并宽容穷人身上的种种缺憾。所以在戴看来,她和她的同伴们并不是在打理济贫机构,用她自己的话语来说,他们是"作为一群个人在履行自己的责任,在关照那些来投靠的无依无靠者。我们认为,他们不是陌生人,是基督交给我们的弟兄姐妹。我们不是一个机构,不是一个制度化的收容所,而是一个家庭,一个私人的、普通人的家庭。我们在原则上反对现在流行的、强调国家责任的倾向,因为我们相信,作为好基督徒和好美国人,我们的任务是履行我们的个人责任。"如前所述,戴对制度性社会福利的不信任在很大程度上来自她个人与政府管理人员接触时的感受,包括她感觉到的卫生监督人员对天主教工作者济贫屋简陋条件的鄙视和冷漠。而她相信,只有当所有基督徒个人能够按照自己的信仰来做人的时候,真正的社会变革才会到来,因为在这个时候,每一个基督徒都会在自己的家庭里接纳救助无家可归者,与他们分享自己的面包。①

  在这样一个个人责任得到完全履行的社会里,不可能再有无家可归者,自然也不再需要制度性的社会福利机构了。也就是说,戴对资本主义的批评并非忽视社会变革,而是认为真正的变革只可能来自人们内心的"心灵的革命"以及由此产生并得到履行的个人责任感。在皈依罗马天主教之后,多萝西·戴意识到,她原本就不甚热衷的有组织的政治运动将不再是她个人选择和能够接受的介入社会变革的方式。她试图以"社会的热情"取代"政治的热情",以个人责任的承担和履行取代国家和其他有组织机构的福利制度。不过戴对资本主义制度和文化的极度反感和排斥不仅没有因为这种对个人责任的强调而减弱,反而得到一种特别的加强,成为一种反资本主义的激进。莫兰喜欢用"教会的炸药"来形容这种激进:天主教会的教导里面包含一些像炸药一样具有爆炸性的思想,唯有展现爆炸性才能让这种思想传播得广泛,天主教的一些学者们就知道把思想包装在高深的学问里,就像封装在大桶里面,让我们把桶盖拿掉,让具有爆炸性的思想传播出去!戴和莫兰以及天主教工作者运动的激进反资本主义的立场在他们的活动方式上有很多表现。②

  戴几乎拒绝所有现代西方资本主义社会的工作和生活方式。她拒绝采纳基金

---

① Dorothy Day, *House of Hospitality*, pp. 71,166,254 - 256.

② Dorothy Day, *House of Hospitality*, pp. 42 - 43,99.

会等非赢利组织用电话和邮件募集经费的方式,更不要说使用金融手段来管理资金。其实她一直拒绝聚敛大笔经费,满足于用小额捐赠勉强维持日常开销的状况,不惧怕财务上捉襟见肘的危机。她指出,这是有意的刻意的运作方式,是新约里面使徒工作的方式,因为天主总是会满足愿意请求的人们的急迫需求。① 戴同样拒绝现代西方通行的政治活动方式,譬如政党和政治组织。她甚至拒绝对加入天主教工作者运动的任何人进行遴选,因为她拒绝排斥任何人:有些成员希望对加入者的意见和志向进行认真的考察,希望以此来保证成员们有统一的意见、有协同工作的意愿。戴对此不以为然:成员们之间不应该有刚性的分工,不应该硬性要求谁专门做体力劳动或者文字工作;也不要以见解分歧和个性差异排斥任何人,因为分歧和差异是永远存在的,"一旦开始排斥任何人,排斥将是无休止的"。② 在戴看来,"我们所有试图建设一个新社会秩序的人都认为我们自己是革命者",但是如果革命意味着人与人之间的仇恨,那么"我们要的就不是革命,因为我们要的是人与人之间的兄弟姐妹之爱"。这绝不是说戴不懂得和不会愤怒和仇恨。她坦然承认她对社会不公正和非正义的怒火,尤其是当她看到资本社会中贫困者的处境:

> 我们总是被教导说,要对有钱人态度公正,我们一直在尝试这么做。但是每当我看到在我们这里领取免费早餐的长长队伍,看到我们拥挤济贫屋里面躺在地板上人群,每当我想到周围贫民区冰冷的公寓,想到那些前来求助的人们干瘦的面孔、绝望的眼神,我其实无法让自己不去恨,那是一种对社会不公正刻骨的恨,带着强烈的愤怒。正如圣托马斯曾经说过的,如果愤恨不包含进行复仇的不良欲望,愤恨本身就没有罪性。③

戴对资本主义的愤怒和排斥是全方位的,甚至到了反对用现代资本社会的方式去反对资本。

因此,对罢工和其他方式的劳工运动,反对资本主义的戴以及天主教工作者运动并不是采取无保留支持的态度。戴曾经说过,"工作者"在狭隘的意义上是指"工人",但是她的运动不仅仅是为劳工阶层服务的,而是为所有体力和脑力工作者,尤其是其中的贫弱者,更不会把眼光局限于特定工会组织的成员。④

在戴看来,工人们争取提高工资和改善福利待遇的努力是值得支持的,因为帮助贫穷弱小者是基督交给信徒的使命。戴在天主教工作者运动发起初期积极支持

---

① Dorothy Day, *House of Hospitality*, pp. 73 - 74.

② Dorothy Day, *House of Hospitality*, p. 97.

③ Dorothy Day, *House of Hospitality*, pp. 222 - 223.

④ Dorothy Day, *The Long Loneliness*, pp. 204.

工运,为罢工工人提供餐饮,写作文章宣传工人的诉求。不过戴始终认为,在资本控制一切的大工业社会,仅仅提高工资和改善劳工其他福利待遇不可能在根本上改造资本主义社会,不可能在根本上解决现代人类面临的严峻问题。对于多萝西·戴来说,真正的和关键的社会改革在于恢复人的尊严,而不是让人们在贪婪的资本主义社会博取更好的物质生活和权力地位。所以对她来说,支持劳工运动只是基督信徒在尘世追随和模仿耶稣的工作一部分,而这一工作绝不仅仅是帮助工人获得更好的福利待遇,还包括"教育无知者,批评邪恶者,安抚受苦难者,以及耐心忍受来自他人的误会和伤害"。她曾经激烈反对过一些积极组织劳工运动的天主教徒,因为后者一方面排挤和打击支持工人斗争的共产党人,另一方面又仅仅满足于工人的待遇提高和生活改善。而戴的意图是,为了恢复业已受到损害的人的尊严,必须改变现代工业社会的整个生产和生活方式,仅仅改善既定社会秩序下的劳资关系是远远不够的:在军火工业中参与生产的工人争取提高工资,但是他们自己难道不是也参与到了现代世界的罪恶之中?[1] 这种思路解释了天主教工作者运动在 20 世纪 30 年代后期开始逐渐减少对劳工运动的关注,其活动重点开始转向反战和平活动。

戴在这方面的思想,她在美国努力传播和推动的"心灵的革命",在研究戴的学者看来,可以追溯到多个来源,涉及到复杂的思想史脉络。[2] 但是我个人觉得,对戴的思想特征概括得最透彻的学者还是迈克尔·巴克斯特神父。追随和模仿基督的天主教社会思想是资本主义市场经济及其文化的对立面,但是教会及其神学家和学者长期以来试图分离关爱贫穷者的教会价值观与天主教徒的实际生活。他们给人造成一种印象,似乎基督关于照看弱小者的教导不需要体现在信徒的社会价值观及其实践上,甚至教会的大学都只需要为市场培养劳动者和专业人士,而不需要为教会培养信徒。多萝西·戴和天主教工作者运动的激进,恰恰是因为他们认为,抵制和改变资本主义不仅是改造经济结构的行动,也是由个人到社会的文化转变,是一场"心灵的革命":每一个信徒必须负责任地把信仰体现在自己的生活中、体现在对贫弱者细致入微的关爱中。而教会长期以来的教导和绝大部分教徒的生活只是对资本主义的妥协,甚至可以看作是用基督教的话语赋予资本主义的财富和权力合法性。戴和她的同伴的言行则是激进的,因为他们用自己的生活和言论

---

[1] Dorothy Day, *The Long Loneliness*, pp. 220 - 222.

[2] 关于戴的思想史研究有以下代表性的著述:Mary C. Segers, "Equality and Christian Anarchism: The Political and Social Ideas of the Catholic Worker Movement", *Review of Politics* 40(1978), pp. 196 - 230; Benjamin T. Peters, "Ignatian Radicalism: The Influence of Jesuit Spirituality on Dorothy Day", *Catholic Historical Review* 103(2017), pp. 297 - 320; Mark and Louise Zwick, *The Catholic Worker Movement: Intellectual and Spiritual Origins* (New York: Paulist Press, 2005), pp. 295 - 320。

造就了抵制资本主义的反文化,并力图激励大家用同样的方式把宗教信仰和激进反资本主义的社会立场结合在一起。①

三、安娜和费利西娅：小结和余论

"我毕竟是一个女性。"这是戴不断流露出来、自我意识清楚的情绪。在《济贫屋》和《面饼和鱼》等著作里面,在戴所参与的抵制资本主义的社会活动中,她对自己作为一个女性和母亲的身份没有疑义。但是她认为,用女权主义以及强调性别问题、性别之争来遮蔽严重的社会经济问题,是资产阶级维护自身特权的多种方式之一,是她难以认同的。奥康纳比较了现代美国女权主义与戴对妇女问题的看法,批评了代表中产阶级妇女诉求的女权主义：

> "妇女运动"首先和主要是有教养的中产阶级女性倡导的,她们呼吁法律、经济和政治改革,不过她们的改革诉求与戴所关注的问题并不一致,后者对美国生活方式的批评以及对底层社会的关爱要激进得多。中产阶级妇女在美国社会中的确被排斥在重要的权力和位置之外,但是由贫穷阶层的立场来看,在无家可归者、失业者和失去就业能力者看来,"中产阶级"意味着"特权"。那些有教养的女权主义者有些居住在都市,有些住在城郊,但是她们对美国社会的批评没有深度涉及戴在贫民窟、少数族群聚集区以及脏乱酒吧街的经验,而戴恰恰是在那些地方生活、思考、感受和工作。

不过奥康纳将现代美国女权主义与多萝西·戴联系起来,甚至提出戴有隐匿的女权主义倾向,在逻辑上并没有很强说服力。② 奥康纳的论说是基于将女权运动中具有比较激进社会经济政治思想的学者与戴进行比较,譬如罗斯玛丽·鲁特,突出了她们共同的见解。而正如奥康纳同时也注意到的,在美国女权运动中存在的一大弊病,是以"妇女之被压迫"和"妇女之经验"来替代社会经济问题。很多得到主流社会热捧的女权主义者并不反对资本主义价值观,并不在原则上反对美国生活方式。她们的立场与戴为之奋斗终生的社会理想是不相干的。③

"我是一位女性。"这个意识在多萝西·戴的作品和生活里始终是清楚的,与此

① Michael Baxter, "Catholic Radicalism from a Catholic Radicalist Perspective", in William J. Thorn, Phillip M. Runkel and Susan Mountin, ed., *Dorothy Day and the Catholic Worker Movement*: *Centenary Essays* (Milwaukee: Marquette University Press, 2001), pp. 79 - 94.

② June E. O'Connor, *The Moral Vision of Dorothy Day*: *A Feminist Perspective* (New York: Crossroad, 1991), pp. 39 - 42.

③ June E. O'Connor, *The Moral Vision of Dorothy Day*: *A Feminist Perspective*, pp. 96 - 99.

同时她也很清楚,她追求的真正目标是建立一个"新社会秩序"。在《济贫屋》和《面饼和鱼》这两部书里,戴提及了众多的妇女。这些故事的锋芒都指向戴所厌弃的现代资本主义体制,戴对身边女性的关爱与她对新社会秩序的向往是难以分离的。"我们不得不改变现存的社会秩序,只有这样人才会有机会成为真正的人。"戴所向往的新社会秩序并不是被改良的资本主义社会。这一基督教的社会秩序要依靠人们心灵的转变和革命来造就,而不是经由强制甚至暴力手段来建立,更不是一部分人对另一部分人无情打击的结果。此外,这也不是一个人与人之间绝对无差等的乌托邦。在戴眼里,再美好的人类社会也会有弱小者,正是在他们的身上,在这些基督特别关爱的穷人身上,寻找基督的人们能够发现基督。① 对这一新社会中人与人的关系,戴的描述在相当程度上出自她对资本主义社会流行的势利眼的批评:人人爱天主和爱他人是这一正义的社会秩序的基础,也是解决种种困难问题的开始,人们对社会改革的热情会因此被点燃,人与人之间的仇恨会因此被清除:"是的,我总是看到人们有多么的糟糕。我希望我不这么看,因为正是我自己的罪过让我将别人的罪过看得那么清楚。假如我自己的罪过没有对我伤害那么大,我的目光不会那么错乱,我不会失去那么多爱和欣喜的力量,我会在你们身上更加清晰地看到基督。"②

因此,弱小的、受排斥的,甚至有种种毛病的女性,是戴特别关心的,尽管她的关心角度和意图并不是去帮助她们按照美国流行的价值观,在追求物质享受的旧社会秩序当中获得更好的地位和更优越的物质生活。戴在她的文字中经常提及酗酒的、无家可归的老妇人,她们可能是戴在街头遇见的,在酒后跌跌撞撞走着,不时摔倒在地,需要被护送到能够接纳和照看她们的地方。她们也会是戴的济贫屋的常客,因为偶然挣得的零钱喝得酩酊大醉,譬如内利女士,需要好几位警察、一位神父以及其他人的帮助,才能被搀扶到专门照顾老年人的教会机构去。③ 她们可能是年老力衰的清洁工,已经不能工作,长期在街头露宿,被戴接到济贫屋,譬如艾米莉和玛丽,但是需要戴花很大力气说服她们去洗澡,去清洁她们从来不清理的床铺。④ 她们可能是怀孕和带着孩子的单身母亲,被人们嘲讽和蔑视,却帮助戴打理着济贫屋的厨房。她们可能是需要稳定住处的黑人流浪妇女,譬如玛利亚。在 20世纪 30 年代的纽约,为了接纳玛利亚,戴需要去教育济贫屋的其她姑娘,让她们克服种族歧视。⑤

---

① Dorothy Day, *House of Hospitality*, pp. 97,171 - 177,253 - 254.

② Dorothy Day, *House of Hospitality*, pp. 266 - 267.

③ Dorothy Day, *House of Hospitality*, pp. 71,95 - 96.

④ Dorothy Day, *House of Hospitality*, pp. 109 - 110.

⑤ Dorothy Day, *House of Hospitality*, pp. 89 - 92,140 - 141.

戴当然也关心在罢工时受到虐待和杀戮的工人以及他们的妻子儿女,譬如1936年"阵亡将士纪念日"在芝加哥受到警察枪击的钢铁工人,尽管在原则上她认为,所有人,包括接受过大学教育的妇女,本来就不应该在资本主义体制内谋生和追求安全感。① 而离弃资本主义的价值观,通过心灵的革命来建设一个新社会秩序,需要从每一个人改变自己的精神世界开始,由模仿基督对弱小者的关爱开始。这种革命精神体现在《面饼和鱼》里面的两个故事:戴和她的同伴关心安娜和费利西娅的故事。

费利西娅的故事见《面饼和鱼》第7章。由章节题目《被欺凌与侮辱的》,我们可以读出戴对费利西娅女士遭遇的感受。这是一位按照美国主流社会标准在任何方面都失败的女性,是一个个子高挑的波多黎各姑娘,是一个在底层被践踏和欺凌的女子,同时又是"和我们一样的人,是我们的兄弟姐妹"。所以戴借用陀思妥耶夫斯基小说的标题来形容她。费利西娅和她的丈夫都只有22岁,有三个儿女,不过她在婚前14岁就生了孩子。在丈夫受工伤回到他自己母亲家养病的时候,费利西娅曾经接受过多萝西·戴的帮助。她的丈夫伤好了之后,找到了工作,给家人们在贫民窟租了一个二居室的公寓,那里的楼梯上到处是老鼠和野猫的气味。费利西娅没文化,不太懂事,会在外出时忘掉家里幼小的孩子没人照看。她家的电和煤气常常因为没交费被关掉,但是当她向戴请求帮助时候却不是想拿些衣物和食品,而是询问是否可以有一个收音机。费利西娅的丈夫一个月的收入只有140美元,却被可恶的二房东诱骗,不得不分期支付了1000多美元来买几件破烂的家具,以至于没钱交电费和煤气费,没有办法来做饭和取暖。戴设法给费利西娅送去别人捐赠的一台收音机。戴写下了自己离开费利西娅破烂公寓时候的心情:"不必在意,费利西娅,天主是不可以被嘲讽的。他是我们的父亲,我们所有人都是兄弟姐妹。振作起来,事情不会老是这么糟糕。"②

安娜的故事在《面饼和鱼》的第13章。它的整个篇幅只有两页又四行,却真切表露出戴对一个相识多年的无家可归老妇人的感情。"安娜现在过得怎么样?"戴和同伴们在济贫屋接待来来往往的男女,但是这些人同时也是这里的家人,他们的下落总是让人牵挂。安娜是长期拒绝住进济贫屋的流浪妇女之一,只是在门口讨要面包和咖啡,然后就拖着装有自己所有财物的纸箱走了。安娜老是穿着好几层衣服,天热时候会脱掉几件。她的头上会扎着各种色彩鲜艳的奇怪丝织品,有一次甚至戴着一件桃红色的女性内衣。她有一些零花钱,却永远舍不得买烟,总是捡路上的烟头来自己卷烟抽。她总是微笑,眼睛有神,喜欢讨论婚姻问题,最后总算答

---

① Dorothy Day, *House of Hospitality*, pp. 143 - 144, 225 - 227.

② Dorothy Day, *Loaves and Fishes*, pp. 75 - 81.

应进到济贫屋里面来吃热饭。但是她拒绝住在济贫屋,宁愿在街头找地方休息。好多年过去,安娜终于同意搬来过夜,只是不愿意睡到床上,"我有三十年没有在床上睡觉了"。结果她选择睡在办公室过道里没有人会经过的一个角落,并且不肯用公用的毯子,怕占用别人的东西。在《天主教工作者》刊物的办公室搬迁的时候,安娜不愿意住到济贫屋的集体宿舍里,所以又回到了街上。她不久被巴士撞上,伤愈之后被安置在政府的老年福利院。安娜要求在进福利院之前,回到戴的办公室看看,看看自己受过伤的腿还能否爬上那里的楼梯——毕竟,这里这么多年来是她真正的、唯一的家。①

戴和她的同伴们为安娜和费利西娅所做的是多么微小和不起眼的事情,是邀请费利西娅一起吃肉丸子和意大利面条,是赠送给她一个旧的收音机,是在办公室的过道里让安娜打一个地铺,给她递上一份三明治和一杯热咖啡。这些小事情,就像耶稣曾经施行奇迹的那几个面饼和两条鱼,是微小和不起眼的,却是最终会改变人的心灵和整个世界的工作。

对多萝西·戴而言,安娜和费利西娅是熟悉的面孔和生活在身边的老朋友。

*

多萝西·戴于 1980 年去世。她在 1975 年到过麻省一所州立大学演讲,介绍天主教工作者运动的宗教和社会使命。她也在那里谈到了她对女权主义的看法:

> 妇女的解放很有必要,因为妇女一直是被看低的,她们劳动的酬劳也一直过低。不过妇女运动在很大程度上有过度自我中心的弊端。这场运动没有把重心转向穷人,而是转向善于表达和追求自身利益的中产阶级妇女。这些人有很多空闲时间,但是她们其实是最没有理由抱怨的群体。在穷人中间,妇女的情形实在是太糟糕了。②

现代西方女权主义者重视男女平等,那么她们的平等观与马克思主义的社会平等观有什么差异呢?这无疑是值得深入探讨的问题。对有教养、生活安全舒适的知识妇女以及阔太太和官太太来说,安娜和费利西娅这样的女性只是慈善晚会上的话题,只是社会调查和统计数据中的碎片。女权运动,作为中产阶级妇女的时

---

① Dorothy Day, *Loaves and Fishes*, pp. 153 – 155.

② Patricia McGowan, "Somebody Loves You When You're Down and Out", *U. S. Catholic* 40 (October 1975), pp. 28 – 31, here p. 30; June E. O'Connor, *The Moral Vision of Dorothy Day: A Feminist Perspective*, p. 42。奥康纳对这段话的理解没有足够清楚地意识到,戴当然不反对男女平等,但是她对资本主义体制的否定以及对新社会秩序的向往使得她与美国主流文化的任何层面,包括强势的女权主义,不可能真正有共同的话语和分享的价值。

尚,正如多萝西·戴所评价和批评的,确实有其狭隘和自私的一面。

作者简介:

彭小瑜,男,北京大学历史学系教授,主要从事中世纪欧洲史和教会史的研究和教学工作。主要著述包括《教会法研究》《基督教与近代西方民族国家》《社会的恶与善》。

塞维鲁王朝的皇室女性形象

伊丽莎白·君特

摘　要：本文旨在研究塞维鲁王朝的身份认同演变，并分析钱币与造像中所见的皇室女性公众形象。经分析可知，塞维鲁诸帝与皇室女性通过多种古代媒介传播身份观念及价值框架，以巩固王朝统治的稳定和存续。塞维鲁王朝时期，传统性别角色得以扩展，这亦成为皇室传达身份观念、在各种层面上刺激身份认同演变的重要手段。因此，对于面临乱局的塞维鲁王朝来说，皇室妇女的性别特质有利于维系皇家的长久统治。

关键词：塞维鲁王朝；皇室女性；身份认同

世界古典文明史研究所（IHAC）的"罗马身份认同与价值"[①]项目已充分讨论了这一问题——倘若人们试图理解（古代）历史中的身份认同演变，那么"何为身份"的问题便具有误导性。人们在与社会的关系中拥有着多重身份，古今社会皆是如此。[②] 我们如何适应群体或社会，又如何与社群的某些规则交互影响，常常要视具体情势而定：例如在某阶层或家族中继承的地位、职业与收入、政治影响力，以

---

① 本文系东北师范大学世界古典文明史研究所"罗马身份认同与价值"项目中期成果。完整的英文版本原载于 *Marburger Beiträge zur Antiken Handels-，Wirtschafts-und Sozialgeschichte*，vol. 34，2016，pp. 113 - 168。张强教授为笔者提供了在华研究与教学的机会，古典所全体成员的无私帮助与热情接待令人感念。感谢古典所吴桐博士将本文迻译为中文。文中所有疏漏均由笔者一人负责。最后，感谢丈夫顾斯文的不懈支持，他对古代史与考古学进行的跨学科讨论使笔者受益良多。笔者希冀本文对考古学及古代史的交互讨论能有补于海内外的跨学科研究。当然，得自钱币与考古证据的假设及结论均由笔者负责。
② 除特别注明外，所有年代均为公元后（AD）。人格化的抽象概念及神祇皆用大写字母书写，表示美德的专词仍用小写。本文所用的币值缩写皆据"罗马帝国钱币目录"（RIC），金银币值缩写如次：AU＝奥里斯（Aureus）；D＝第纳里（Denarius）；Q＝半第纳里（Quinarius）；Ant＝安东尼阿努斯（Antoninianus）；S＝塞斯特提乌斯（Sestertius）；Dp＝都庞狄乌斯（Dupondius）；As＝阿斯（As）。铜币则包括罗马帝国钱币目录中的"阿司"（aes）币；另需指出，塞斯特提乌斯币与都庞狄乌斯币亦混有其他金属。

及法定的权利与义务等等。我们都在各种特定情形下变换着角色:我们可以是勤勉的工人,可以是公民,也可能变成法庭上的被告。因此,我们都以多重身份生活。戈夫曼(Erving Goffman)在其论"框架分析"①的作品中,对于行为和观念的"框架"给出了令人信服的描述。我们只要对戈夫曼的模式略加调整,便可将之应用于古代社会,进而解释个人与社会在各种情境下的互动过程。② 因此,我们可以用戈夫曼的"框架分析"理论来描述身份的不同等级与层面。

然而,倘若我们放眼社会整体,又该如何认识身份及身份认同演变背后的机制?③ 根据"框架分析"理论,身份(或一种"身份集群")由若干框架构成,它被社会中的大部分成员共享,或由其中最见影响力的群体所垄断。我们无法用注重自我观念的现代心理感受去理解古代社会的"身份认同"。罗马社会中的身份认同意味着共享意识形态及价值、将人们凝聚为社会群体,以及构建罗马公民身份的观念。美德与价值是身份认同的重要框架。④ 萨路斯特和西塞罗时代以降,谦逊(modestia)、虔敬(pietas)、诚实(honestas)与勇敢(virtus)等美德成为每个罗马公民的道德准则。反之,奢靡(luxuria)与贪婪(avaritia)则威胁着国家(res publica)的存续与稳定。⑤

为了深入理解诸帝将何种身份观念与价值框架应用于古代媒介以维系其统治,我们不妨关注塞维鲁王朝——因为其与前朝既无血缘关系,开基之时又无稳定局面。塞维鲁王朝可作为我们的绝佳样本,因为在"四帝之年"(193年)后,该王朝亟需接续前朝安东尼诸帝的价值与身份框架,以及其"养子继位"(Adoptivkaisertum)制度——这一制度本身亦是王朝传承象征。然而,为了求得

① E. Goffman, *Frame Analysis. An Essay on the Organization of Experience*, Cambridge, Mass: Harvard University Press, 1974.

② 参见 S. Günther, ed., *Ordnungsrahmen antiker Ökonomien. Ordnungskonzepte und Steuermechanismen antiker Wirtschaftssysteme im Vergleich. Philippika. Marburger altertumskundliche Abhandlungen 53*, Wiesbaden: Harrassowitz, 2012, pp. 1 – 5; S. Günther, "Framing the Financial Thoughts of Aeneas Tacticus: New Approaches of Theory to Economic Discourses in Antiquity", *Journal of Ancient Civilizations*, vol. 29, 2014, pp. 77 – 86。

③ 关于罗马文化身份,参见 R. Laurence and J. Berry, *Cultural Identity in the Roman Empire*, London: Routledge, 1998;文化及宗教身份对种族身份的主导地位,参见 S. Gruen, "Did Romans Have Ethnic Identity?" *Antichthon*, vol. 47, 2013, pp. 1 – 17。

④ H. Oppermann, *Römische Wertbegriffe. Wege der Forschung 67*, Darmstadt: Wissenschaftliche Buchgesellschaft, 1967.

⑤ M. Braun, "Stabilisierung und Destabilisierung sozialer Werte in Ciceros Reden". in A. Haltenhoff, ed., *O tempora, o mores! Römische Werte und römische Literatur in den letzten Jahrzehnten der Republik. Beiträge zur Altertumskunde 171*, Munich: K. G. Saur, 2003, pp. 71 – 91; C. J. Classen, *Aretai und Virtutes. Untersuchungen zu den Wertvorstellungen der Griechen und Römer. Beiträge zur Altertumskunde 283*, Berlin: de Gruyter, 2010, pp. 193 – 229.

统治安定,塞维鲁诸帝尚需处理皇族内外的动荡纷扰。

塞维鲁诸帝当权期间,帝王妻母手握(非正式)大权的现象颇引人瞩目。茱莉亚·多姆娜首开先例,茱莉亚·马穆爱娜则更甚,后者是第一位以官方头衔名耀皇家钱币及碑铭的皇室女性。① 众所周知,茱莉亚·多姆娜、茱莉亚·马艾萨、茱莉亚·苏埃米亚斯以及茱莉亚·马穆爱娜等人不仅能左右她们的帝王儿孙,甚至能超越其性别角色,作为"军营之母"(mater castrorum)在军事领域享有尊荣。② 对于这种现象,我们首先要考虑军队在皇权争夺中日益增长的重要性——塞普蒂米乌斯·塞维鲁正是因士兵的拥立而夺权。③ 他更在临终时告诫诸子:"汝等应和睦相处,并使军士致富,其余人等一概不理。"④皇室女性在介入军事领域时,也自然需要仰赖军事力量的支持。⑤ 塞维鲁家族创造了新的框架,他们赋予女性空前的公共存在感与权力——当然,这些现象在先前诸王朝便已肇其端。⑥

塞普蒂米乌斯·塞维鲁于"四帝之年"(193 年)夺取帝位。他的妻子茱莉亚·多姆娜来自叙利亚,岳丈尤利乌斯·巴西阿努斯则是埃拉迦巴尔神(Elagabal)的祭司。⑦ 据史料记载,多姆娜聪慧过人、博闻多识且醉心于哲学。⑧ 她于 193 年得

---

① S. Nadolny, *Die severischen Kaiserfrauen. Palingenesia 104*, Stuttgart: Franz Steiner Verlag, 2016, p. 133.

② 参见 A. Lichtenberger, *Severus Pius Augustus. Studien zur sakralen Repräsentation und Rezeption der Herrschaft des Septimius Severus und seiner Familie* (193 - 211 n. Chr.), Leiden and Boston: Brill, 2011, pp. 359 - 363. 作者强调了"永恒"(aeternitas)概念,其所指为武力与王朝稳定相结合带来的永久统治。

③ 关于皇帝与军队的(亲密)关系,参见 J. B. Campbell, *The Emperor and the Roman Army 31 BC-AD 235*, Oxford: Clarendon Press, 1984, pp. 401 - 414,亦见 J. Stäcker, *Princeps und miles. Studien zum Bindungs-und Nahverhältnis von Kaiser und Soldat im 1. und 2. Jahrhundert n. Chr. Spudasmata 91*, Hildesheim: Olms, 2003。

④ Cass. Dio 77[76]. 15. 2.

⑤ 关于授予皇室女性"军营之母"头衔原因的讨论,参见 S. Nadolny, *Die severischen Kaiserfrauen. Palingenesia 104*, pp. 45 - 49。

⑥ 塞普蒂米乌斯·塞维鲁不仅主动利用收养制度进入安东尼家族,其对茱莉亚·多姆娜的钱币形象工程(尤其是利用"丰产"美德),以及授予后者"军营之母"头衔的做法,显然都借鉴了法乌斯提娜母女的经验,参见 S. Nadolny, *Die severischen Kaiserfrauen. Palingenesia 104*, pp. 63 - 65。关于法乌斯提娜母女的研究,参见 B. Levick, *Faustina I and II. Imperial Women of the Golden Age, Women in Antiquity*, Oxford: Oxford University Press, 2014。法乌斯提娜二世的钱币,参见 D. Donarini, "Tradizione ed originalità nella monetazione di Faustina Minore", *Numismatica e antichità classiche*, 1974, pp. 147 - 160。关于从利维娅到茱莉亚·多姆娜等皇室女性形象的细致总结,参见 A. Alexandridis, *Die Frauen des römischen Kaiserhauses. Eine Untersuchung ihrer bildlichen Darstellung von Livia bis Iulia Domna*, Mainz: Zabern, 2004,其中将之解释为一种"形象工程"(pp. 23 - 26, 312 - 341)。

⑦ Hist. Aug. *Sept. Sev.* 3.9.将多姆娜的姻缘归于天命:多姆娜之所以嫁给塞普蒂米乌斯,是因为她根据星象得知自己将嫁给一位君王。

⑧ Cass. Dio 76[75]. 15. 7,78[77]. 18. 2 - 3;Philostr. *Soph.* 2.30.《奥古斯都史》则指控其有通奸行为(18.8)。

到"奥古斯塔"头衔,又在 211 年之前①获膺"军营、元老院与祖国之母"(mater castorum et senatus et patriae)的尊名,并在 204 年的赛库拉尔节上扮演了重要角色。② 她育有卡拉卡拉③(198 年成为奥古斯都及共治者)与盖塔(209 年成为奥古斯都及共治者)④,后者于 211 年遭兄长谋害后,她便开始扶持卡拉卡拉。⑤ 据卡修斯·迪奥记载,她甚至掌控了卡拉卡拉的往来信函。⑥ 卡拉卡拉于 217 年遇刺身亡后,多姆娜亦自杀殒命,之后则被奉为神祇。⑦

卡拉卡拉于 202 年迎娶弗利维娅·普劳提拉,⑧后者是深得皇室宠信的近卫军长官盖乌斯·弗利乌斯·普劳提阿努斯之女。⑨ 然而我们对普劳提拉的个性所知不多。⑩ 她的父亲于 205 年被控叛国,⑪卡拉卡拉随即将她流放至利帕里。⑫ 塞普蒂米乌斯·塞维鲁死于 211 年,普劳提拉亦在是年被自己的丈夫杀害。⑬

茱莉亚·马艾萨随姊妹茱莉亚·多姆娜一同来到罗马。⑭ 她嫁给叙利亚人盖乌斯·尤利乌斯·阿维提乌斯·亚历克西阿努斯,并育有两女:茱莉亚·苏埃米

---

① D. Kienast, *Römische Kaisertabelle*:*Grundzüge einer römischen Kaiserchronologie*,Darmstadt:Wissenschaftliche Buchgesellschaft, 1990, p. 167.

② 此次罗马赛库拉尔节于 204 年 6 月 1 日至 3 日间举办,参见 D. Kienast, *Römische Kaisertabelle*:*Grundzüge einer römischen Kaiserchronologie*, p. 157;关于茱莉亚·多姆娜主持朱诺祭仪一事,参见 G. B. Pighi, *De ludis saecularibus populi Romani Quiritum libri sex. De ludis saecularibus populi Romani quiritium. 2nd ed. Scienze filologiche 35*,Amsterdam:Schippers, 1965, pp. 241 - 243。

③ 其本名为安东尼乌斯,卡修斯·迪奥亦如此称呼他(Cass. Dio 78[77])。这个名字使人联想起安东尼乌斯·庇尤斯。参见 D. Kienast, *Römische Kaisertabelle*:*Grundzüge einer römischen Kaiserchronologie*, p. 162。

④ D. Kienast, *Römische Kaisertabelle*:*Grundzüge einer römischen Kaiserchronologie*, p. 166。

⑤ Cass. Dio 78[77].2.卡修斯·迪奥记载了卡拉卡拉统治的极端残暴(Cass. Dio 78[77])与亵渎。

⑥ Cass. Dio 78[77].18.3;79[78].4.2 - 3.关于茱莉亚·多姆娜在文学史料中的特征,参见 S. Nadolny, *Die severischen Kaiserfrauen. Palingenesia 104*, pp. 142 - 148, 164 - 166, 185 - 188。

⑦ Cass. Dio 79[78]. 23 - 25;参见 D. Kienast, *Römische Kaisertabelle*:*Grundzüge einer römischen Kaiserchronologie*, p. 163。

⑧ D. Kienast, *Römische Kaisertabelle*:*Grundzüge einer römischen Kaiserchronologie*, p. 157;Cass. Dio 77[76].1.2(在他统治十周年庆典期间)。

⑨ Hist. Aug. *Sept. Sev.* 14.8.

⑩ Cass. Dio 76[75].14.2 - 7,据迪奥记载,普劳提阿努斯将普劳提拉的男性随从及教师全部净身;迪奥亦提及了音乐和艺术教师(Cass. Dio 76[75].14.5)。

⑪ Cass. Dio 77[76].4 - 7.关于普劳提阿努斯恶待茱莉亚·多姆娜一事,见 Cass. Dio 76[75].15.6。

⑫ Cass. Dio 77[76]. 6.3;参见 D. Kienast, *Römische Kaisertabelle*:*Grundzüge einer römischen Kaiserchronologie*, p. 165。

⑬ D. Kienast, *Römische Kaisertabelle*:*Grundzüge einer römischen Kaiserchronologie*, p. 165。

⑭ 关于文学材料中的茱莉亚·马艾萨,参见 S. Nadolny, *Die severischen Kaiserfrauen. Palingenesia 104*, pp. 149 - 155, 167 - 173, 188 - 190。

亚斯及茱莉亚·马穆爱娜。[1] 卡拉卡拉于 217 年遇刺后,马克利努斯曾一度夺占帝位,[2]马艾萨则被迫回到叙利亚,但不久便以武力推翻马克利努斯。她的儿子瓦里乌斯·阿维提乌斯则登基为帝。[3] 后者的皇家称号为马尔库斯·奥莱里乌斯·安东尼乌斯·奥古斯都,[4]其身后则被称为埃拉迦巴尔——因为他与祖父尤利乌斯·巴西阿努斯一样,曾于叙利亚担任埃拉迦巴尔神的祭司。[5] 瓦里乌斯·阿维提乌斯登基时年仅 14 岁,祖母茱莉亚·苏埃米亚斯遂临朝辅政。[6] 后者于 218 年获得奥古斯塔头衔。[7] 埃拉迦巴尔被人视作一名"昏君",他在 222 年遇刺,统治时间仅四年。[8] 他于四年当中四度婚娶:先是迎娶茱莉亚·帕乌拉,[9]接着是阿奎利娅·赛维尔拉、安妮娅·法乌斯提娜,[10]最后又与阿奎利娅·赛维尔拉复合。[11] 埃拉迦巴尔生性荒淫放荡,[12]还曾于 220 年企图将其崇拜的埃拉迦巴尔神奉为罗马

---

[1] Cass. Dio 79[78]. 30. 2 - 4;参见 D. Kienast, *Römische Kaisertabelle: Grundzüge einer römischen Kaiserchronologie*, p. 181。

[2] D. Kienast, *Römische Kaisertabelle: Grundzüge einer römischen Kaiserchronologie*, pp. 167 - 168;关于马克利努斯, 参见 D. Kienast, *Römische Kaisertabelle: Grundzüge einer römischen Kaiserchronologie*, pp. 169 - 170。

[3] Cass. Dio 79[78]. 31 - 35;参见 D. Kienast, *Römische Kaisertabelle: Grundzüge einer römischen Kaiserchronologie*, p. 172。

[4] Cass. Dio 80. 2. 2;公元 218 年后的情况, 参见 D. Kienast, *Römische Kaisertabelle: Grundzüge einer römischen Kaiserchronologie*, p. 172。

[5] Hist. Aug. *Elag.* 1. 4 - 7;参见 D. Kienast, *Römische Kaisertabelle: Grundzüge einer römischen Kaiserchronologie*, p. 172。

[6] 据《奥古斯都史》,他曾被母亲控制(Hist. Aug. *Elag.* 2.1)。"妇人元老院"(Hist. Aug. *Elag.* 4. 3)的存在或许并非史实,但也反映出塞维鲁王朝妇女的影响力。他的祖母在世时亦举足轻重,据《奥古斯都史》,她获准于军营和元老院抒发己见(Hist. Aug. *Elag.* 12.3)。茱莉亚·苏埃米亚斯于 218 年获得奥古斯塔头衔, 参见 D. Kienast, *Römische Kaisertabelle: Grundzüge einer römischen Kaiserchronologie*, p. 175。

[7] "军营之母"与"元老院之母"头衔并非官方所授,参见 D. Kienast, *Römische Kaisertabelle: Grundzüge einer römischen Kaiserchronologie*, p. 181。另参见 S. Nadolny, *Die severischen Kaiserfrauen. Palingenesia 104*, pp. 122 - 123,其中列有部分见于铭文中的头衔。

[8] D. Kienast, *Römische Kaisertabelle: Grundzüge einer römischen Kaiserchronologie*, p. 172.

[9] 从 219 至 220 年,仅一年略多。参见 D. Kienast, *Römische Kaisertabelle: Grundzüge einer römischen Kaiserchronologie*, p. 173。

[10] 约半年,时在其夫君庞尼乌斯·巴苏斯被杀后。她获膺"奥古斯都之妻及恺撒(即塞维鲁·亚历山大)之母"(coniux Augusti et mater Caesaris)头衔。参见 D. Kienast, *Römische Kaisertabelle: Grundzüge einer römischen Kaiserchronologie*, p. 174。

[11] Cass. Dio 80. 9. 仅半年后,埃拉迦巴尔便与她离异,并迎娶安妮娅·法乌斯提娜,但半年后又与阿奎利亚·赛维尔拉复合。她得到"军营及元老院之母"头衔,参见 D. Kienast, *Römische Kaisertabelle: Grundzüge einer römischen Kaiserchronologie*, p. 174。

[12] 参见 Cass. Dio 80. 12 - 17 及 Hist. Aug. *Elag.* 5 中记载的故事。埃拉迦巴尔形象遭古代史家歪曲一事,参见 M. Icks, *Elagabal. Leben und Vermächtnis von Roms Priesterkaiser*, Zabern: Darmstadt, 2014, esp. pp. 148 - 150。

万神殿的主神。① 阿奎利娅·赛尔维拉本是维斯塔贞女,与她成婚亦为渎神之举。② 因此,与罗马风俗格格不入的埃拉迦巴尔于 222 年遇刺,他的表亲塞维鲁·亚历山大则取而代之,后者系茱莉亚·苏埃米亚斯之姊妹茱莉亚·马穆爱娜所出。③ 茱莉亚·苏埃米亚斯因嫉恨皇帝及其母后而遭戮尸之刑(poena post mortem):她的首级被斩下,尸体则被拖过街巷,最终沉于河内。④

此后,茱莉亚·马艾萨转而支持孙子塞维鲁·亚历山大及其母后茱莉亚·马穆爱娜。⑤ 根据史料记载,茱莉亚·马艾萨曾伴随儿子巡视军队,并获膺"军营之母"、甚至"全人类之母"(mater universi generis humani)⑥的尊号。茱莉亚·马艾萨于 226 年去世,和姊妹一样被奉为神祇。塞维鲁·亚历山大在 225 年迎娶奥尔比娅娜,但两年后便同她离异。⑦ 235 年,塞维鲁·亚历山大与母后驾临上日耳曼,他们于当地被美因茨——布尔岑海姆的哗变军士杀害。⑧ 后来官方虽未正式将他们"除忆"(damnatio memoriae),但关于两人的部分钱币铭文仍然遭到抹除,一些造像亦被破坏。⑨

① Cass. Dio 80. 11. 1 - 2[=Xiphil. 348. 13 - 21 R. St.;Exc. Val. 408][p. 762]);80. 11 - 12)(=Xiphil. 348. 21 - 349. 31 R. St.);参见 D. Kienast, *Römische Kaisertabelle:Grundzüge einer römischen Kaiserchronologie*, p. 172。
② Cass. Dio 80. 9. 3 - 4;Hist. Aug. *Elag.* 6. 6.
③ D. Kienast, *Römische Kaisertabelle:Grundzüge einer römischen Kaiserchronologie*, pp. 177 - 179.
④ Cass. Dio 79[78]. 20. 2;参见 D. Kienast, *Römische Kaisertabelle:Grundzüge einer römischen Kaiserchronologie*, pp. 172,175;E. R. Varner, *Mutilation and Transformation. Damnatio Memoria and Roman Imperial Portraiture. Monumenta Graeca et Romana 10*, Leiden and Boston:Brill, 2004, p. 195;关于文学史料中的茱莉亚·苏埃米亚斯,参见 S. Nadolny, *Die severischen Kaiserfrauen. Palingenesia 104*, pp. 149 - 155, 172 - 173, 190 - 191。
⑤ 埃拉迦巴尔收养了表亲巴西亚安努斯,赐其名塞维鲁·亚历山大。
⑥ 参见 D. Kienast, *Römische Kaisertabelle:Grundzüge einer römischen Kaiserchronologie*, p. 180。她在 222 年获得奥古斯塔头衔,并于同年获膺"奥古斯都之母",224 年获膺"军营之母",226 年又被尊为"全人类之母"(CIL II 3413,未见于 D. Kienast, ibid.),此为皇室女性头衔中空前尊贵者。然而也可用普遍性发展的框架分析此事:S. Nadolny, *Die severischen Kaiserfrauen. Palingenesia 104*, pp. 127 - 128 指出,铭文中选用的头衔呈现愈发冗长之势。
⑦ 《奥古斯都史》中还提及一位名叫美弥娅的妻子,但我们并无关于她的更多史料(Hist. Aug. *Sev. Alex.* 20.3)。如今仅有奥尔比娅娜的钱币存留。奥尔比娅娜在 205 至 207 年间嫁给塞维鲁·亚历山大,并获得奥古斯塔头衔。她于 227 年被流放至阿非利加,参见 D. Kienast, *Römische Kaisertabelle:Grundzüge einer römischen Kaiserchronologie*, p. 179。
⑧ L. Schumacher, "Die Sicilia in Mainz-Bretzenheim:Zur Lokalisierung der Ermordung des Kaisers Severus Alexander," *Mainzer Zeitschrift*, vol. 99, 2004, pp. 1 - 100;D. Kienast, *Römische Kaisertabelle:Grundzüge einer römischen Kaiserchronologie*, p. 177.
⑨ E. R. Varner, *Mutilation and Transformation. Damnatio Memoria and Roman Imperial Portraiture. Monumenta Graeca et Romana 10*, pp. 197 - 198.

　　在塞维鲁王朝时期的钱币上①，大部分币种正面都铸有皇后或其他皇室女性的头衔及名号。②　塞普蒂米乌斯·塞维鲁及其子卡拉卡拉当政时，专门为茱莉亚·多姆娜铸造大量的钱币及币种，数量胜过先前所有的皇室女性。③　这些钱币成为后代皇后的框架与参照，她们采用了茱莉亚·多姆娜时期的钱币类型，亦对其有所改动——一如笔者将要展示的——她们在茱莉亚·多姆娜的传统之内创造了自己的身份。

　　茱莉亚·多姆娜钱币本身并非新近发明，而是与安东尼王朝钱币的主题与象征有所关联——后者包括为安东尼·庇尤斯的皇后法乌斯提娜一世，以及庇尤斯之女、马尔库斯·奥莱里乌斯的皇后法乌斯提娜二世铸造的钱币。藉此传统，多姆娜巩固了夫君塞普蒂米乌斯·塞维鲁的合法地位，而后者已然通过收养制度融入了安东尼家族。④　虽然塞维鲁凭武力而非出身夺得帝位，他仍能以构建王朝观念为手段，进而宣称自己统治的合法性。当然，仅仅自称为前朝后继者并不能达此目的，更为重要的是接续安东尼王朝的美德与价值，并将自己的公众形象融进广受赞誉的"安东尼家族"身份中。一如法乌斯提娜母女，茱莉亚·多姆娜在钱币上抛头露面，而她的自我宣传也和塞普蒂米乌斯·塞维鲁钱币相辅相成——安东尼与塞维鲁王朝的皇帝与皇后们精心设计了独特的形象宣传计划，并不断加以完善。⑤

　　塞普蒂米乌斯·塞维鲁统治时期，专门为茱莉亚·多姆娜铸造了数量可观、种

---

① 行省钱币无需追随中央政府的形象工程，而是专注于地域情势，因此常常衍生出"地域性"的钱币反面类型。由于上述原因，笔者仅讨论收录于"罗马帝国钱币"藏卷的皇室钱币。对行省钱币中的皇室女性总论，参见 S. Nadolny, *Die severischen Kaiserfrauen. Palingenesia 104*, pp. 74 - 112；然而，关于所谓"希腊皇室"（不尽准确的说法）钱币中的正反面互动分析，仍然亟待学界的研究。

② 皇后对于钱币头像的影响力究竟几何，我们不得而知，参见 S. Nadolny, *Die severischen Kaiserfrauen. Palingenesia 104*, pp. 20 - 22。我们无法证明其是否具有直接下令铸币的权力，因此笔者仅在文中对其采用被动的视角。虽然如此，皇室女性或许可以左右自己出现在钱币上的方式。参见 S. Lusnia, "Julia Domna's Coinage and Severan Dynastic Propaganda", *Latomus*, vol. 54, 1995, p. 137；T. Scheer, 2006, "Bilder der Macht? Repräsentationen römischer Kaiserfrauen". In: S. Schoer, ed., *Images and Gender. Contributions to the Hermeneutics of Reading Ancient Art. Orbis biblicus and orientalis 220*, Fribourg: Academic Press, pp. 314 - 316.

③ S. Nadolny, *Die severischen Kaiserfrauen. Palingenesia 104*, pp. 29 - 32。对茱莉亚·多姆娜钱币的细节分析，参见 S. Lusnia, "Julia Domna's Coinage and Severan Dynastic Propaganda"；对银币贮藏的数量分析，参见 C. Rowan, "The Public Image of the Severan Women", *Papers of the British School at Rome*, vol. 79, 2011, pp. 241 - 273.

④ 其子塞普蒂米乌斯·巴西亚安努斯（即卡拉卡拉）藉由收养制进入安东尼家族后更名"马尔库斯·奥莱里乌斯·安东尼乌斯·庇尤斯"，参见 D. Kienast, *Römische Kaisertabelle: Grundzüge einer römischen Kaiserchronologie*, p. 162；亦见带有"安东尼乌斯"及"安东尼乌斯·庇尤斯"字样的卡拉卡拉钱币：RIC IV *Septimius Severus* 115 (nos. 179 - 180 [D])。另外，塞普蒂米乌斯·塞维鲁先是计算了自己登基以来获得护民官权的次数，后对其加以改动，使之从康茂德统治终结之期开始算起，这样便将内战之年（193 年）排除在外（RIC IV *Septimius Severus*, pp. 61 - 62）。

⑤ 参见 S. Nadolny, *Die severischen Kaiserfrauen. Palingenesia 104*, pp. 32 - 43.

类繁多的钱币(虽然首次发行的数目较少)。卡拉卡拉赞颂她的懿德,尊其为"虔敬、洪福的茱莉亚·奥古斯塔"(Iulia Pia Felix Augusta);塞维鲁·亚历山大亦为她发行了纪念钱币。与多姆娜相比,仅三年便遭卡拉卡拉离弃的普劳提拉钱币的规模则要小得多。

埃拉迦巴尔为母亲茱莉亚·苏埃米亚斯及祖母茱莉亚·马艾萨(多姆娜之姊妹)铸造了多种钱币。埃拉迦巴尔既然并非卡拉卡拉的合法子嗣(而是后者的表亲)①,马艾萨便成了塞普蒂米乌斯·塞维鲁血脉的联结者——合法性从父系(agnatio)转移到了母系(cognatio)一边。这自然强化了女性在家族中的地位,并导致埃拉迦巴尔之母及祖母钱币发行量的增加。相较之下,为埃拉迦巴尔之妻铸造钱币的数量较小——这要归之于两人的短暂婚姻。

塞维鲁·亚历山大本是埃拉迦巴尔的表亲,后来被后者收作养子。然而他的先君及姑母身负血债,死后又遭"除忆"(damnatio memoriae)之辱,故皆未见于塞维鲁·亚历山大时期的钱币。亚历山大转而为他母系的诸位女性先祖铸币,由是建立与塞普蒂米乌斯·塞维鲁的联系。这里女性先祖包括他的叔祖母茱莉亚·多姆娜、祖母茱莉亚·马艾萨,当然还有母亲茱莉亚·马穆爱娜。马穆爱娜在塞维鲁·亚历山大时期钱币中尤为突出,②她甚至与其子一同出现于钱币正面。③ 相较而言,亚历山大为他那位结婚两年便遭离弃的妻子奥尔比娅娜铸造的币种要少得多。埃拉迦巴尔与塞维鲁·亚历山大的婚姻均未能持久,两人的皇后亦未能拥有完善的钱币系列及公众形象。然而,嫁入塞维鲁家族超过半年的妇女的确较常见于钱币反面。④

211年,卡拉卡拉因隙杀害兄弟盖塔,塞普蒂米乌斯·塞维鲁建立持久王朝的构想遂告破灭。正因如此,在卡拉卡拉治下未见有上述皇室类型的钱币。然而其妻子普劳提拉却见于钱币,其上还铸有"和谐女神"(concordia)字样(占发现于银币贮藏的普劳提拉币之 37%),⑤图样则为夫妻互执右手(图 1)——此即象征着二人婚姻和睦的"执手之仪"(dextrarum iunctio)⑥。

_____

① Cass. Dio 79[78].6.1; Herodian. 5.7.3.

② 关于茱莉亚·马穆爱娜钱币,参见 E. Kosmetatou, "The Public Image of Julia Mamaea. An Epigraphic and Numismatic Inquiry", *Latomus*, vol. 61, 2005, pp. 298-414, pl. 13-14.

③ RIC IV *Severus Alexander* 123 (nos. 659-667 [As?], 662 亦被铸造成都庞狄乌斯币)。

④ C. Rowan, "The Public Image of the Severan Women", pp. 241-273.

⑤ C. Rowan, "The Public Image of the Severan Women", p. 257, fig. 6.

⑥ "和谐女神"(Concordia)币:RIC IV *Caracalla* 269 (no. 360 [Au/D], 271 (nos. 370, 372 [D])。人格化的和谐女神手执奠酒杯和一对丰饶之角,象征着福祉与丰饶。"皇室昌隆"(Propag [ati] o imperii)币:RIC IV *Caracalla* 269 (no. 362 [Au/D]);309 (no. 578 [S])。钱币反面是执普劳提拉之手的卡拉卡拉站像。

　　若将罗马庇护制度纳入考虑，则上述图景不仅是一种象征，更是"家国一体"的有力声明——此一"家庭"便是皇帝与皇后携手共治之家。① "和谐女神"字样随后扩展为"洪福和谐女神"（concordia felix）②、"永恒和谐女神"（concordia aeterna）③以及"皇家夫妇之和谐女神"（concordia Augustorum）④，个中内涵大同小异；"神圣和谐女性"强调了奥古斯塔对奥古斯都大权的襄助；钱币反面则展示有人格化的和谐女神，她手执一双丰饶之角（cornucopia），象征着丰产、王权与祭献（patera）。

　　卡拉卡拉时期的皇室类型钱币以其母茉莉亚·多姆娜居多。多姆娜钱币贯穿着卡拉卡拉的整个统治时期。在她身后则发行有"祭俸"第纳里纪念币以彰殊荣（图2）：钱币正面铸有作为圣奥古斯塔的多姆娜半身像，反面则是象征朱诺的开屏孔雀。⑤ 朱诺与茉莉亚·多姆娜的对比引人瞩目：主宰万神殿的朱庇特之妻，自然能够衬托出多姆娜母仪天下的地位。⑥

　　塞维鲁·亚历山大统治时期的"女性"钱币则以茉莉亚·马穆爱娜占多数，后者曾与亚历山大共治帝国一年。茉莉亚·马穆爱娜钱币亦有"和谐女神"类型，其中包括"神圣和谐女神"币。⑦ 钱币反面并非是"执手之仪"——因为她并非皇帝之妻，而是母后——取而代之的是和谐女神献祭的场景，如是从传统的皇室婚姻象征中引申出皇族内部和谐的意涵，进而为罗马帝国带来稳定局面。⑧ 还有一些钱币类型在正面铸有茉莉亚·马穆爱娜与塞维鲁·亚历山大，两人的头衔及半身像左右相对，⑨并附有"帝后同心"（aequitas Augusti）⑩或"年景兴旺"（felicitias temporum）⑪字样——此类型钱币凸显了茉莉亚·马穆爱娜的政治权力。另有一类金章，其正反两面分别铸有塞维鲁·亚历山大及奥尔比娅娜的半身像，以及"茉

① 亦参见 S. Nadolny, *Die severischen Kaiserfrauen. Palingenesia 104*，p. 205，其中同样强调罗马人作为大家庭（Mega-Familie）的象征性涵义。

② RIC *Caracalla* 270（nos. 365a and 365b［D］）。

③ RIC *Caracalla* 269（no. 361［Au/D］）。

④ 金币：RIC IV *Caracalla* 270（no. 364［Au］），图样为和谐女神手执奠酒杯及一对丰饶之角；银币：269（no. 359［D/Q］）；269（no. 363a and b［D］）；铜币：309（no. 580［Dp/As］），图样亦为和谐女神手执奠酒杯及一对丰饶之角。

⑤ RIC IV *Caracalla* 275（no. 396［D］）。

⑥ 参见 A. Alexandridis, *Die Frauen des römischen Kaiserhauses. Eine Untersuchung ihrer bildlichen Darstellung von Livia bis Iulia Domna*，p. 106。

⑦ RIC *Severus Alexander* 97（no. 330［D］），图样为和谐女神端坐，手执一对奠酒杯。为茉莉亚·马艾萨铸造的"和谐女神奥古斯塔"的合金币：RIC IV *Elagabalus* 51（no. 277［D］）。

⑧ 参见 S. Nadolny, *Die severischen Kaiserfrauen. Palingenesia 104*，p. 37。

⑨ RIC IV *Severus Alexander* 95－96（nos. 314［Au］，315［D］，316［银章］，317［金章］），123－124（nos. 659－661［As?］，662［Dp/As?］，663－667［As?］）。

⑩ RIC IV *Severus Alexander* 95（no. 316［银章］）。

⑪ RIC IV *Severus Alexander* 95（no. 317［银章］）。

莉亚·马穆爱娜·奥古斯塔,奥古斯都之母"(Iulia Mamaea Augusta Mater Augusti)[1]之名,以此将家族成员凝聚在一起(图3)。

皇室女性作为母亲的职能得以扩展,而"母亲"一词亦被赋予更为深刻的意涵。[2] 用戈夫曼的术语来说,此举旨在调适(键入)社会——文化框架,从而为"母亲"这一重要框架带来新的语义层面。皇室女性不仅是新君之母,更是国家之母,并在此特殊角色中和帝国休戚与共。[3] 如此我们便可理解,为何茱莉亚·多姆娜和茱莉亚·马艾萨能够效法皇帝的"父亲"(patriae)角色[4],并获膺"元老院之母"、"军营之母"的尊号。[5] "母亲"(mater)、"父亲"(pater)等专词为身份认同的演变提供了空间,它们通过庇护制的观念,使公民与皇室互相交融,从而许诺整个国家以恩垂和天命。罗马共和国以来,这种庇护制观念亦曾得到多种德行的支撑。

钱币正面的皇后多与反面的女神或人格化美德相关。塞维鲁王朝时期,为皇室女性铸造的钱币中出现了如下美德:丰产(fecunditas)、贞洁(pudicitia)、福佑(felicitas)、喜悦(hilaritas)、欢乐(laetitia)、虔敬(pietas)及慷慨(liberalitas)。[6] 与前朝相比较,该时期用于形容当权女性的美德种类实在较少——因为喜悦、欢乐、福佑在语义方面差别甚微[7]。个中原因或许在于,茱莉亚·多姆娜钱币所选用的美德被其余皇后和皇室女性承继下来,后者仅对美德的特性稍作改动——例如将"虔敬"扩展为"公众的虔敬"(pietas publica)。塞维鲁王朝的女性遵循着茱莉亚·多姆娜的传统,因而并未宣扬新的美德。

塞维鲁王朝钱币共选用了十二位女神,其中多数以其所代表的品行(近似于美

---

① RIC IV *Severus Alexander* 95 (no. 318[银章]).

② 参见 S. Nadolny, *Die severischen Kaiserfrauen. Palingenesia 104*, pp. 43 – 63。

③ 参见 N. B. Kampen, "Between Public and Private: Women as Historical Subjects in Roman Art." In: S. B. Pomeroy, ed., *Women's History and Ancient History*, Chapel Hill: North Carolina University Press, 1991, pp. 218 – 248.

④ 茱莉亚·多姆娜于195年获此头衔,法乌斯提娜在她之先,是首位获膺"军营之母"尊号者,参见 S. Lusnia, "Julia Domna's Coinage and Severan Dynastic Propaganda", pp. 119 – 140. A. Alexandridis, *Die Frauen des römischen Kaiserhauses. Eine Untersuchung ihrer bildlichen Darstellung von Livia bis Iulia Domna*, p. 26 中指出,皇后对神祇与家庭的虔敬,使其给予军队的恩典收效显著('offensichtlich war es ihre *pietas* gegenüber den Göttern wie auch gegenüber der Familie, die die Sorge der Kaiserin um das Heer besonders wirksam machte.')。

⑤ 参见茱莉亚·马穆爱娜钱币的"守护女神朱诺"(Iuno Conservatrix)字样,其正与塞维鲁·亚历山大之"守护神朱庇特"(Iuppiter Conservator)配作一对(见 E. Kosmetatou, "The Public Image of Julia Mamaea. An Epigraphic and Numismatic Inquiry", p. 406)。"祖国之母"(mater patriae)概念系从"祖国之父"(pater patriae)衍出,参见 A. Alexandridis, *Die Frauen des römischen Kaiserhauses. Eine Untersuchung ihrer bildlichen Darstellung von Livia bis Iulia Domna*, p. 111。

⑥ 此处未见普罗提娜等人所用的"忠贞"(fides),此概念特指女性的已婚身份。

⑦ 它们与福祉(fortuna)关系甚密。丰产、福祉、喜悦的人格化角色可互换特征;此外,福祉亦作为"洪福庇佑"(fortuna felix)而出现(Alexandridis 2004, 27)。

德)为特征：克瑞斯、①维斯塔、大母神(或名诸神之母西布莉)、朱诺、狄安娜/卢娜、密涅瓦、(人格化的)罗马女神、福尔图娜、帕克斯。② 维纳斯则不单作为神明出现，还要另冠以其他象征名号。"维纳斯"类型钱币在当时最受欢迎。维纳斯与朱诺一样拥有着诸多称号(胜利女神、生育女神、天界女神、福泽女神)。

塞普蒂米乌斯·塞维鲁统治期间，茱莉亚·多姆娜钱币图样以胜利女神维纳斯居多(图4),③卡拉卡拉在位时则偏好生育女神维纳斯,④以强调多姆娜的母亲身份和塞维鲁家族血脉。埃拉迦巴尔之妻的情况亦如此。⑤ 茱莉亚·帕乌拉与阿奎利娅·赛维尔拉分别选用了维纳斯的不同称号(表1)：前者是胜利女神与生育女神,⑥后者则是天界女神和福泽女神。⑦ 两人共享的仅有一名女神(即维斯塔,或因阿奎利亚·赛维拉是维斯塔贞女之故)。⑧ 茱莉亚·苏埃米亚斯钱币铸有多种样

----

① 克瑞斯出现于安东尼王朝诸帝的钱币上,参见 T. Scheer, "Bilder der Macht? Repräsentationen römischer Kaiserfrauen", p. 302, n. 30。

② 另有"皇室夫妇赐恩于迦太基"(indulgentia Augg [ustorum] in Carth [ago])字样的合金第纳里,图样展示了天后蒂亚：RIC IV *Septimius Severus* 172 (no. 594 [D])。

③ 金币：RIC IV *Septimius Severus* 170 (no. 579 [Au]), 178 (no. 645a [Au]), 178 (no. 647 [Au])；金银币：RIC IV *Septimius Severus* 165 (no. 536 [Au/D]), 171 (no. 581 [Au/D])；银币：RIC IV *Septimius Severus* 165 (no. 535 [D]), 176 – 177 (nos. 630 – 633a [D])；铜币：RIC IV *Septimius Severus* 207 (no. 842 [S], no. 846 [Dp or As]), 211 (nos. 888 – 890 [Dp or As])。在茱莉亚·多姆娜钱币中,棕榈枝是胜利女神维纳斯的象征物(参见 T. Scheer, "Bilder der Macht? Repräsentationen römischer Kaiserfrauen", p. 304)。

④ 塞普蒂米乌斯·塞维鲁时期金币：RIC IV *Septimius Severus* 165 (no. 537 [Au])；金银币：RIC IV *Septimius Severus* 170 (no. 578 [Au/D])。卡拉卡拉时期金币：RIC IV *Caracalla* 274 (no. 388b [Au])；金银币：RIC IV *Caracalla* 274 (nos. 388a [Au/Ant], c [Au/D], 389a [Au/Ant], b [Au/D])；银币：RIC IV *Caracalla* 274 (no. 387 [Ant])；铜币：RIC IV *Caracalla* 311 (nos. 591 – 592a [S]), 312 (nos. 604 – 605b [Dp/As])。哈德良时期以来,这位女神便与皇室女性相关,参见 S. Lusnia, "Julia Domna's Coinage and Severan Dynastic Propaganda", p. 125。

⑤ 安妮娅·法乌斯提娜除外——仅为她发行了"和谐女神"类型钱币。

⑥ 生育女神维纳斯币：RIC IV *Elagabalus* 46 (no. 222 [D])；胜利女神维纳斯币：RIC IV *Elagabalus* 46 (no. 223 [D]),皆为银币。

⑦ 天界女神维纳斯银币：RIC IV *Elagabalus* 47 (no. 230 [D])；福泽女神维纳斯铜币：RIC IV *Elagabalus* 60 (no. 398 [S])。

⑧ 茱莉亚·帕乌拉银币：RIC IV *Elagabalus* 47 (no. 224 [D])；阿奎利亚·赛尔维拉银币：RIC IV *Elagabalus* 47 (no. 231 [D])。塞普蒂米乌斯·塞维鲁时期的茱莉亚·多姆娜金银币：RIC IV *Septimius Severus* 165 (no. 538 [Au/D]), 171 (no. 582 [Au/D])；铜币：RIC IV *Septimius Severus* 207 (no. 843 [S]), 209 (no. 867 [S]), 211 (no. 891 [Dp or As])。"维斯塔之母"字样金币(仅为多姆娜所有)：RIC IV *Septimius Severus* 171 (no. 586 [Au])；银币：RIC IV *Septimius Severus* 171 (no. 584 [D])；铜币：RIC IV *Septimius Severus* 209 (no. 868 [S]), 211 (nos. 892a, b [Dp or As])；仅铸有两名维斯塔的铜币：RIC IV *Septimius Severus* 171 (no. 585 [D]),铸有四名维斯塔及两位子嗣的铜币：211 (no. 893 [Dp or As])；"圣维斯塔"字样银币：RIC IV *Septimius Severus* 171 (no. 587 [D]), 178 (no. 648 [D])；铜币：209 (no. 869 [S])。

式的天界女神维纳斯①,而茱莉亚·马穆爱娜倾向于福泽女神维纳斯②,茱莉亚·马艾萨则较常选用女神朱诺③。概言之,每位皇后都偏爱一名女神。④

表1　塞维鲁王朝皇室女性钱币中的维纳斯类型

	生育女神维纳斯	胜利女神维纳斯	福泽女神维纳斯	天界女神维纳斯
茱莉亚·多姆娜(塞普蒂米乌斯·塞维鲁时期)	金/银:1(Au, D)	金/银:3(Au)2(Au, D)7(D)铜:1(S)4(Dp or As)	金/银:2(D)铜:1(S)1(Dp or As)	金/银:2(D)
茱莉亚·多姆娜(卡拉卡拉时期)	金/银:1(Au)2(Au, D)2(Au, Ant)1(Ant)铜:4(S)4(Dp or As)			
普劳提拉		金/银:1(Au, D)铜:1(S)1(Dp or As)	金/银:1(Q)	
茱莉亚·帕乌拉	金/银:1(D)	金/银:1(D)		

① "天界女神维纳斯"占银币贮藏所见茱莉亚·苏埃米亚斯钱币总数之97%,参见C. Rowan,"The Public Image of the Severan Women", p. 262, fig. 12。金币:RIC IV *Elagabalus* 48 (no. 240 [Au]);银币:RIC IV *Elagabalus* 48 - 49 (nos. 241 [D], 242 [Q], 243 [D], 244 [Q], 245 [Ant]);铜币:RIC IV *Elagabalus* 60 (nos. 402 [S], 403 [Dp], 404 [As], 405 [Dp], 406 [S], 407 [Dp?], 408 [As])。406 - 408 号钱币表明,与孩童一起出现的维纳斯象征着丰产,参见 S. Nadolny, *Die severischen Kaiserfrauen. Palingenesia 104*, pp. 40 - 41,68。纳多里尼(Nadolny)认为,对天界女神维纳斯的强调补全了埃拉迦巴尔自塑为阿波罗—索尔神的形象宣传。

② 金币:RIC IV *Severus Alexander* 99 (no. 350 [Au]);银币:RIC IV *Severus Alexander* 99 (nos. 351 [D], 352 [Q], 353 [D]);铜币:RIC IV *Severus Alexander* 126 (nos. 694 [S], 695 [As], 696 [As?], 697 [Dp], 698 [As], 699 [S], 700 [As?], 701 [S], 702 [Dp], 703 [As])。

③ "朱诺"类型的茱莉亚·马艾萨钱币占银币贮藏总量的7%,其余女神出现的次数亦无多,参见 C. Rowan, "The Public Image of the Severan Women", p. 266, fig. 14。金币:RIC IV *Elagabalus* 49 (nos. 253, 255 [Au]);银币:RIC IV *Elagabalus* 49 (nos. 254,256 [D]);铜币:RIC IV *Elagabalus* 61 (nos. 412 [S], 413 [As?])。"天后朱诺"字样钱币:RIC IV *Elagabalus* 50 (nos. 259 - 260 [D]);"守护女神朱诺"字样钱币:RIC IV *Elagabalus* 49 (nos. 257 - 258 [D])。

④ 罗马人在钱币中强调茱莉亚·苏埃米亚斯与茱莉亚·马艾萨的区别,反映出埃拉迦巴尔与塞维鲁·亚历山大统治价值观的南辕北辙。前者鼓吹阿波罗—索尔崇拜,后者则固守罗马传统价值的框架。"皇后之间意见的分歧或曾直接传达给铸币作坊,抑或是作坊匠人挖空心思,积极揣摩并迎合皇室家族及其活动"(见 C. Rowan, "The Public Image of the Severan Women", p. 267)。罗万(Riwen)亦将埃拉迦巴尔时期"维斯塔"类型钱币数量的稀少,以及亚历山大·塞维鲁时期该类型钱币数量的宏富解释为一种"公共声明":这不仅将马穆爱娜纳入维斯塔祭仪的庇护之下,亦强调了该祭仪及祭司的神圣地位(其曾遭到埃拉迦巴尔的侵犯),参见 C. Rowan, "The Public Image of the Severan Women", p. 269。

	生育女神维纳斯	胜利女神维纳斯	福泽女神维纳斯	天界女神维纳斯
阿奎利亚·赛维拉			铜：1(S)	金/银：1(D)
安妮娅·法乌斯提娜				
茱莉亚·苏埃米亚斯				金/银：1(Au)1(Ant)2(D)2(Q)铜：2(S)3(Dp)2(As)
茱莉亚·马艾萨		金/银：1(D)		
茱莉亚·马穆爱娜	金/银：1(Au)2(D)铜：1(S)	金/银：1(Q)1(D)铜：1(S)1(Dp)1(As)	金/银：1(Au)2(D)1(Q)铜：3(S)2(Dp)5(As)	
奥尔比娅娜	金/银2(D)			

（币值缩写见本文首页，注2。）

　　军事与政治类型钱币的发现数量不多，所见大多属于茱莉亚·多姆娜及茱莉亚·马穆爱娜。尽管如此，此类钱币对于皇室女性而言并不多见，因为其往往被皇帝所垄断。因此，这类钱币在极大程度上超越了对罗马女性的传统观念。

　　"军队之福"（Felicitas exercitus）钱币专为茱莉亚·马穆爱娜铸造，其将"福佑"美德扩展至军事领域，因而既属皇室类，又属军事类。曾为茱莉亚·多姆娜[①]、茱莉亚·苏埃米亚斯、茱莉亚·马艾萨、茱莉亚·马穆爱娜及奥尔比娅娜等人铸造的"百年福佑"（saeculi felicitas）类钱币亦是如此。这些钱币类型或许也反映了茱莉亚·多姆娜在其中大放异彩的204年赛库拉尔庆典。

　　另外，还应分析一类上文已述及的军事类钱币，即为茱莉亚·多姆娜[②]及茱莉

---

① 茱莉亚·多姆娜的半身像在她的两子之间，这与奥古斯都时期的茱莉亚、盖乌斯和李奇尼乌斯钱币相似，参见 S. Lusnia, "Julia Domna's Coinage and Severan Dynastic Propaganda", p. 128；RIC IV *Septimius Severus* 115 (nos. 181a [Au/D], b [Au], c [Au/D])。

② 金银币：RIC IV *Septimius Severus* 168 (nos. 563a [Au], b [D]), 169 (nos. 564 [Au/D], 568 [D], 569 [Au/D])；179 (no. 650 [银章])；铜币：RIC IV *Septimius Severus* 209 (no. 860 [S]), 210 (nos. 880,881 [Dp or As])。参见 S. Lusnia, "Julia Domna's Coinage and Severan Dynastic Propaganda", p. 132。罗万指出："现代讨论所关注的多姆娜公众形象，几乎未见于贮藏样本中的任何钱币类型。例如，强调多姆娜作为军营之母的反面类型（在银币贮藏中）数量甚少"，参见 C. Rowan, "The Public Image of the Severan Women", p. 253。

亚·马穆爱娜①铸造的"军营之母"(mater castrorum/matri castrorum)类型。多姆娜名下币种的数量及价值显示出她的尊荣,而马穆爱娜虽使用了上述种类,却仅打造了两种子类(铜币)。该类型着重强调她们对军队的恩泽:"王朝初年,作为军营之母的她(茱莉亚·多姆娜)象征着军事和政治稳定,也代表着将军队融进皇室家族的努力"。②拥有"军营之母"头衔后,她作为母亲的角色得以进一步延伸,超越了她的性别角色。正如戈里(Gorrie)所言:"她作为母亲的角色延伸到了国家本身"。③戎事与皇室女性的联系虽然初看上去颇为怪异,然而在塞维鲁王朝时期(甚至在此之前——安东尼王朝的法乌斯提娜早已获膺"军营之母"称号),此事已得到人们的接受。皇室女性所扮演的性别角色不仅仅是一名妻子,她们也是母亲以及统治家族的一分子。④见于罗马庇护制框架内的"母亲"观念,对皇帝作为"父亲"的角色形成补充,它扩展了罗马公民与皇室家族的身份,亦在这段动荡时期维持着(军事)稳定局面。⑤

除开对特定价值和某位女神的反复强调,钱币反面头像的一致性也颇为突出。多数钱币展示的女性形象为站姿或坐姿,她们都手持着某种象征物。若钱币残破,象征物便难以辨识,仅能依靠文字来释读她们代表哪位女神或何种美德。⑥这种一致性亦可刺激身份认同的演变,并将特定的形象与价值联系在一起,以赋予二者同质的表象。钱币的另一职能是作为罗马帝国的通货——毕竟,其首要功用是交换,而其作为交换媒介则要求真实、信任和信心。女性获得了一种张弛有度的公众形象,一种可供激发身份认同演变的公众"特性"。钱币正面具有象征意义,反面则与皇室的形象工程相关联,后者还将皇后及皇室女性钱币与皇帝主题钱币联系在一起。如此一来,钱币便可通过皇室家族中的某一成员与皇室本身来促进身份认同的演变。

---

① 仅有铜币: RIC IV *Severus Alexander* 126 (nos. 690 [As], 691 [As?])。"奥古斯都及军营之母"
(mater Augusti et castrorum)字样钱币: RIC IV *Severus Alexander* 126 (no. 689 [As?])。

② S. Lusnia, "Julia Domna's Coinage and Severan Dynastic Propaganda", p. 138.

③ Ch. Gorrie, "Julia Domna's Building Patronage. Imperial Family Roles and the Severan Revival of
Moral Legislation", *Historia*, vol. 53, 2004, p. 64. 关于母亲角色作为政治声明的延伸,参见 S.
Nadolny, *Die severischen Kaiserfrauen. Palingenesia 104*, pp. 205 - 206。

④ 关于彼时"家庭"的含义,参见笔者在上文中的论述,另见 S. Nadolny, *Die severischen Kaiserfrauen.
Palingenesia 104*, pp. 204 - 226。

⑤ S. Nadolny, *Die severischen Kaiserfrauen. Palingenesia 104*, pp. 204 - 206。

⑥ 关于与茱莉亚·帕乌拉之"生育女神维纳斯"类型极为相似的茱莉亚·苏埃米亚斯之"天界女神维纳
斯"类型,罗万亦做出类似解读:"观察者或许会忽略不同女性角色间的差异。的确,可见的差异仅在于
钱币字样——这说明此种(及其他)钱币类型的外观注重明晰和技术性",参见 C. Rowan, "The Public
Image of the Severan Women", p. 263。

钱币并非沟通大众的唯一手段。公共空间（如广场、祭拜帝王的庙宇、剧场、私宅及公共浴场）中树立的皇室家族造像和塑像亦具有深远影响,[①]尤其在塞维鲁王朝时期,数尊皇室成员造像聚集一处,与钱币一道传达着强大的王朝政策。[②] 荣耀皇帝的捐赠者往往是城市、宗教、匠人团体（collegia）或富人。造像面容与发式特征遵循罗马的官方模式,也极有可能经过了皇帝或皇族成员的首肯。[③] 此类模式随着政权更迭而几经变化,它可以帮助今人断定纪念物的年代,因为其可与钱币中的人物形象互为参照。[④] 因此,笔者将于下文简要介绍一些皇后造像类型。

皇帝及皇后的造像不仅用于公共场合,亦常于私人领域展示身份认同的演变。私人造像[⑤]仿效皇后的发式,[⑥]并在大众形象的框架内发展出自我形象的展示方法。[⑦] 皇后或其他女性对扮相的调整亦可见于宝石或指环（即个人所用的珠宝首饰）上的图样。[⑧] 此外,罗马公民亦效法皇家,将自己扮作男女神祇——尤其是维

---

① 综述见 K. Deppmeyer, *Kaisergruppen von Vespasian bis Konstantin. Eine Untersuchung zu Aufstellungskontexten und Intentionen der statuarischen Präsentation kaiserlicher Familien. Antiquitates* 47. 1, Hamburg: Kovac, 2008, pp. 242 – 246。

② K. Deppmeyer, *Kaisergruppen von Vespasian bis Konstantin. Eine Untersuchung zu Aufstellungskontexten und Intentionen der statuarischen Präsentation kaiserlicher Familien. Antiquitates* 47. 1, pp. 56 – 59. 223 – 227. 251 – 253.

③ 关于官方模式的创造性,参见 P. Zanker, *Provinzielle Kaiserporträts. Zur Rezeption der Selbstdarstellung des Princeps. Bayerische Akademie der Wissenschaften/Philosophisch-Historische Klasse: Abhandlungen, Neue Folge, 90*, Munich: Verlag der Bayerischen Akademie der Wissenschaften, 1983, pp. 3 – 4;关于塞维鲁王朝时期造像,参见 S. Wood, *Roman Portrait Sculpture 217 – 260 A. D.: The Transformation of an Artistic Tradition. Columbia Studies in the Classical Tradition 12*, Leiden: Brill, 1986, pp. 49 – 65。新造像类型与何种事件（如童年）相关,我们不得而知。参见 A. Alexandridis, *Die Frauen des römischen Kaiserhauses. Eine Untersuchung ihrer bildlichen Darstellung von Livia bis Iulia Domna*, pp. 28 – 29. J. Fejfer, *Roman Portraits in Context. Image and Context 2*, Berlin: de Gruyter, 2008, pp. 433 – 434,强调了蕴含于造像中的美德;关于造像雕工及技巧,参见 M. Pfanner, "Über das Herstellen von Porträts", *Jahrbuch des Deutschen Archäologischen Instituts*, vol. 104,1989, pp. 157 – 257。

④ 钱币亦能有助于辨别人物面貌。这并非全无问题,因为外貌差别往往很大,而学者需要仰赖特定的发式,例见对普劳拉的辨识问题,H. B. Wiggers, "Caracalla-Geta-Plautilla". In: M. Wegner, ed., *Das Römische Herrscherbild. vol. 3, 1*, 1999, Berlin: Mann, p. 115。亦见 O. Hekster, *Emperors and Ancestors. Roman Rulers and the Constraints of Tradition*, Oxford: Oxford University Press, 2015, p. 155。

⑤ "私人"造像指平民个人的造像,与皇帝等公众人物的公家（publicus）造像相对应,参见 J. Fejfer, *Roman Portraits in Context. Image and Context 2*, p. 16。

⑥ 皇后的面容并非总能与其他私人造像区别开来;参见 J. Fejfer, *Roman Portraits in Context. Image and Context 2*, p. 270。

⑦ 关于塞维鲁王朝时期的私人造像,参见 J. Meischner, *Bildnisse der Spätantike 193 – 500: Problemfelder, die Privatporträts*, Berlin: edition. bnb, 2001, pp. 18 – 41。

⑧ 小型造像在私人领域的广泛使用,参见 K. Dahmen, *Untersuchungen zu Form und Funktion kleinformatiger Porträts der römischen Kaiserzeit*, Münster: Scriptorium, 2001. 军事背景（皇帝）的小型造像,参见 R. von den Hoff, "Kaiserbildnisse als Kaisergeschichte(n). Prolegomena zu （转下页）

纳斯和克瑞斯。[①]

纽约大都会博物馆藏有三副塞维鲁王朝的罗马钻石凹雕。[②] 其中一枚椭圆玛瑙钻石于左端展示塞普蒂米乌斯·塞维鲁及茱莉亚·多姆娜半身像,与右端的卡拉卡拉及盖塔半身像互相对应。[③] 盖塔并未蓄须,亦未佩戴花冠,我们可据此将该展品定年至盖塔获膺奥古斯都尊号的 209 年之前。另一枚精美绿玉钻石雕有面朝右侧的茱莉亚·多姆娜半身像。[④] 细致雕工凸显出贵石的上乘质地,也代表了原物主的显赫身份。[⑤] 物主以皇家成员为刻印,则是其对皇帝及皇后忠心的证明:他将自己的身份与这对皇家夫妇相关联。然而,这种忠心与他意识到自己可能因此受益的事实并不矛盾,因为"身份认同"意味着分享同样的意识形态及价值,而非现代意义上的心理过程(见上文)。汉诺威科斯特尔博物馆收藏的一枚宝石亦可作为身份认同演变的证据:[⑥]茱莉亚·多姆娜与卡拉卡拉在同一面上朝向着彼此,另一面则雕有在卡拉卡拉死后短暂称帝的马克利努斯半身像。两面的雕琢风格显然不

(接上页) einem medialen Konzept römischer Kaiserporträts". In: A. Winterling, ed., *Zwischen Strukturgeschichte und Biographie? Probleme und Perspektiven einer neuen Römischen Kaisergeschichte 31 v. Chr. - 192 n. Chr*, Munich: oldonboary, 2011, pp. 24 - 26,34,40 - 41。

[①] 参见 H. Wrede, *Consecratio in formam deorum. Vergöttlichte Privatpersonen in der römischen Kaiserzeit*, Mainz: Von Zabern, 1981(但仅限于塞维鲁王朝前的帝国时期);A. Lichtenberger, *Severus Pius Augustus. Studien zur sakralen Repräsentation und Rezeption der Herrschaft des Septimius Severus und seiner Familie* (193 - 211 n. Chr.), pp. 319 - 378; J. Fejfer, *Roman Portraits in Context. Image and Context 2*, pp. 342 - 345; A. Alexandridis, *Die Frauen des römischen Kaiserhauses. Eine Untersuchung ihrer bildlichen Darstellung von Livia bis Iulia Domna*, pp. 84 - 92 中指出,战争女神在法乌斯提娅二世之前无关紧要。这正能说明"军营女神"头衔与军事主题在塞维鲁家族女性钱币中的日益突出相关。

[②] 关于钻石,参见 C. Maderna, "Kaiser Augustus und die verlorene Republik-Glyptik". In: W. D. Heilmeyer, E. LaRocca and H. G. Martin, eds., *Kaiser Augustus und die verlorene Republik. Eine Ausstellung im Martin-Gropius-Bau, Berlin. 7. Juni - 14. August 1988*, Mainz: von Zabern, 1988, pp. 441 - 473; E. Zwierlein-Diehl, *Antike Gemmen und ihr Nachleben*, Berlin, New York: Walter de Gruyter, 2007, pp. 6 - 16。

[③] 纽约大都会博物馆(Metropolitan Museum, New York), no. 40. 143; G. M. A. Richter, 1956,493, no. 497, pl. 70。博物馆主页内可见照片:www. metmuseum. org/art/collection/search/253616(15. 03. 2017)。

[④] 纽约大都会博物馆(Metropolitan Museum, New York), no. 25. 78. 90; G. M. A. Richter, 493, no. 498, pl. 70; A. Alexandridis, *Die Frauen des römischen Kaiserhauses. Eine Untersuchung ihrer bildlichen Darstellung von Livia bis Iulia Domna*, 2004, pp. 206 - 207, cat. no. 234, pl. 60. 2。见 www. metmuseum. org/art/collection/search/251870(15. 03. 2017)。

[⑤] Plin. *nat. hist.* 33. 41.

[⑥] 汉诺威奥古斯特·科斯特尔博物馆(Hanover, August Kester Museum), no. K 771; A. Alexandridis, *Die Frauen des römischen Kaiserhauses. Eine Untersuchung ihrer bildlichen Darstellung von Livia bis Iulia Domna*, p. 205, cat. no. 232, pl. 60. 1。

同,因此这枚宝石的原主或许在卡拉卡拉身后迎合了新的政局。① 若果真如此,这枚宝石便可作为私人(privatus)努力适应政治和社会的明证:他见风转舵,将自己的身份与新君及其政权相融合。②

我们不知大都会博物馆钻石的原主是否来自皇室家族,亦不能确定它们曾用于私人文书抑或是官家公函。另外一枚来自美国大都会博物馆的玛瑙钻石也是如此,这枚钻石雕有面朝右侧的年轻女子半身像。③ 她的假发遮住耳朵,颈部佩着项链——此类风格明显属于塞维鲁王朝时期。她身着的希腊长袍凸显着身体的风姿。图案左侧是象征丰产的丰饶之角,右侧的铭文则是"心悦君兮"(te ego amo)。这枚钻戒显然属于私人,甚或是私密之物:它可能是献给情人的赠礼。雕绘上的女子不仅选用皇后的发式,也拥有着皇后的美德与共同象征——丰饶之角。它采用了皇室家族的官方形象。这展示了皇家意识形态进入私人领域,并被转换为象征性身份的过程。④

本文分析了塞维鲁王朝皇室女性在钱币和造像中的形象。皇室女性的公众形象因媒介不同而有所差异,这取决于各种媒介的特征,以及它们各自的受众。

钱币是长期流通的交换媒介。随着国政、战事或经济需求而导致的新币发行,新的人物形象亦得以引入。特定钱币类型的信息往往简单明晰,它将钱币正面的皇后与反面的美德、女神、家族成员或其他信息结合到一起。皇室类型钱币强调了皇家妇女的(未来)新君之母角色,以及王朝内部的同源血脉。她们代表着塞维鲁王朝的合法地位与长久统治。然而,她们的性别角色也改变了女性行为的传统界限。"母亲"概念被扩展至罗马公民全体,而作为"军营之母",它甚至涉足到日益为皇权所倚重的军事领域。

---

① D. Salzmann, "Macrinus mit Caracalla und Iulia Domna. Zu einer Gemme im Kestner-Museum Hannover", *Archäologischer Anzeiger*, 1989, pp. 559–568.
② 藏于柏林的塞维鲁王朝圆浮雕亦为著名例证:斯塔阿里谢博物馆(Staatliche Museen)inv. 31329,绘于木版。其上雕有茱莉亚·多姆娜及盖塔半身像,两人身后是塞普蒂米乌斯·塞维鲁与卡拉卡拉。盖塔因涉险谋杀而遭除忆,其面部被删除。该浮雕的平朴风格与粗劣质地表明其并非为公家所有,而是属于平民。参见 B. Weber, "Ein aktualisiertes Familienbild? Überlegungen zur Datierung des Berliner Severertondos", *Römische Mitteilungen des Deutschen Archäologischen Instituts*, *Römische Abteilung*, vol. 112, 2005/2006, pp. 425–432, pl. 1,1.
③ 纽约大都会博物馆(Metropolitan Museum, New York), no. 81. 6. 197。见 www. metmuseum. org/art/collection/search/245068(15. 03. 2017)。
④ 丰饶之角的含义,参见 A. Alexandridis, *Die Frauen des römischen Kaiserhauses. Eine Untersuchung ihrer bildlichen Darstellung von Livia bis Iulia Domna*, p. 88。据 Plin. *nat. hist.* 33. 41,光彩夺目的戒指象征财富与奢华。钻石与宝石作为公私领域之间的表达媒介,参见 R. von den Hoff, "Kaiserbildnisse als Kaisergeschichte(n). Prolegomena zu einem medialen Konzept römischer Kaiserporträts", p. 25。

通过将钱币正面的皇室女性形象与反面的美德或女神相结合,这些身为皇族一分子的女性便置身于罗马共和国以来便已存在的价值框架内,进而刺激了身份认同的演变。有趣的是,皇室女性的特征并非其容貌,而是她们的发式。女性在如此精细的发式(假发)上投入的巨大精力和钱财象征着奢华,并为该发式赋予了新的意涵。这一风格——及其意涵——在大理石棺甚至珠宝、钻戒等私人饰物上连接着公家与私人的造像描绘。同时,它还证明了"公""私"之间的畛域难辨。借鉴了皇室形象的自我展示并不仅是"私人"活动,①它与现代的私人活动亦有所差别——因为它面向着某一受众群体,却不依赖于该群体的规模。此类自我展示面向特定的人群,它取决于物主与逝者或家族成员的关系。

笔者试图证明,理解这一复杂关系的关键在于价值观念,后者在特定样式的形象中得到表达,如美德、神祇或象征物(例如丰饶之角)。罗马价值观自共和国甚至更早的时期便已存在,②但是在西塞罗与萨路斯特等共和作家笔下,它才首次得到有力的表达。奥古斯都利用这些价值和其他不甚相关的旧观念巩固权势,并通过标准化的符号体系,将其代入到精心打造的形象工程当中。安东尼王朝继承了奥古斯都树立的价值及美德,塞维鲁诸帝亦将之接续下来,以此将自身统治合法化。塞普蒂米乌斯·塞维鲁凭此建立起价值集群,并通过文本和形象宣传它们。无论是公家或私人、皇帝或平民,都将这些价值带入特定形象当中,并用不同媒介传达给各自的受众。用戈夫曼的术语说,主体框架被调试(键入)到各种模块中间,并随之获得新的信息。

这一系统运作于传统与创新、维系与调试之间。身份认同的演变发生于这一框架内。系统中的每一成员——公民、帝王贵胄、皇室家族——都将自己的身份融进被特定形象所宣传的罗马价值观当中。因此,罗马公民不仅将自己的身份融进皇室家族,也融入于国家;另一方面,皇室家族亦将自身等同于国家。设若国家与皇帝的价值框架不复重叠,后者的权力便将失去稳定——如卡拉卡拉与埃拉迦巴尔之所以遭到谋害,便是因为其行为超越了既定的框架与模块。

塞维鲁皇室的女性扮演了维系罗马帝国稳定与和睦的角色。她们不仅作为皇室的重要成员出现,更代表了罗马家庭(familia)的价值观。母亲与妻子的美德可

---

① 关于古代公私观念的讨论,参见 2010 年埃尔福特"德国莫姆森与法理社会研究会议"成果: https://www.mommsen-gesellschaft.de/vereinstaetigkeiten-2/die-tagungen-der-gesellschaft/kleine-mommsentagung/erfurt-2010(15.03.2017)。

② 参见 H. Oppermann, *Römische Wertbegriffe. Wege der Forschung 67*; M. Braun, "Stabilisierung und Destabilisierung sozialer Werte in Ciceros Reden"; C. J. Classen, *Aretai und Virtutes. Untersuchungen zu den Wertvorstellungen der Griechen und Römer. Beiträge zur Altertumskunde 283*, pp. 193 - 229。

以扩展至整个国家,乃至涉及军事领域,并在各种情境下激发身份认同的演变。她们以女性特质衬托皇帝的男性特征——因为作为"大家庭"的国家之命运,实则系于皇室一家(domus)。此外,她们尚可选用某些略经调适的价值或女神形象,以宣传具有公认价值的特定品性。她们在这些特定品性与前朝皇后的传统中间,创造了新的价值和身份,使她们的女性特质助益于身份认同的演变,以在那段动荡纷扰的年代中保持政权的稳定。

附图

图1 《格里尼与莫斯奇吉尔钱币拍卖公司目录》(Gorny & Mosch Giessener Münzhandlung),竞拍号:245,07.03.2017,编号:1695。普劳提拉钱币。公元202—205年。第纳里(3.38g)。正面字样:普劳提拉·奥古斯塔(PLAVTILLAE AVGVSTAE);图样:垂褶裙半身像,面朝右侧。反面字样:皇室昌隆(PROPAGO IMPERI);图样:普劳提拉与卡拉卡拉互执右手。

图2 《古典钱币拍卖目录》(Classical Numismatic Group),竞拍号:100,07.10.2015,编号:1930。铸于罗马。埃拉迦巴尔或塞维鲁·亚历山大时期铸成。公元218或222年。正面字样:圣茱莉亚·奥古斯塔(DIVA IVLIA AVGVSTA);图样:蒙面垂褶裙半身像。反面字样:奉献(CONSECRATIO);图样:开屏孔雀,身体与头部左倾。

图3 《特卡勒克银币拍卖目录》(A. Tkalec AG),竞拍号:February 2008,29.02.2008,编号:
503。银章(5.39 g)。公元225年。正面字样:茱莉亚·马穆爱娜,奥古斯都之母
(IVLIA MAMAEA AVG [VSTA MAT [ER] AVGVSTI);图样:垂褶裙半身像,面向左侧。
反面字样:皇帝塞维鲁·亚历山大,萨丽维斯塔·芭尔比亚·奥尔比娅娜·奥古斯塔
(IMP [ERATOR] SEV [ERVS] ALEXANDER SALL [VSTIA] BARBIA ORBIANA AVG
[VSTA]);图样:塞维鲁·亚历山大与奥尔比娅娜头像。

图4 《古典钱币拍卖目录》(Classical Numismatic Group)竞拍号:103,14.09.2016,编号:867。
茱莉亚·多姆娜·奥古斯塔钱币。公元193—217年。奥里斯金币(7.26g)。铸于罗马。
塞普蒂米乌斯·塞维鲁统治时期铸成,约193—196年。正面字样:茱莉亚·多姆娜·奥
古斯塔(IVLIA DOMNA AVG [VSTA]);图样:垂褶裙半身像。反面字样:胜利女神维纳斯
(VENERI VICTR [ICI]);图样:裙褶滑下后臀,人物背对而立,头部向右,左臂倚矮柱休憩,
右手伸出、持一苹果,左手执一棕榈枝,枝叶向左上倾斜,裙褶落于矮柱。

作者简介:

伊丽莎白·君特(Elisabeth Günther),女,德国考古学者,美因茨约翰内斯古
腾堡大学硕士,柏林自由大学博士。主要研究领域为肖像学、古代剧场表演、跨学
科研究及塞维鲁王朝时期的皇室女性公众形象。

译者简介:

吴桐,男,东北师范大学世界古典文明史研究所博士。

古罗马女奴隶解放原因探析

李红霞

摘　要：在古罗马，尤其是罗马帝国早期，解放奴隶是常见的现象。奴隶常常因为富有成效的经济成功，积累资金购买自由或忠诚的个人服务获得解放。与男奴隶相比，因为缺乏较高的生产价值和通过劳动获取财富的机会，几乎无法积累足够的资金来弥补主人解放她们的损失。女奴隶获得解放的原因主要依赖她们与主人的私人关系、婚姻与生育、与其他人关系及个人劳务等方面。

关键词：女奴隶；解放；原因

随着妇女史研究的兴起，古典学界对罗马女奴隶及女被释奴进行了较多的关注和研究。1975 年，波梅罗伊(Pomeroy)在《女神、妓女、妻子和奴隶：古典古代时期的妇女》①一书中，依据丰富的考古证据和文献资料，从公共领域和私人生活等不同层面，对古希腊和罗马妇女的处境进行了深入细致的分析，包括对罗马女被释奴的婚姻和家庭情况的研究。特雷贾里(Treggiari)发表了一系列有关女被释奴的文章，②指出女被释奴的生活和普通自由出生女性的生活差别不多，在公民团体中有着类似的地位。

与此同时，古典妇女史的史料建设也取得很大进展。1992 年，玛丽·莱夫科维茨(Lefkowitz)和莫林·范特(Maureen)主编出版的《希腊和罗马妇女生活史料

---

① Sarahn，B. Pomeroy，*Goddesses，Whores，Wives，and Slaves：Woman in Classical Antiquity*，Schocken book，1975.

② Susan Treggiari，"Libertine Ladies"，*Classical World*，Vol. 64，No. 6(1971)，pp. 196 – 198；"Jobs for Women"，*American Journal of Ancient History*，Vol. 1，No. 2(1976)，pp. 76 – 104；"The upper-class house as symbol and focus of emotion in Cicero"，*Journal of Roman Archaeology*，Vol. 12(1999)，pp. 33 – 56；*Terentia，Tullia and Publilia：The Women of Cicero's Family*，Taylor & Francis Group，2007.

集》一书,是一本有关希腊罗马妇女生活的资料集,收集了罗马妇女日常生活的原始资料,内容非常丰富;①十年之后,有关罗马妇女的法律地位和宗教的史料集也先后出版。格拉布斯(Grubbs)的《罗马帝国的妇女和法律:关于婚姻、离婚和寡居的史料集》②,搜集了罗马帝国时期许多有关婚姻、离婚和守寡等方面的原始法律资料,也涉及与女被释奴有关的法律资料;克雷默(Kraemer)主编的《希腊罗马妇女宗教史料集》③,搜集了女被释奴宗教信仰情况,这些史料集的出版,为研究罗马女被释奴情况提供了极大的便利。

有些学者利用铭文和法律资料勾勒女被释奴的生活状况和法律地位。芝加哥大学佩里(Perry)于 2007 年撰写了《社会性别和解放,古罗马的女被释奴研究》④博士论文,从文学和法律的角度阐释了女被释奴的形象。文学上女被释奴与受人尊敬的罗马母亲相比其形象颇受争议;同样法律也限制女被释奴与元老级别的人结婚,地位上低人一等。女被释奴与庇护人的关系本身有剥削的性质,但法律也限制了庇护人的一些权利,把被释奴与女奴隶区分开来,以保护女被释奴成为令人尊敬的女公民的权利。

女被释奴的劳作和经济情况也逐渐成为研究的热点,2001 年,乔伊斯·索尔兹伯里(Joyce Salisbury)在《古代世界的妇女百科全书》⑤一书中,专门论述了罗马女被释奴的工作情况,为我们展现了女被释奴的生活来源状况,指出女被释奴和其他较低阶层的妇女在多种行业中劳作,女被释奴主要在纺织行业中,尽管男人也作为织工在此工作。有些女被释奴在罗马经济中发挥了比较大的影响力,克莱杰韦特(Kleijwegt)在《揭秘罗马帝国女被释奴》⑥一文中,利用铭文资料,考察了女被释奴普莱库萨(Plecusa)嫁给她的保护人,与丈夫一起经营粮食和蔬菜贸易,并赢得赞誉;还有一些女被释奴组织起来,营造船只为罗马供应粮食,或开餐馆。

国外古典学界对罗马女奴隶和女被释奴虽有多方面的分析和研究,涌现出一

---

① Mary R. Lefkowitz, And Maureen B. Fant, eds., *Women's Life in Greece and Rome*, *A Source book in translation*, The Johns Hopkins University Press, 1992.

② Judith Evans Grubbs, *Women and the Law in the Roman Empire*: *A Source book on marriage*, *divorce and widowhood*, Routledge, 2002.

③ Kraemer Ross Shepard, ed., *Women's Religions in the Greco-Roman World*: *A Sourcebook*, Oxford University Press, 2004.

④ Matthew J. Perry, "Gender and manumission: Freedwomen in ancient Rome", The University of Chicago, Ph. D., 2007.

⑤ Joyce Salisbury, *Encyclopedia of Women in the Ancient World*, Santa Barbara, 2001.

⑥ Marc Kleijwegt, "Deciphering Freedwomen in the Roman Empire", in Teresa Ramsby and Sinclair Bell, eds., *Free at Last*! *The Impact of Freed Slaves on the Roman Empire*, Bristol Classical Press, 2012, pp. 110 – 129.

系列研究成果,对国内研究具有重要的启迪意义,但在对罗马女奴隶解放原因的分析中,还有待进一步深入探讨。国内学者在研究罗马奴隶时,提到过女奴隶的状况,但没有做过专题研究。

在古罗马,奴隶主根据自身需要或奴隶的表现,时常解放一些奴隶,解放的行为非常普遍,早在王政时期就已经开始。据狄奥尼修斯记载,在罗马早期,许多奴隶都因他们的功劳而获得解放,这是奴隶主对奴隶的最佳奖励,但是少数奴隶会通过辛勤的劳动积累的赎金赎回自由。① 这是早期奴隶获释的两大原因,主要得益于功劳和购买,也是最普遍的原因。随着罗马社会的发展和奴隶数量的增多,解放奴隶的现象更为普遍。罗马帝国建立之初,帝国早期的皇帝尤其是奥古斯都都为巩固统治,颁布了一系列法律,其中针对释放奴隶和被释奴的主要是《福菲亚·卡尼尼亚法》《艾里亚·森迪亚法》和《尤尼亚法》等,这些法律在帝国时期一直使用,直到查士丁尼时期才有所调整或废除,体现了帝国早期释放奴隶的政策及对后世的影响。

富有成效的经济成功和忠诚的个人服务是获得解放的主要途径。与此同时,奴隶主释放女奴隶的现象也逐渐增多。对于女奴隶而言,因为缺乏较高的生产价值和通过劳动获取财富的机会,几乎无法积累资金来弥补主人解放她们的损失。本文认为与男奴隶相比,女奴隶获得解放的原因主要依赖她们与主人的关系、婚姻与生育、与其他人关系及个人劳务等方面。

一、与主人关系

在所有影响女奴隶解放的因素中,与主人的关系是最重要的一个。在城市家庭中,女奴隶主要做一些家庭服务的工作,劳动的性别分工提高了她们见到主人的机会。考虑到在解放过程中主人决定的重要性,可以推测主人熟知的女奴隶肯定有更多获得解放的机会。相对而言,在乡村从事农业劳作的奴隶比城市的奴隶有较少获得解放的机会,因为她们很少有机会见到主人,奴隶主一般会注意和尊重有较高声望和工作价值的奴隶。

罗马人认为女奴隶劳动的生产价值较低,但认可她们忠诚、私人服务的作用和利益。罗马上层阶级的妇女显著地不情愿为孩子哺乳,如普鲁塔克特意表彰加图的妻子亲自哺乳,②可见在老加图生活的公元前三至二世纪,上层阶级的母亲亲自为孩子哺乳已不常见。乳母经常是奴隶或女被释奴,偶尔是出身低下的自由妇女。在小普林尼给一个刚刚接管了他老乳母的房产管理人的信里,他写到你要记住我

---

① Dionysius, *Roman Antiquities*, 4.24.4.

② Plutarch, *Marcus Cato*, 20.

委托给你的不是树木和土壤,而是我的一个礼物,它对于赠送之人和对接受之人一样重要,要尽可能的盈利。① 罗马人用一个小房产辞退老乳母可能是不经常的,小普林尼对老乳母的做法可能在上层罗马中更常见。

传统上分配给女奴隶的任务不仅增强了与女主人的接触,也赢得她们的信任。性别也使得女奴隶和主人家庭成员保持更紧密的关系,因为生而自由的女人大部分时间是在家里度过。并且,与男人相比,奴隶身份在女奴隶和女主人之间隔阂较小,女奴隶和自由妇女更易形成亲密的关系。这种关系在女奴隶和男自由人间也容易发生,不仅作为妌居者,还作为母亲代理的角色。可以设想,与主人有亲密感情关系的女奴隶,在用较少或不用金钱的情况下,获得更好的被释放机会,弥补了她们无法积累大量资金的缺憾。这些因素也解释了与男奴隶相比,女奴隶有较高获得解放的机率,因为男奴隶的工作不易引起主人的注意。

现存的资料强调了与男主人的性关系作为女奴隶获得解放的一个非常重要的途径。罗马作家常常提到作为对性关系的奖励,一些女奴隶获得自由,甚至额外补偿。如在内战期间,福尔维乌斯(Fulvius)为逃脱迫害,逃到他的一个女被释奴家里去,而这个女被释奴过去是他的情妇,他给了她自由,并在她出嫁时又给了她嫁妆。② 罗马社会对自由出生的男人与他们的奴隶间性关系的态度很宽容,不论是临时的与男女奴隶间的风流韵事还是更持久的与一个女奴隶的同居。而对自由出生妇女和男奴隶间的性关系则深感羞耻,一系列的法律重罚沉溺于此种不正当行为的妇女。如果一个自由出生妇女在没有得到奴隶主人同意的情况下与他的奴隶同居,她及其由此种结合出生的孩子均沦为奴隶主人的奴隶;即使得到奴隶主人的同意,她仍被降为被释奴。在许多家庭中妻子常常由男性奴隶陪伴,显然引起了丈夫的性嫉妒和不信任。③ 但同性恋"婚礼"受到马提亚尔和尤维纳尔严厉的批评,因为它破坏了传统的道德,尤其是当婚姻和生育后代相联系时。塔西佗和苏维托尼乌斯描述了婚床的细节来反对尼禄和男被释奴的婚姻。④ 因此主人和他的女奴隶间亲密的感情关系减少了解放对经济的考量。

二、婚姻、生育

很多情况下,主人释放女奴隶是为了娶她为妻,解放就起到了奖励和寻找新伴侣的作用。公元 4 年的《艾里亚·森迪亚法》虽然限制奴隶获得解放和公民权,如

---

① Pliny the Younger, *Letters*, 6. 3.

② Appian, *Roman History*, 4. 24.

③ Keith R. Bradley and Paul Cartledge, eds., *The Cambridge world history of slavery* 1: *The ancient Mediterranean world*, Cambridge University Press, 2010, p. 351.

④ Tacitus, *Annals*, 15. 37. 4; Suetonius, *Nero*, 29.

奴隶年满 30 岁才可以获得解放,但也列出了特殊情况:不到 30 岁的奴隶如果有正当的理由并且在有关的委员会对原因审查后,通过正式的执杖释放方式解放,原因包括解放儿子、女儿、亲兄弟姐妹、学生、家庭教师,或者解放奴隶是为了让其作为代理人或娶其为妻。① 因此在帝国早期,为婚姻目的释放女奴隶就免除了奥古斯都法律对释放最低年龄的限制,女奴隶与男奴隶相比,取得了在年龄较小时获得解放的决定性优势。墓志铭中有很多保护人娶他们的女被释奴的证据,这意味着为了婚姻目的而解放的行为相当普遍。韦弗(Weaver)对来自《拉丁铭文选》第六卷涉及至少一方为奴隶或被释奴身份的 700 份铭文研究中,发现有 143 个铭文是保护人娶他的女被释奴为妻的。② 有些情况下,女方依然是孩子时就已结婚,铭文中有两个女被释奴在嫁给她们的保护人时分别为 13 岁和 10 岁。③ 在某些情况下,保护人可能为被释奴同伴,他花钱购买了他的伴侣,然后释放了她,成为她法律上的保护人。

　　一些女奴隶可以通过她们的生育能力"购买"解放,生育一定数量的孩子后赢得自由。在罗马世界有大量这方面的证据,对这一行为最著名的支持者是科路美拉,他经常给予生育 3 个以上孩子的女奴隶自由。④ 帝国早期的法律制定者把婚姻和生育孩子作为获得解放和公民权优先考虑的条件,不仅奖励女奴隶履行这些任务,还声称这些行为有价值,像公民做的一样。通过免除她们的奴役,《艾里亚·森迪亚法》确认了这种类型的女奴隶的存在,强调个人关系而非经济生产。同样,提升尤尼亚拉丁人身份和有一个一岁孩子的证明强调了女性作为妻子和母亲社会角色的标准。⑤ 后来的法律为尤尼亚拉丁人提升公民权创建了新的机会,作为对社会提供服务的奖励,帝国早期的立法者提高了有利于女奴隶生活方式的解放愿景。帝国早期的法律巩固了基于奴隶日常生活范围内的忠诚和正直的公民解放的愿景,重建了这些职责和国家服务的联系。这些法律不仅创建了有利于解放女奴隶的标准,还描述了女奴隶成为公民的义务。

　　同样,在《学说汇纂》中,法学家也提供了女奴隶生育 3 个孩子而给予解放的例子,并讨论一个非常有趣的问题。一个名为 Arescusa 的奴隶,如果她生育 3 个孩子,将通过遗嘱方式获得自由。在第一次分娩中生育了 1 个孩子,在第二次分娩中生育了 3 胞胎。问题出现了,哪个孩子是生而自由的? 获得悬而未决的自由身份

---

① Gaius, *Institutiones*, 1. 18,19.

② P. R. C. Weaver, Familia Caesaris: *A Social Study of the Emperor's Freedmen and Slaves*, Cambridge University Press, 1972, p. 181.

③ P. R. C. Weaver, *Familia Caesaris: A Social Study of the Emperor's Freedmen and Slaves*, p. 183.

④ Columella, *On Agriculture*, 1. 8. 19.

⑤ Gaius, *Institutiones*, 1. 29.

的条件由这位女奴隶提供。毫无疑问最后一个孩子是生而自由的;自然不可能出现两个孩子同一时间、同一动作从母亲的子宫中出生,出生的顺序是不确定的,不知道哪个出生于奴隶制,哪个生而自由。因此,取决于出生的时间,即孩子要出生于自由的妇女,最后一个出生的,就如妇女在分娩时为获得自由完成了其他条件。① 从中可以看出,女奴隶生育3个孩子即可获得自由,在帝国初期生育率下降的情况下,无疑解放的前景作为一种激励鼓励着女奴隶生育。在帝国早期,罗马法律制定者通过强调婚姻和生育作为解放的基本要素,增强了女奴隶生活和劳动的价值,提高了她们获得解放的比率。

在皇室家庭中,韦弗指出与男奴隶相比,女奴隶有更高较早获得解放的比例,一般在26岁以下。② 同样,霍普金斯通过研究墓志铭发现在30岁之下获得解放的奴隶有五分之三是女性。③ 然而不确定的是这些百分比在多大程度上反映了占所有被释奴总数的百分比,考虑到《艾里亚·森迪亚法》和婚姻原因(causa matrimonii)可能出现的偏差。有学者则持有不同的观点,如谢尔德认为在帝国早期,奴隶的自然繁殖作为新奴隶的主要来源意味着依然处于生育年龄的女奴隶很难获得解放。④ 在新奴隶来源中,估计对奖励生育3个以上孩子女奴隶自由的政策发挥了一定作用,也可以解释女奴隶获得较高解放比例的原因。

三、与其他人的关系

奴隶制下的女性,以一种反常的方式来看,相对而言是自由的,不仅产生相对平等的自由之爱,通过任意地贬斥(男奴隶和女奴隶)两性,这样就降低了性别平等的条件。尽管男人没有被阉割,男人变得柔弱化,而女人则失去女人的特性。与母亲的角色相比,父亲和丈夫的角色更脆弱,因为他们受社会限制。因此,在罗马法律之下,如果母亲是奴隶,那么孩子的身份就是奴隶,而自由人孩子的身份则由父亲决定,两者截然不同。⑤ 既然仅被认可的亲属关系是母方,这意味着妇女总是有更广泛的亲属关系支持她们解放的请求。在所有的奴隶制社会中,母亲和女儿的关系特别强大,罗马也不例外。性关系对妇女的解放也有帮助,通过与主人家庭里男性的关系及与家庭外的被释奴或自由人的情人关系,尤其应当考虑到,在大多数

---

① Justinian, *Digest*, 1.5.15.

② P. R. C. Weaver, Familia Caesaris: *A Social Study of the Emperor's Freedmen and Slaves*, p. 201.

③ Keith Hopkins, *Conquerors and Slaves: Sociological Studies in Roman History*, Cambridge University Press, 1978, p. 127.

④ Walter Scheidel, "Quantifying the Source of Slaves in the Early Roman Empire", *The Journal of Roman Studies*, Vol. 87(1997), pp. 160 - 161.

⑤ W. W. Buckland, *The Roman Law of Slavery*, Cambridge University Press, 1908, pp. 397 - 398.

情况下,男性奴隶数量超过女奴隶。因此,笔者认为女奴隶也可借助除主人之外的其他人的关系,尤其是奴隶伙伴或男被释奴,获得解放。[1]

女奴隶与其他奴隶、被释奴的关系尤其伙伴关系也帮助她们克服获得解放的经济障碍。鉴于在奴隶制中女奴隶遭受经济不足的不利条件,同居及其他私人关系是女奴隶成功获得解放的关键。奴隶伙伴或家庭成员,如从事容易赚取利润的职业,将是她们积累资金获得解放的一个重要的经济来源。奴隶的伙伴关系或家庭是不稳定的,男被释奴的伴侣如果是奴隶,则他们的孩子也是奴隶。为了保护他们的家庭或拥有自由出生的孩子,在有能力的情况下,男被释奴急迫解决的问题,如果他和一位女奴隶有亲密关系的话,就是解放和娶她。在佩特洛尼乌斯的《萨迪利孔》中,被释奴赫尔墨罗斯(Hermeros)声称他为妻子购买自由,是因为他不想有人在她的头发上擦手。[2] 他说话的语气是自豪和咄咄逼人的,这很容易理解,因为参加特里马奇奥宴会的有些是受过教育和生而自由的人,也可能是奴隶主。罗森列出了大量女被释奴和男奴隶间混合的婚姻情况,也包括被释奴间的婚姻,表明在这些婚姻关系中,估计妇女先获得解放,以确保生出自由的孩子。[3] 一个女奴隶可能也受益于她的伙伴与主人的关系,作为主人对她伙伴服务的奖励给予她自由,如一个立遗嘱者在遗嘱的附录中列出了以下条款并在遗嘱中确认:我遗赠给我所有的被释奴,包括我生前释放的、在附录中释放的和以后将要释放的,和他们的妻子、儿子和女儿……[4]这个遗嘱的遗赠表明,男奴隶通过他们的忠诚和劳动赢得了全家人的自由,劳动的性别分工迫使女性更加依赖男性有利可图的工作帮助她们获取解放。

虽然表面上看女奴隶处于不利的位置,但性别规范构建的奴隶制和解放,提高了她们获得自由和有利于她们融入公民群体。奴隶组建家庭的愿望,尤其是罗马纪律有关母亲为奴孩子为奴的规定;奴隶主基于自身利益给予鼓励,增强了女奴隶作为妻子和母亲的需求,使得一旦条件成熟,则优先释放女奴隶。而男奴隶则没有这方面的优势,这样无形中提高了女奴隶实现解放的机率,通过增强他们与其他奴隶、被释奴或自由人的关系,这些人帮助女奴隶获得解放。

四、个人劳务

女奴隶一般从事家庭服务型的劳动,这样就很难积累购买自由的费用,她们主

---

[1] Alan Watson, *Roman Slave Law*, Baltimore and London, 1987, pp. 13 – 14; Keith R. Bradley, *Slaves and Masters in the Roman Empire*: *A Study in Social Control*, pp. 73 – 74.

[2] Petronius, *Satyricon*, 57. 6.

[3] Beryl Rawson, "Roman Concubinage and Other de facto Marriages", *Transactions of the American Philological Association*, Vol. 104(1974), p. 294; p. 302.

[4] Justinian, *Digest*, 32. 42. 2.

要利用个人劳务获得一些金钱的奖励,几乎没有在外面挣钱的机会。在外面做额外的工作可以提供挣钱以购买自由的机会,因为女奴隶很难找到那些更受尊敬的、有利可图的工作,所以对她们来讲,如果不遭遇附加的耻辱,她们个人很难凑足购买自由所必须的费用。

两种常见的职业,卖淫和娱乐,常常帮助女奴隶通过自己的劳动在外面挣到金钱,但也隐含着获得解放后对女被释奴的地位不利。奴隶妓女,尤其是那些为富裕的嫖客服务的,有能力积累购买自由的费用。狄奥尼修斯在他列出的名声不好、不值得解放但又有能力购买自由的奴隶名单中,他提到卖淫是有利可图的职业。① 同样,舞台表演和其他形式的公共娱乐也使得女奴隶获得充分的个人关注和经济来源,帮助她们获得解放。例如一块墓志铭记载了一个哑剧女演员通过表演积累钱财获得了解放。②

利用这些职业作为获取自由的跳板是有潜在问题的。这些职业虽然为女奴隶提供了利用自己的资金购买自由、最挣钱的机会,但作为妓女或女演员会降低她们的身份和限制获得全权公民权的机会。如罗马法律规定女人以令人耻辱的方式生活,或者出卖肉体,即使不是公开的,娶这样的女子为妻也被认为是不光彩的。③ 不能因为妇女的贫穷就原谅她这样做,法律规定的不仅是现在卖淫的女人,而且包括以前做过这种事情的女人,尽管现在她不这样做了;即使之后停止这种行为也不能消除此种耻辱。④ 卖淫不利于道德风化,还减少了生育公民的资源。

少数较有才能的女奴隶也参与经营商业贸易,如女被释奴组织起来,营造船只为罗马供应粮食,或开餐馆。公元51年,罗马遭遇严重的饥荒,克劳迪皇帝采取多种措施鼓励船主在冬季运营粮食,因为风暴缘故,航行极其危险。克劳迪措施中一个明确的目标是鼓励女被释奴组成的运粮团体。⑤ 笔者认为,这些女被释奴在被解放前应该是从事此类商业活动,被解放后继续这项事业。

综上所述,女奴隶更多依赖同主人私人关系、婚姻和生育、与其他人关系而非单纯的资金积累,来获得解放。在古代性别分工的社会中,否定女性进入更有声望和赚钱的职业性别态度也促使她们进入个人服务工作,有利于在主人和女奴隶间形成有感情和值得信赖的关系。相反,轻视妇女的工作价值或许有利于她们的解放。既然主人认为女奴隶的工作价值较低,他们或许不愿意卖掉一个女奴隶,尤其

---

① Dionysius, *Roman Antiquities*, 4.24.4.

② CIL, 1.1214.

③ Justinian, *Digest*, 23.2.41.

④ Justinian, *Digest*, 23.2.43.4,5.

⑤ Suetonius, *Claudius*, 19.

是在她过了主要的生育年龄。轻视妇女的劳动或许在城市家庭中造成了性别失衡，解放女奴隶，可能提高她和家庭内男性成员形成长期合伙关系的机会，不论对奴隶还是自由人而言。鉴于资料有限，大多数证据表明罗马人释放更多的，至少是更大百分比的女奴隶，而非男奴隶，意味着这些个人关系的影响。解放女奴隶主要担任如妻子、母亲、看护等女性的传统角色多于物质或经济生产的角色功能。

作者简介：

李红霞，女，山东菏泽人，泰州学院讲师，主要从事罗马史、西方社会文化史的研究。

《拉凯斯篇》中"勇气"的博弈

——一种男性气质视阈下的话语分析

杨　凡

　　摘　要：ἀνδρεία，即"勇气"或"男子气概"，该词是古典时期希腊作家笔下指涉男性气质的全新术语，然而该词具体语境模糊不清，柏拉图则明确将其定义为一种美德。本文采用文本分析的方法，围绕柏拉图的《拉凯斯篇》展开讨论，考察雅典社会男性气质的一般概念，探索话语、权力与社会性别之间的关系。笔者既关注宏观的社会历史语境，同时也分析柏拉图个人的主观经历。对话针对青年公民的教育与何谓男子汉的"勇气"展开哲学辩论，我们从中可以窥探雅典社会日常话语中男性气质的激烈冲突，也能够看到雅典城邦在面临危机时精英阶层对于男性身份认同的建构。

　　关键词：男性气质；柏拉图《拉凯斯篇》；话语分析；雅典

　　伴随着 20 世纪第二次妇女解放运动，女权斗争的方向由争取政治与法律上的两性平权进一步扩展到深入思考制造性别差异的社会文化因素。在这样的大背景下，学术研究也发生了由妇女史向社会性别史研究的转向。社会性别的概念产生于 20 世纪 70 年代，它指的是社会文化形成的对于男女两性的差异和行为特征的理解。1986 年，琼·斯科特率先将社会性别纳入到分析权力差异的框架中，将社会性别纳入历史研究的范畴之中。[①] 另一方面，以往的妇女史研究存在着把性别关系和性别分工绝对化的倾向。妇女史研究注意到了女性内部的差异以及女性主体身份的多重性，然而，绝大多数妇女史研究却把男性当作一个高度抽象的同

---

① Joan Scott, "Gender: A Useful Category of Historical Analysis", *The American Historical Review*, vol. 91(5),1985, pp. 1053 - 1075.

质化的对立概念。① 改革开放以来,国内的妇女史与社会性别史研究获得了长足的发展,相关著述颇丰。② 相比之下,国内的男性气质的史学研究有待进一步拓展。

男性气质研究是在妇女史和性别史推动下兴起的研究议题,也是性别史研究的重要内容之一。本质论与建构论的分歧一直贯穿着长期以来的男性研究。③ 建构论最终战胜了本质论成为研究男性气质的主要范式,社会建构主义(social-constructionism)与后结构主义(post-structuralism)是其中最有影响力的两个派别,它们在研究过程中强调关系、权力与话语的建构作用。④ 社会性别意义上的男性是一种文化概念,它在特定的社会制度与历史环境中形成,并没有固定的本质属性。男性气质并不是一种与生俱来的特质,它总是在语言和特定的社会历史中被赋予意义,男性气质是一个复数概念,诸多形态的男性气质共同置于一种"文化上高度讴歌"的霸权型男性气质之下。"霸权型男性气质"理论的提出使得男性气质从客观的研究对象进一步发展为性别研究中的分析工具,对于解构人类历史中父权制而造成的性别不平等现象具有深远影响,标志着男性研究进入了一个新的阶段。⑤

---

① 对于妇女史与社会性别研究的批判,以及男性气质对于世界史研究的影响,可参见 Simon Yarrow, "Masculinity As a World Historical Category of Analysis", John H. A., Joanna B. and Sean B., *What is Masculinity? Historical Dynamics from Antiquity to Contemporary World*, Palgrave Macmillan UK, 2011, pp. 114 - 138.

② 参见裔昭印:《西方古典妇女史研究的兴起与发展》,《世界历史》2014 年第 3 期,第 113—129 页。也可参见高世瑜:《从妇女史到妇女/性别史——新世纪妇女史学科的新发展》,《妇女研究论丛》2003 年第 3 期,第 113—125 页。

③ 本质论以帕森斯的"性别角色理论"(sex role theory)最有影响力,认为男性气质建立在男性生理基础之上的,他们捍卫传统家庭中父权制霸权结构,反对女权运动,在学术研究中主要针对"男性气质危机"展开分析。本质论兴起于十九世纪初,在 20 世纪 70 年代后逐渐受到批判,取而代之的是建构论。建构论认为男性气质并无本质可言,仅仅存在于关系之中。详见 R. W. Connell, "The Big Picture: Masculinities in recent world history", *Theory and Society*, vol. 22, pp. 597 - 623;也可参见郭爱妹:《社会性别:从本质论到社会建构论》,《南京大学学报(社会科学版)》2003 年第 1 期,第 87—94 页。

④ 社会建构主义强调社会性别在建构过程中语言(language)、呈现(representation)与制度(institutions)之间的相互作用。社会建构主义认为理想的男性气质具有可见的特征,它在政治与大众媒介等多种渠道中被宣扬,包括家庭、学校、军队,甚至国家在内的制度机构在这一过程中发挥了特殊的作用。在后结构主义的研究方法中则更加强调语言这一因素,社会性别的建构首先是通过语言灌输社会性别内涵。后结构主义借鉴了社会建构主义的许多观念,其主要强调的不再是制度而是话语(discourse)。制度并非男性气质的主要创造因素,男性气质同样能够建构制度,男性气质与制度之间存在循环互动的关系,男性气质通过图像、神话、话语与社会实践被制造与宣传。

⑤ 详参见 R. W. Connell, *Masculinities*, University of California Press, 1995. 在康奈尔的霸权性男子气概理论框架中,在物质资源与文化资源的集合或文化网络中,拥有权威的男子气概占据着话语与权力的中心地位,这种男子气概被称为"霸权型男子气概"(hegemonic masculinity),它经常展现令人向往的审美理想以及道德品质,从而引起社会的共鸣并借助它们投射在社会行动的方方面面,不同的(转下页)

《拉凯斯篇》是柏拉图谈论青年教育与男子汉"勇气"的对话,而"勇气"一词,即ἀνδρεία,在古希腊语中同时含有"男子气概"的意思。[②] 从该词所包涵更广的性别内涵中,我们可以窥探雅典社会理想男性的文化意义。对话参与者不同的定义反映了雅典社会关于男性气质完全不同的理解,柏拉图试图调和这种矛盾。文本中谈论的"勇气"及其背后所代表的"男子气概"是否反映着雅典社会真实的男性气质? 或者说它只是对于刻板印象的哲学与艺术表现。在处理柏拉图的哲学文本时,我们必须时刻警惕对话中精英阶层的价值取向。它不同于舞台上演出的戏剧,或者法庭上公开的演说辞,它的受众极其有限。笔者没有选择以思想史的角度考察雅典的哲学家们对于"勇气"的定义,而是从更为宽泛的社会话语的角度理解文本中的这种语言现象。研究古希腊男性的历史,既要考察劳动分工、性别角色以及社会控制等作为制度的历史,也应考察性别规范、身份认同、主体性那些作为意识形态与心理认知的历史。

一、城邦、话语与男性气质

《拉凯斯篇》是柏拉图的早期对话作品,又名《勇气篇》,对话人物旨在谈论ἀνδρεία的美德,即何谓"勇气",而对于"勇气"的不同理解投射着对话人物关于男性气质不同的意识形态。谁具有"勇气"? 什么才是真正的"勇气"? 回答第一个问题,需要考察"勇气"在雅典社会指涉的范围,而后一个问题则需要考察历史语境中对于"勇气"与男性气质的理解。在雅典的社会语境中,男性并非一个抽象的群体,男性气质的概念处于流变的结构中,而"勇气"始终是古代社会中男性气质的一个重要方面。当拉凯斯和尼西阿斯对于"勇气"的概念争论不休时,尼西阿斯说出了他心目中哪些对象不能够具备"勇气":

(接上页)权力场域下霸权性男子气概的型态也不尽相同。霸权型男性气质之下是众多"从属型男性气质"(subordinated masculinity),它们从属于并且极力模仿"霸权型男性气质"。不同的男性气质倾向于与之联合,共同排斥女性气质,康奈尔将这种现象称为"父权制的红利",与之对应的则是"共谋性男性气质"(complicit masculinity)。然而,在现实生活中很少有哪个男性群体垄断所有的霸权指标,这种在结构边缘渗透的男性气质被称为"边缘性男子气概"(marginalised masculinity)。

② 本文倾向于将ἀνδρεία翻译成"勇气""男子气概",这里的"男子气概"(manliness)是狭义上的"男性气质"(masculinity),它是社会文化中"男性气质"备受赞美的那一方面,"男性气质"在中文语境与西方的学术语境中都是一个相对中性的词,泛指有别于女性气质(feminity)的在社会文化中预设给男性的一切性别特征。笔者倾向于在本文中使用这样的翻译,特此说明。参见 Flood M, Gardiner J K, Pease B, et al. *International encyclopedia of men and masculinities*, Routledge, 2007, p. 390。此外,在王政、张颖编:《男性研究》,上海三联书店 2012 年,第 334—335 页,对于该词的学术语境也作了大致的术语辨析。

ἔγωγε ἀνδρεῖα καλῶ οὔτε θηρία οὔτε ἄλλο οὐδὲν τὸ τὰ δεινὰ ὑπὸ ἀνοίας μὴ φοβούμενον, ἀλλ᾽ ἄφοβον καὶ μῶρον: ἢ καὶ τὰ παιδία πάντα οἴει με ἀνδρεῖα καλεῖν, ἃ δι᾽ ἄνοιαν οὐδὲν δέδοικεν; ἀλλ᾽ οἶμαι τὸ ἄφοβον καὶ τὸ ἀνδρεῖον οὐ ταὐτόν ἐστιν. ἐγὼ δὲ ἀνδρείας μὲν καὶ προμηθίας πάνυ τισὶν ὀλίγοις οἶμαι μετεῖναι, θρασύτητος δὲ καὶ τόλμης καὶ τοῦ ἀφόβου μετὰ ἀπρομηθίας πάνυ πολλοῖς καὶ ἀνδρῶν καὶ γυναικῶν καὶ παίδων καὶ θηρίων. ταῦτ᾽ οὖν ἃ σὺ καλεῖς ἀνδρεῖα καὶ οἱ πολλοί, ἐγὼ θρασέα καλῶ, ἀνδρεῖα δὲ τὰ φρόνιμα περὶ ὧν λέγω.①

我不会把那些没有思想与不知畏惧的野兽或者其他生物称作勇气,那仅仅是不知畏惧、愚昧迟钝。你以为我把所有的儿童都称作勇气?他们什么也不害怕是因为他们愚蠢懵懂,我却认为不知畏惧和勇气不是一回事。在我看来,只有少数人能具备勇气与审慎,而对于绝大多数的男人、妇女、儿童与野兽只是鲁莽、大胆以及不知畏惧、轻举妄动。所以,你和绝大多数人称为勇气的,我只能称为莽撞;我把那些关于审慎的称作勇气。

在雅典的社会话语中,城邦的男性被反反复复地与蛮族人、奴隶、女性、儿童这些文化上的他者进行比较。② 整篇对话始终没有在"勇气"的对象问题上达成一致,他们唯一达成一致的是这种品质属于雅典人。③ 而他们所意指的对象实际上是雅典的男性,并且是那些出身良好、具有公民身份的男性。对话设定的场所发生在训练重装步兵的格斗场,一个完全男性化的空间,对话的参与者也都是当时举足轻重的政治家或名门望族的后代。当然,苏格拉底是个例外,不过他也属于这个社交圈。④ 女性被排斥于哲学对话,同时那些平民出身的男性也很少有机会参加这样的社交活动。

在雅典,公民需要拥有一定财产,且父母均为公民身份,拥有完全的公民身份意味着必须是成年男性,公民、雅典人以及男性在身份内涵上往往是相同的。⑤ 雅典社会实行严格的性别隔离制度,拥有良好声望公民出身的妇女往往足不出户。女性奴隶则需要在户外劳动,活跃于男性交际圈中的女性通常是高级妓女,并不具

---

① Plato, *Laches*, 197a -bàv. δρεῖα与μωρία(蒙昧、麻木不仁)、θράσος(自信、勇气)、τολμη(大胆、鲁莽)、ἀφόβία(不害怕、无所畏惧)这些词也同时具有"勇气"的意思,更多的指代无知无畏、鲁莽冒失的举动,具有一定的贬义色彩。在柏拉图的对话语境中,*ἀνδρεία*与这些词显然具有完全不同的话语内涵。

② 详参见 Paul Cartledge, *The Greeks: a portrait of self and others*, Oxford University Press, 1993.

③ Plato, *Laches*, 197c.

④ Plato, *Laches*, 183c;200c.

⑤ N. Fisher, "Citizens, foreigners and slaves in Greek society", in Kinzl, K. H. ed., *A companion to the classical Greek world*, 327 - 349. Malden: Blackwell Publishing, 2006, p. 327.

有公民身份。① 一般来说,雅典社会普遍期待男性在公共空间中争得荣誉,而女性则在家庭中恪守她们的美德。伯里克利的葬礼演说是这种性别期待的最好诠释,"她们最大的荣誉与美德在于尽可能少地被男人谈论,无论是批判还是赞美"。② 类似的观点还出现于普鲁塔克的《道德论丛》中,他声称女性在公共场合发表言论会有辱她们的名声。③ 在雅典人看来,女性属于家庭,在公共空间自由活动则是男性公民的特权。女性、奴隶不具备这样的权力,外邦人与未成年的雅典男性不完全拥有,这些人群在城邦的权力体系中始终居于次要地位。

城邦体制下的性别分工与两性关系塑造着雅典社会性别的刻板印象,也影响着雅典人对于男性气质的社会认知。雅典的男性气质与城邦制度之间存在密不可分的关系,一方面民主政治塑造着雅典公民的男性气质,另一方面男子汉精神鼓舞着公民捍卫城邦的利益。古典时期男性的荣誉观更多的建立在集体利益与政治平等的观念之上,尽管竞争意识始终是男权文化的重要方面,男子气概鼓舞着富有野心的个人努力超越自己的同伴,建立出类拔萃的个人声望。古典时期并没有像古风时代那样狂热地讴歌个人英雄主义,荷马史诗中那样超然异于群生的英雄,也同样意味着潜在颠覆城邦的危险分子。

城邦在制度设计时始终警惕着男性意识形态中的这种个人主义倾向,民主的城邦将决策权授予普通民众,而陶片放逐法更是直接防范个人的野心,个人的成功越来越多地取决于大众的口味,精英阶层对于非精英阶层采取了较以往更为谨慎的态度。④ 在文化生活上,一个明显的例子是贵族精英倍加推崇的运动员理想不再是这一时期男性气质在艺术上最常见的主题。⑤ 尽管在各种竞赛与公共节庆中崭露头角可以帮助男性赢得城邦的赞美,而雅典的富人们却更热衷于通过赞助宗教节庆与戏剧演出在城邦中获得美名。⑥ 在公共生活中捍卫城邦至高无上的利益,公民应该遵守城邦的法律与民主的理想,竭尽全力镇压男性气质中反社会的个人冲动。

男性身份具有多重的性别角色,不同语境下的男性身份意味着不同的男性气

---

① 关于雅典社会的妇女地位与性别隔离制度,详参见裔昭印:《从家庭和私人生活看古雅典妇女的地位》,《历史研究》2000 年第 2 期,第 148—161 页。

② *Thucydides*, 2. 45. 2.

③ Plutarch, *Moralia*, 142c-d.

④ 晏绍祥:《雅典陶片放逐法考辨》,《世界历史》2017 年第 1 期,第 114 页。

⑤ Robin Osbrne, "Sculpted men of Athens: Masculinity and power in the field of vision", in L. Foxhall and J. Salmon, eds., *Thinking Men: Masculinity and its self-representation in the classical tradition*, Routledge, 1998b, p. 29.

⑥ Sarah. B. Pomeroy, et. al., *A brief history of ancient Greece: politics, society, and culture*, Oxford University Press. 2004, p. 148.

质。在军事语境下,成为男性意味着成为城邦的忠诚而勇敢士兵。军事活动中宣扬的男子气概是出于保卫城邦,而不是维护贵族理想中的英雄荣誉。城邦制度建立以后,男人的首要职责在于保卫城邦,公民兵制度将女性、奴隶与外邦人排除在城邦之外。通过在军队中服役,一个男人可以为自己以及家人带来荣誉,在保卫城邦的过程中维持和扩大自己的财富、权力以及声望,优秀士兵的身体力量与道德品质始终是希腊城邦男性理想的核心。① 这种品质包括勇敢、力量、友爱、秩序、自我克制,纪律、牺牲、忠诚、保卫城邦以及捍卫雅典人正义与民主的理想。

在民主语境下,理想的男性是一个怀揣投身公共事务的热忱的公民,并非只是一个盛气凌人的战士。城邦作为"公民国家",其首要原则建立在平等之上。② 经过数次改革,雅典形成了一整套面向普通公民开放的权力体系。民主制度对于男性提出全新的要求,公民的政治素养与战士的军事技艺变得同等重要。作为城邦中合格的公民,一个男性应当积极拥护自己的荣誉,节制自己的欲望,理性、务实、热爱自己的城邦,如果不能很好履行这些价值观念,他则会被认为行为粗鲁、傲慢无礼,缺少雅典男性所引以为豪的涵养,他只关心自己、纵欲无度、浪费城邦的公共资源,而这样的男人则会被认为等同于奴隶与女人。③

在家庭与私人生活领域的其他语境下,对于男性的期待多种多样,而他首先也是最为重要的角色是成为继承家业、养育后代的一家之主。在公共领域,没有哪个男性是其他男性的主人(κύριος),而在家庭领域,男性的关系则意味着父亲的统治(πατιαπχης)。男性在家庭中是妻子、儿女以及奴隶的主人,一个男性如果不能够统治家庭其他成员,那么他也难以胜任城邦的统治。④ 作为一个父亲,他应当爱护与教育好自己的子女,守护好自己的家庭,在其他家庭成员面前保持绝对的权威。

在男性与其他男性的社会关系中,最重要的关系是年轻男性与那些在文化与政治上成年的训练他们的成年男性之间的关系。⑤ 公民在获得城邦的认可之前,他必须接受军事锻炼以及其他公共技能的培养,年轻男性需要从成年的男性那里

---

① K. J. Dover, *Greek Popular Morality in the Age of Plato and Aristotle*, California: Berkeley, 1974, pp. 165 – 168,也可参阅 Nicole Loraux, *The Invention of Athens: The Funeral Oration in the Classical City*, trans. Alan Sherid, Cambridge: Harvard University Press, 1986, pp. 73 – 74。

② 城邦作为"公民国家"及其平等的价值观念,参见 I. Morris, "The Strong Principle of Equality and the Archaic Origins of Greek Democracy", in J. Ober and C. Hedrick, eds., *Demokratia*, Princeton: Princeton University Press, 1996, pp. 19 – 48。

③ Fisher, N., "Violence, Masculinity and the Law in Classical Athens". in L. Foxhall and J. B. Salmon, eds., *When men were Men: Masculinity, power, and Identity in Classical Antiquity*, London: Routledge, 1998, pp. 68 – 97.

④ Barry Stauss, *Fathers and Sons in Athens: Ideology and Society in the Era in the Peloponnesian War*, Routledge, 1993, p. 8.

⑤ M. E. Wiesner-H., *Gender in history*, Oxford: Blackwell Publishers, 2001, pp. 31 – 32.

学会真正的男子汉精神。要成为一名男子汉,则需要离开家庭远离母亲的庇护,在政治、战争或者工作领域进入他们父亲的公共世界。[1] 父亲并不能把这种公民品性直接授予他的儿子,家庭教师在家庭与城邦之间的公民教育上扮演着纽带的作用。[2] 除此以外,古希腊社会一种叫做"少年之爱"的同性恋现象在教育男孩走向成年的过程中至关重要。在个人成长的语境中,成年男性与未成年男性之间被理解为主动与被动的关系,后者需要从前者身上学会独立、自主与判断、竞争意识,以及自我统治的美德。[3]

雅典社会既存在着男性身份的共识,同时在不同的男性身份之间,男性气质的衡量标准千差万别。雅典社会男性气质的话语植根于城邦生活的方方面面,如何在城邦中扮演好男性的各种角色始终是雅典人对于男性气质最为重要的要求。雅典社会并不存在自始至终固定不变的男性气质,不同的社会语境中,男性气质的概念存在着认知的鸿沟。这种分歧伴随着意识形态的斗争而被反复利用。在雅典社会,存在着两种相左的男性气质,一种为讴歌勇气与暴力的英雄理想,积极捍卫男性的尊严与个人荣誉;另一种则是倡导逻辑与理性的民主理想,提倡法律统治与个人克制相互结合。[4] 修昔底德意识到伴随着战争与和平的变化,城邦所宣传的男性气质在话语中存在着激烈的交锋。

> καὶ τὴν εἰωθυῖαν ἀξίωσιν τῶν ὀνομάτων ἐς τὰ ἔργα ἀντήλλαξαν τῇ δικαιώσει. τόλμα μὲν γὰρ ἀλόγιστος ἀνδρεία φιλέταιρος ἐνομίσθη, μέλλησις δὲ προμηθὴς δειλία εὐπρεπής, τὸ δὲ σῶφρον τοῦ ἀνάνδρου πρόσχημα, καὶ τὸ πρὸς ἅπαν ξυνετὸν ἐπὶ πᾶν ἀργόν· τὸ δ' ἐμπλήκτως ὀξὺ ἀνδρὸς μοίρᾳ προσετέθη, ἀσφαλείᾳ δὲ τὸ ἐπιβουλεύσασθαι ἀποτροπῆς πρόφασις εὔλογος.[5]

> "为了适应时局,人们所通常认为的关于行动的名字改变了。过去被看做是不计后果的莽撞现在被看成忠实盟友的勇气;富有远见的迟疑被看作虚有其表的懦弱;审慎成了男子气概的托辞;万事周备求全则意味着一无所获。

---

[1] Thomas van Nortwick, *Imagining men: ideas of masculinities in Ancient Greek Culture*, Praeger, 2008, p. 14.

[2] Chris Peers, "What does a pedagogue look like? Masculinity and the repression of sexual difference in ancient education", *Discourse: Studies in the Cultural Politics of Education*, 27: 2, p. 195.

[3] Tomas K. Hubard, "Athenian Pederasty and the Construction of Masculinity", in Arnold, J. H. and S. Brady, eds., *What is Masculinity? Historical Dynamics from Antiquity to the Contemporary World*, Palgrave-Macmillan, 2011, p. 218.

[4] Cohen 认为这两条原则彼此共生,参阅 D. Cohen, *Law, Violence and Community in Classical Athens*. Cambridge, 1995, p. 126。而 Scofield 等则认为这两条行为相互冲突,参阅 N. Fisher, "Violence, Masculinity, and the Law in Classical Athens", in L. Foxhall and J. Salmon, eds., *When Men Were Men: Masculinity, Power and Identity in Classical Antiquity*. London, 1998, p. 68。

[5] *Thucydides*, 3. 82. 4.

被狂热冲昏头脑成为男子汉的气魄之一,为了自我保全的阴谋设计却成了明哲保身的借口。"

男子气概在城邦与家庭的之间同样存在着话语的张力,而在公共生活中追逐荣誉与社会地位,在绝大多数人看来是男子气概的标志,在柏拉图看来却只是争强好胜与爱慕虚荣,那些无知的妇女比她们的丈夫更认可这套男性标准,如果做不到这一点,他们会被嘲笑为窝囊废。

πρῶτον μὲν τῆς μητρὸς ἀκούῃ ἀχθομένης ὅτι οὐ τῶν ἀρχόντων αὐτῇ ὁ ἀνήρ ἐστιν, καὶ ἐλαττουμένης διὰ ταῦτα ἐν ταῖς ἄλλαις γυναιξίν, ἔπειτα ὁρώσης μὴ σφόδρα περὶ χρήματα σπουδάζοντα μηδὲ μαχόμενον καὶ λοιδορούμενον ἰδίατ ε ἐν δικαστηρίοις καὶ δημοσίᾳ, ἀλλὰ ῥᾳθύμως πάντα τὰ τοιαῦτα φέροντα, καὶ ἑαυτῷ μὲν τὸν νοῦν προσέχοντα ἀεὶ αἰσθάνηται, ἑαυτὴν δὲ μήτε πάνυ τιμῶντα μήτε ἀτιμάζοντα, ἐξ ἁπάντων τούτων ἀχθομένης τε καὶ λεγούσης ὡς ἄνανδρός τε αὐτῷ ὁ πατὴρ καὶ λίαν ἀνειμένος.①

起初他听到母亲的埋怨说自己的丈夫不做统治者,因为这个原因致使她在别的女人面前低人一等,后来她看到他并不热衷于钱财,在私人诉讼与公共议会中既不争斗也不吵闹,对所有的这类事情看得很轻,当她看到自己的丈夫全神贯注于思考,对她也很淡漠,既无尊重也无不敬,由于这些积怨她抱怨说,孩子的父亲太缺乏男子气概,一事无成。

二、祛魅神话:剥夺战士的荣誉

《拉凯斯篇》记录的对话被设定在公元前421年前后,即《尼西阿斯和约》签订的那一年,雅典与斯巴达迎来短暂的和平时期。《拉凯斯篇》中的对话者尼西阿斯与拉凯斯都是和约的谈判人。柏拉图创作这一对话的具体时间没有定论,大约写于苏格拉底死后几年。②

对话的缘起于雅典社会父子之间的微妙关系:两位老人在教育自己的儿子上

---

① Plato, *Republic*, 8. 549c-e.
② 对话发生的时间大约在公元前424—前418年,对话中提到的代立昂战役发生在公元前424年,而拉凯斯本人死于公元前418年的曼提尼亚战役。笔者倾向于认为对话发生的时间于《尼西阿斯和约》签订之后,尼西阿斯与拉凯斯固然有可能与苏格拉底存在交集,展开这样的对话,但两位将军同时出现在柏拉图的对话中,很有可能是因为他们在和约签订之后特殊的政治地位决定的。关于《拉凯斯篇》创作的时间,多数学者认为很有可能创作于审判苏格拉底之后,笔者倾向于采纳这样的观点。关于创作时间的其他争论详参见 Robert G. Hoerber, "Plato's Laches", *Classical Philology*, 1968, vol. 63(2), pp. 95 - 96。

遇到了困难,他们的父亲是希腊历史上赫赫有名的政治家与将军,美勒西阿斯的父亲是修昔底德,而吕西玛库斯的父亲则是阿里斯提戴德,他们的儿子沿用了各自祖父的名字。① 吕西玛库斯思考着"怎样养育青年人以使他们变成最优秀(ἄριστοι)的男人"。他们的父辈"无论在战争还是和平时期,他们都建功立业(καὶ ὅσα ἐν πολέμῳ ἠργάσαντο καὶ ὅσα ἐν εἰρήνῃ)"。然而男性的荣誉在代际间形成鲜明的对比,在这两位老人的言辞中,他们一方面羞耻于在公共事务中不能够像自己的父亲一样伟大;另一方面,他们指责父亲在教育子女的问题上没有尽到足够的责任。②

在教育青年的课业上,他们首先想到军事教育,而重装步兵的格斗技艺最具代表性。③ 尼西阿斯认为"这种锻炼与骑术是最有利于自由民(καὶ ἅμα προσήκει μάλιστ᾽ ἐλευθέρῳ τοῦτό τε τὸ γυμνάσιον καὶ ἡ ἱππική)",同时他还认为"军事方面所有的学习与追求,对一个男人而言既高贵又价值匪浅(τὰ τούτων ἐχόμενα καὶ μαθήματα πάντα καὶ ἐπιτηδεύματα καὶ καλὰ καὶ πολλοῦ ἄξια ἀνδρί)"。④ 拉凯斯同样认为重装步兵的技艺最能培养男子汉的勇气,他和尼西阿斯的分歧在于这项技艺能否通过智术师的教育获得。⑤ 当对话转入到"勇气"的定义时,对于拉凯斯而言,勇敢者是"那些面对敌人坚守阵列并且不逃跑的人(τις ἐθέλοι ἐν τῇ τάξει μένων ἀμύνεσθαι τοὺς πολεμίους καὶ μὴ φεύγοι)"。⑥

苏格拉底理解的"勇气"似乎更为抽象,他一方面肯定了战争与公共事务中表现出的"勇气",另一方面又尝试着在其他场合下扩充"勇气"的内涵:

> βουλόμενος γάρ σου πυθέσθαι μὴ μόνον τοὺς ἐν τῷ ὁπλιτικῷ ἀνδρείους, ἀλλὰ καὶ τοὺς ἐν τῷ ἱππικῷ καὶ ἐν σύμπαντι τῷ πολεμικῷ εἴδει, καὶ μὴ μόνον τοὺς ἐν τῷ πολέμῳ, ἀλλὰ καὶ τοὺς ἐν τοῖς πρὸς τὴν θάλατταν κινδύνοις ἀνδρείους ὄντας, καὶ ὅσοι γε πρὸς νόσους καὶ ὅσοι πρὸς πενίας ἢ καὶ πρὸς τὰ πολιτικὰ ἀνδρεῖοί εἰσιν, καὶ ἔτι αὖ μὴ μόνον ὅσοι πρὸς λύπας ἀνδρεῖοί εἰσιν ἢ φόβους, ἀλλὰ καὶ πρὸς ἐπιθυμίας ἢ ἡδονὰς δεινοὶ μάχεσθαι, καὶ μένοντες καὶ ἀναστρέφοντες—εἰσὶ γάρ πού τινες, ὦ Λάχης, καὶ ἐν τοῖς τοιούτοις ἀνδρεῖοι.⑦

---

① 在雅典的社会习俗中,长子需要继承祖父的名字。这里的修昔底德不是《伯罗奔尼撒战争史》的作者,而是雅典另一位与之同名的杰出政治家,与其出自同一个家族,修昔底德是继客蒙之后雅典寡头派政治领袖,伯里克利的主要反对者。阿里斯提戴德也是雅典政治家,有"正义者"之称,希罗多德称他为雅典"最高贵与高尚之人"。他也是寡头派领袖,地米斯托克利司的反对者,却在萨拉米斯海战中支持了地米斯托克利司发展雅典海军的策略。
② Plato, *laches*,179b-e.
③ Plato, *Laches*,179e-180b.
④ Plato, *Laches*,182a-c.
⑤ Plato, *Laches*,182d-184c.
⑥ Plato, *Laches*,190e.
⑦ Plato, *Laches*,191d.

> 我想要知道的并不只是重装步兵身上的勇气,也包括在骑兵和一切战士身上的勇气;而且不只是战争中的勇气,也包括面对海上危险、疾病中、贫穷中、城邦事务中的勇气;此外,我想知道的不只是抗拒痛苦与恐惧的勇气,还有与欲望与快乐作斗争的勇气,不管是冲锋陷阵,抑或是坚守阵地与调转方向。拉凯斯,所有这些都是勇气。

这里提到了"城邦事务中的勇气(πολιτικὰ ἀνδρεῖοί)"①,"勇气"不再单一置于典型的战争环境下。苏格拉底与两位将军在"勇气"的对象上存在巨大的分歧,联系到前面教育青年人的语境,这种分歧还有更深刻的一层含义,即何种男性最高贵与优秀,最值得青年人去效仿。

军事阶层被认为比其他阶层更具有"勇气",也因此具有最高的荣誉。当时普遍认为战斗远比和平更加有荣誉,在雅典的宗教节庆与艺术中只是偶尔庆祝和平,而城邦中的纪念碑、浮雕与碑铭中所纪念的几乎全部是军事事件及战争中胜利的男性,在宗教、戏剧以及各种赛会上无不展现着雅典人在伟大的军事功业中所透露出的自信与勇气。② 战士的英勇精神作为爱国主义的典范在雅典的政治宣传与公民教育中被反复讴歌。③ 葬礼演说上,伯里克利面对雅典的公民骄傲地宣称,"哪里对于这种美德的奖励最大,哪里的男人就能成为最优秀的公民(ἆθλα γὰρ οἷς κεῖται ἀρετῆς μέγιστα, τοῖς δ ἐκαὶ ἄνδρες ἄριστοι πολιτεύουσιν)。"④

伯里克利的演说正值雅典帝国意识形态空前高涨时期,即使是和平时期,雅典的演说家们同样热衷于鼓吹男性气质中的好战成分。吕西阿斯提醒雅典城邦的普罗大众,战争是男性获得最高荣誉的舞台。⑤ 在泛雅典娜节的演说辞中,伊索克拉底声称好战者"既可以攫取他们所渴求的财富,也能够保护他们所拥有的一切:他们被认为是男人当中完美的人(καὶ λαμβάνειν ὧν ἂν ἐπιθυμῶσι καὶς ᾤζειν ἅπερ ἂν ἅπαξ κατάσχωσιν: ἃ ποιοῦσιν οἱ τέλειοι δοκοῦντες εἶναι τῶν ἀνδρῶν)。"⑥ 亚里士多德直言不讳地认为最高尚的人是那些在战场上出于高贵目的而英勇战死的

---

① 在《理想国》中甚至直接使用了"勇敢的城邦(ἀνδρείαν πόλιν)"并特别强调"如果在'勇气'身上再加一个'公民的(πολιτικήν)'也是对的。"Plato, *Republic*, 4.430c.

② Andrew F. Stewart, *Art, Desire, and the Body in Ancient Greece*, Cambridge, 1997, p.152.

③ N. Loraux, *The Invention of Athens: The Funeral Oration in the Classical City*, trans. A. Sheridan. Cambridge, MA 1986, p.34.

④ *Thucydides*, 2.46.1.

⑤ *Lysias*, 2.79 – 80.

⑥ *Isocrates*, 12.242.

人,这种荣誉在城邦统治与君主统治中都被认可。①

　　在军事阶层内部同样存在着差异,重装步兵的作战方式被认为最能体现男子汉精神。② 在战争的险恶环境下,在方阵中与同伴协调一致,共同赢得胜利成为作战的新要求。公开的正面交锋是更加推崇的作战方式,重装步兵是雅典男子汉的典范,而这或许源于更加悠久的希腊世界的传统。早在公元前七世纪弦琴诗人提卡泰乌斯用诗歌激励斯巴达战士勇敢地同美塞尼亚作战,年轻人需要在战场上证明自己是最优秀的男子汉:

> ἥδ᾽ἀρετή, τόδ᾽ἄεθλονἐνἀνθρώποισινἄριστον
> κάλλιστόν τε φέρειν γίγνεται ἀνδρι νέῳ,
> ξυνὸν δ᾽ἐσθλὸν τοῦτο πόληί τε παντί τε δήμῳ,
> ὅστις ἀνὴρδιαβὰς ἐν προμάχοισι μένῃ
> νωλεμέως, αἰσχρῆς δὲφυγῆς ἐπὶ πάγχυ λάθηται
> ψυχὴν καὶ θυμὸν τλήμονα παρθέμωνος,
> θαρσύνῃ δ᾽ἔπεσιω τὸν πλησίον ἄνδρα παρεστώς·
> οὗτος ἀνὴρ ἀγαθὸς γίνεται ἐν πολέῳ.③

> 这是一种美德,它是人们最好的奖赏,
> 也最适合年轻人去赢得胜利,
> 它对于城邦、所有民众都有好处,
> 当一个男人坚定地站在阵列中不放弃坚守阵地,
> 对于可耻的逃跑完全熟视无睹,
> 冒着生命危险同时展现坚定不移的精神,
> 站在他的同列的男人身边勇敢地言说:
> 这个人在战争中是一个优秀的男子汉。

　　重装步兵的榜样在古风时代影响深远,从公元前六世纪麦加拉诗人塞奥格尼斯的诗句中几乎可以找到同样的句子。④ 拉凯斯在对话中谈到,重装步兵的战法是斯巴达最为擅长的,⑤在雅典关于优秀男性的话语中,重装步兵的男性气质也同样备受赞誉。在阿里斯托芬的《蜂》中,身着盔甲的战士被说成是整个雅典最有男子汉

---

① Aristotle, *Nicomachean Ethics*, 1115a. 20 - 30.

② Paul Cartledge, "The machismo of the Athenian empire-or the reign of the phaulus?" in Foxhall, L. & Salmon, J. eds., *When men were men: masculinity, power and identity in classical antiquity*, 54 - 67. London: Routledge, 1998, p. 63.

③ *Tyrtaeus*, fr. 9. 13 - 20, Daviad. A. Campbell.

④ *Theognis*, fr. 1. 1003 - 6, E. D.

⑤ Plato, *Laches*, 182e - 183a.

气的人,他们保卫了城邦,抵挡了野蛮人的侵略。[①] 重装步兵是最出色的战士,在公元前四世纪的演说辞中,这种想法也经常出现。小亚西比德的指控者控诉他玩忽职守,因为他选择在骑兵中服役,而这据说是因为害怕作为重装步兵在战斗中直面危险。雅典人曼提塞乌斯在他的演说辞中也认为重装步兵要比骑兵更加勇敢。[②]

在雅典,男子的社会等级与军队等级呈现着对应关系,重装步兵的军事话语优势反映着雅典社会富有公民的文化心态。重装步兵由城邦公民组成,雅典军队的武器和物资基本上都是自备的,成为重装步兵在某种程度是对公民财产资格的审核。[③] 重装步兵的经济基础是雅典社会大量存在的自耕农,他们拥有 5—10 英亩的土地,占到雅典社会男性公民的 30% 到 40%。[④] 与重装步兵一样,骑兵也是由雅典那些富有公民组成的,然而能保养得马匹的人远比那些自配一套重装盔甲的人更为富有,也少得多。在《拉凯斯篇》中,尼西阿斯认为重装步兵与骑兵的战斗技艺最有利于自由民,在色诺芬的《回忆苏格拉底》中,当苏格拉底谈到如何统帅军队时,他显然也对骑兵和重装步兵更为偏爱。[⑤]

士兵等级在社会制度与话语中被内化为男性的荣誉,《雅典政制》记载了一位由日佣级别晋升为骑士阶层的公民,他的父亲为了纪念这件值得骄傲的事情献祭自己和马匹的雕像。亚里士多德说在雅典当公民抽签担任某一官职时,他绝不愿意承认自己曾经属于日佣。[⑥] 军队中等级较低的士兵,包括轻步兵、弓箭手、投石手,往往由奴隶、外邦人以及没有土地的穷人充当组成,他们在军队中不大受重视,名声也不大好。亚里士多德认为雇佣兵的"勇气"来自身体强壮与战斗经验,却不像公民的士兵那样来自"知识",他们在战场上经常表现出怯懦,只有公民在战场上不畏惧死亡。[⑦]

---

① Aritophanes, *Wasps*, 175 – 180.

② Lysias, *Against Alcibiades*, 14. 7 – 10,14 – 15; *For Mantitheus*, 14. 7 – 10,14 – 15,16. 13.

③ V. D. Hason, "Hoplite Battle as Ancient Greek Warfare: When, Where, and Why?" H. Van Wees, *War and Violence in Classical Greece*, London, 2000, pp. 201 – 232.

④ 保罗·卡特里奇主编:《剑桥插图古希腊史》,郭小凌等译,山东画报出版社,2005 年,第 162 页。而迈克尔·曼认为重装步兵占到最富有男子比例中的 20% 至 35% 之间,参见迈克尔·曼:《社会权利的来源(第一卷)》,刘北成、李少军译,上海世纪出版社,2002 年,第 247 页。

⑤ Xenophon, *Memorabilia*, III. I–IV.

⑥ Aristotle, *Athenian Constitution*, 7. 4. 梭伦立法时按照财产多少将公民分作四个等级,分别是五百斗者(πεντακοσιομέδιμγοι,财产达到五百斗)、骑士(ἱππεία,能够保养马匹的等级,财产达到三百斗,骑士阶层为城邦护养马匹,而战时他们也经常会以步兵的身份参加战斗)、双牛者(ξεγῖται,能够畜养一对牛的人,财产达到两百斗)和日佣(θῆτες,原意为佣工,财产不及两百斗之人)。

⑦ Aristotle, *Nicomachean Ethics*, 1116b. 2 – 24. 亚里士多德将勇敢分为五类,依次是公民的勇敢;出于"经验"(ἐμπειρία)的勇敢,列举了雇佣兵的例子;出于"激情"(θύμος)的勇敢,动物身上也有这种勇敢;出于"乐观"(εὔελπις)的勇敢,列举了醉酒者;以及最后出于无知的勇敢,列举了阿尔戈斯人错(转下页)

　　然而公元前五世纪雅典军队阶层结构中最为深刻的变化莫过于以海军为首的贫穷士兵的崛起。[①] 经过地米斯托克利司的改革，雅典建立海上霸权，雅典海军在军事战斗中的地位凸显，军队中出现了大量的雇佣军、轻盾步兵以及"海上流氓"。[②] 对待海军的态度发生着改变，地米斯托克利司曾因大力发展雅典海军而受到同胞的责难，"地米斯托克利夺走了同胞手中的盾牌和长矛，把雅典人降低到划船摇橹的地位"。[③] 色诺芬在《苏格拉底回忆录》中对于海军士兵的纪律森严大为惊讶，"不可思议的是，这些人（海军士兵）听从他们的长官，而骑兵与步兵，本被认为是良好品行的公民，却是最不服从指挥的"。贫穷的海军士兵显然不能与那些家境富裕的骑兵和步兵在雅典人的心目中拥有同样的地位。在《拉凯斯篇》中，海军士兵被赋予重装步兵一样的荣誉，苏格拉底特别提到了"在面对海上危险时的勇气（ἐν τοῖς πρὸς τὴν θάλατταν κινδύνοις ἀνδρείους）"。

　　柏拉图在他晚年的著作中却并不这样认为，《法律篇》中的雅典人认为甲板上的战斗不值得赞美，也不能用这种方式去训练城邦中最优秀的战士。海军的战斗并不值得效仿，真正拯救希腊人是马拉松战役和普拉提亚战役，而并不是萨拉米斯海战。[④] 这可能也代表了柏拉图本人对待不同军事等级的真实看法。联系到《拉凯斯篇》具体的历史语境，伯罗奔尼撒战争中，以海军为主的雅典败给了以步兵为主的斯巴达。不同于民主派别的将领，雅典的贵族仍然认为重装步兵的战斗最能体现男子汉气魄。《拉凯斯篇》中特别提到重装步兵的战法是斯巴达人最为擅长的技艺。拉凯斯所讥讽重装步兵的武师们鼓吹个人技艺的神勇，却不敢染指拉克戴孟人的领地。[⑤] 言下之意，雅典那些自称勇敢的男性惧怕斯巴达人的重装步兵。对话中，雅典的父亲急切地希望教育子女这门技艺反映了战败所带来的男性焦虑。

（接上页）把斯巴达人当作西锡安人时表现的勇敢。在上下文中亚里士多德提到"苏格拉底认为勇气就是知识"（ὁ Σωκράτης ῷήθη ἐπιστήμην εἶναι τὴν ἀνδρείαν），言下之意，公民的勇气是出于知识与智慧，显然亚里士多德的观点受到了苏格拉底的影响。

① V. D. Hason, "Hoplite Battle as Ancient Greek Warfare: When, Where, and Why?" H. Van Wees, *War and Violence in Classical Greece*, London, 2000, pp. 201 - 232.

② 郭小凌：《希腊军制的变革与城邦危机》，《世界历史》1994 年第 6 期，第 65—72 页。

③ Plutarchus, *Themistocles*, 4. 3.

④ Plato, *Laws*, 4. 406 - 7. 显然，柏拉图对待三次战役的评价只能代表他本人的观点，马拉松战役是公元前 490 年强大的波斯帝国对雅典发动的战争。雅典方面参战的一万一千人全部是重装步兵，雅典利用地形靠智谋获得了胜利。波斯军队共阵亡 6400 人，雅典方面仅仅阵亡 192 人，取得了鼓舞全希腊人的胜利，雅典人的密集方阵功不可没。普拉提亚战役是前 479 以斯巴达为首的希腊联军和波斯军队进行的最后一场战争。以斯巴达为首的联军在普拉特平原和波斯军对阵，希腊联军大获全胜，它标志着第二次希波战争的结束。萨拉米斯海战是前 480 年希波战争中双方舰队在萨拉米斯海湾进行的一次决定性战斗。雅典人借助海湾的地理环境，发挥小船灵活的优势，以少胜多，以弱胜强。萨拉米斯海战奠定了雅典海上帝国的基础，强大无比的波斯帝国却从此走向衰落。

⑤ Plato, *Laches*, 183c.

柏拉图在《拉凯斯篇》中没有刻意渲染重装步兵的男性"勇气"实则另有目的，他所要做的并不是要将其他士兵赋予同重装步兵一样的荣誉，而是把所有军事战斗人员降低到相同地位。在《法律篇》，他批判一味强调"勇气"而使城邦毁于战争，或者沦为帝国的附庸。① 那些只拥有军事知识的指挥官毫无男子气概，"你说的这种人是地地道道的废物！他不是男子汉的统治者，而是妇女的统治者（παντάπασίν τινα πονηρὸν λέγεις, καὶοὐδαμῶς ἀνδρῶν ἄρχοντα ἀλλά τινων σφόδρα γυναικῶν）。"② 柏拉图指出在大洪水时代之前的人"要更加单纯,更富男子气概,更加节制,也更加正义（εὐηθέστεροι δὲ καὶ ἀνδρειότεροι καὶ ἅμα σωφρονέστεροι καὶ σύμπαντα δικαιότεροι）"③。这主要是因为他们尚未开化，尤其是对于战争的技艺不甚了解，城邦内部没有形形色色的战争、诉讼以及言语和行动的相互伤害。

柏拉图指出在某些文化中过度强调军事中的男性气质，斯巴达过度看中"勇气"，却不太看重"智慧"与"正义"。在《法律篇》中，柏拉图借一位雅典人之口指责斯巴达的立法者着眼于战争，他们的美德只能经受吃苦耐劳的考验，却不能抵挡世俗的快乐和诱惑，这将最终导致公民的灵魂遭受奴役，而真正的"勇气"属于雅典人。④ 伯里克利在葬礼演说中同样对比了雅典和斯巴达人的"勇气"，雅典的"勇气"是依靠法律培养起的公民精神，斯巴达人的"勇气"却只是残酷的训练，前者可以使它的公民享受自由。⑤ 伯里克利面对阵亡的将士，为雅典人的"勇气"进行辩护，他与柏拉图同样面对雅典人的男性气质在军事话语中窘境，苛责雅典的战士没有"勇气"无疑是错误的修辞策略。

柏拉图试图超越军事语境下以身体暴力定义男性的传统，重新排列男性的社会等级。在《理想国》中，柏拉图建构的健康灵魂与理想城邦中，"勇气"以及以"勇气"为特征的阶层都居于第二等级。⑥ 柏拉图晚年的《法律篇》同样贯穿着这样的

---

① Plato, *Statesman*, 308a. τί δ᾽οἱ πρὸς τὴν ἀνδρείαν μᾶλλον ῥέποντες; ἆρ᾽ οὐκ ἐπὶ πόλεμον ἀεί τινατὰςαὑτῶν συντείνοντες πόλεις διὰ τὴν τοῦ τοιούτου βίου σφοδροτέραν τοῦ δέοντος ἐπιθυμίαν εἰς ἔχθραν πολλοῖς καὶ δυνατοῖς καταστάντες ἢ πάμπαν διώλεσαν ἠδούλας αὖ καὶ ὑποχειρίους τοῖς ἐχθροῖς ὑπέθεσαν τὰς αὑτῶν πατρίδας. . (那些倾向于采用勇敢手段的人，会发生什么事呢？我们难道看不出他们由于军事活动的过分喜好而不断怂恿他们国家进行战争，对抗这种强敌吗？结果又怎么样呢？他们的国家要么毁于战争，要么成为帝国的附庸，就像一味寻求和平带来的结果一样。)
② Plato, *Laws*, 1. 639b.
③ Plato, *Laws*, 3. 679e.
④ Plato, *Laws*, 1. 634a - 635d.
⑤ Thucidides, 2. 39. 1.
⑥ 柏拉图同样将灵魂分成三个部分：分别是爱智慧部分，即理性；爱荣誉或爱胜利部分，即激情；爱财富与利益部分，即欲望。与之对应将人分为爱智者(哲学家)、爱胜者、爱利者(Plato, *Republic*, 9.580e - 581c)。他们对应贤人政体中的三个阶层，哲学王、护卫者、生产者。在贤人政体之外，柏拉图(转下页)

思想:

> τῷ πλήθει τῶν πολιτῶν, τιμᾶν τοὺς ἀγαθοὺς ἄνδρας, ὅσοι σωτῆρες τῆς πόλεώς εἰσι συμπάσης εἴτε ἀνδρείαις εἴτε πολεμικαῖς μηχαναῖς, δευτέρους: πρώτοις γὰρ τὸ μέγιστον γέρας δεδόσθω τοῖς τὰ τῶν ἀγαθῶν νομοθετῶν γράμματα τιμᾶν διαφερόντως δυνηθεῖσιν.①

在公民中的很多人身上,去授予优秀的男子汉以荣誉,他们用勇气或者战争中的军事技艺成为了城邦的拯救者,他们是第二等级。至于第一等级,最高的荣誉应当授予那些能以优秀立法者制定的法律为荣的人。

三、定义"勇气": 重建精英的美德

纵观整篇对话,柏拉图争论的核心并不在于谁是最勇敢的人,而是重新定义"勇气"。拉凯斯与尼西阿斯代表着对于"勇气"的两种看法。拉凯斯的定义更加传统与保守,他偏向于从军事语境中定义,"它对我而言,是灵魂中的某种忍耐 (δοκεῖ τοίνυν μοι καρτερία τις εἶναι τῆς ψυχῆς)",然后他列举了很多与军事活动有关的例子。他的定义并不能让人满意,在苏格拉底再三诘难后,他将"勇气"修正为"明智的忍耐(ἡ φρόνιμος ἄρα καρτερία)"。② 尼西阿斯的理解显然更为抽象,他认为"勇气"是"男子汉的智慧(ἀνὴρ σοφίαν)",③是"战争中关于畏惧与自信的知识 (δεινῶν καὶ θαρραλέων ἐπιστήμην καὶ ἐν πολέμῳ)"。④

尽管尼西阿斯的定义也提到了"勇气"是战争中的某种知识,然而他的定义却没有限制在军事语境。尼西阿斯认为有必要传授这项技艺,但却不是在战场上,而是可以在格斗场上学习。拉凯斯并不能认同,唯有战场才真正能够考验男性的"勇气",这种考验不可替代。⑤ 战场上的表现是拉凯斯骄傲的资本,而尼西阿斯并没有鼓吹自己的战争功绩,对话中更加侧重表现他能言善辩的一面。⑥

（接上页）由优到劣依次列举了四种不理想的政体,分别是爱荣誉政体(柏拉图说这是类似于斯巴达或克里特的政体)、寡头政体、民主政体以及僭主政体。关于柏拉图哲学体系中男性气质与灵魂秩序的关系,详参见 Hobbs, A., *Plato and the Hero: Courage, Manliness and the Impersonal Good*, Cambridge University Press, 2000。

① Plato, *Laws*, 11. 921e - 922a.
② Plato, *Laches*, 192b - 193c.
③ Plato, *Laches*, 194a.
④ Plato, *Laches*, 196d.
⑤ Plato, *Laches*, 183d - e.
⑥ Plato, *Laches*, 192e - 194b.

对话中最为沉默的当属吕西玛库斯和美勒西阿斯的两个儿子,他们大概在十四岁左右,到了该接受教育的年龄。[①] 作为未成年人,他们是被教育的对象,既没有在公共事业上建立功绩,也没有能力参与到哲学的对话中,通篇对话中他们基本保持着沉默。吕西玛库斯与美勒西阿斯显然也不具备"勇气",他们出身名门却碌碌无为,在教育孩子的问题上需要向别人请教。[②] 他们都与苏格拉底并不熟悉,只是偶尔听到年轻人谈到苏格拉底。[③]

拉凯斯与尼西阿斯在对话中显然居于更高的等级。他们在现实生活中拥有崇高的荣耀,代表了雅典同斯巴达签订了《尼西阿斯和约》,为雅典换来了短暂的和平。他们是对话的主要参与者,然而在柏拉图的对话中,他们都只代表了某种片面的"勇气"。拉凯斯与苏格拉底的交际发生在战场上,他对于苏格拉底的好感是出于苏格拉底在战斗中出色的表现。[④] 拉凯斯讥讽斯特西劳的战斗技艺华而不实,讽刺的是在另一篇对话中,亚希比德说在代立昂德撤退中远没有苏格拉底表现得镇定自若。[⑤] 更可悲的是,拉凯斯由于军事上的冒进,他本人战死于曼提尼亚战役。[⑥]

对话中,尼西阿斯与苏格拉底的交往发生在日常的生活中。[⑦] 他本人很熟悉苏格拉底,经常与达蒙、普罗狄科斯这样的理论家交流。[⑧] 他更加赏识的是苏格拉底智慧的言谈。[⑨] 在其他古典作家的笔下,他也不是一个骁勇善战的将军,而是老成稳重的指挥官。尼西阿斯谨慎有余,而果断不足,他反对亚希比德远征西西里的军事活动,却被公民大会选举为出征的将军以辅佐亚希比德。由于过于谨慎,在战斗中发生日食现象,他因迷信而延误战机,在叙拉古被围困被捕,随后被处死。[⑩]

只有苏格拉底被塑造为同时兼备军事的"勇气"与言谈的"智慧",他既是一名出色的战士,更是对话中言论的引导者,他是真正具有"勇气"的人。苏格拉底在参与对话的五个人物之中最为年轻,这并不妨碍他在那些德高望重的长辈面前拥有荣誉。[⑪] 在柏拉图的笔下,苏格拉底拥有高度的男子气概,苏格拉底的"智慧"引导

---

① Plato,*Laches*,187c.

② Plato,*Laches*,179b-e.

③ Plato,*Laches*,180c.

④ Plato,*Laches*,181b-c,189a-c.

⑤ Plato,*symposium*,221a-b.

⑥ *Thucydides*,5.61-74.

⑦ Plato,*Laches*,180c-d,200d.

⑧ Plato,*Laches*,197d,200a.

⑨ Plato,*Laches*,187e-188b.

⑩ *Thucydides*,7.50-86. 关于尼西阿斯的事迹也可参阅普鲁塔克的《名人传》,不过普鲁塔克对于尼西阿斯的战死似乎抱有更多的同情,也为这名伟大的雅典将领赋予了更多悲情英雄主义色彩。

⑪ Plato,*Laches*,187d-e,188b,189a-c,201c.

着"勇气",而苏格拉底的"勇气"又使得他的言论更有说服力,他并不是一个骁勇莽撞的武夫,更不是一个弱不禁风的古怪的哲学家。苏格拉底非但决胜于社交场合的辩论,在战争与城邦的各种事务中,他也远比其他男性更为出色。

在《会饮篇》中,亚希比德描述苏格拉底相貌丑陋,却善于雄辩,智慧惊人,在爱欲面前保持着异常的克制与清醒,拥有超乎常人的顽强体魄。在战斗中,他表现出色,刚毅勇敢。而在情欲上,他多次拒绝了亚希比德的诱惑。苏格拉底惊人的克制力不是源自于禁欲主义,他有着旺盛的生命力。在波提狄亚战役中,他比所有的男人都更有忍耐力,在食物充沛时,他吃得津津有味,不爱喝酒却比所有人酒量都大。冬天的时候,可以穿着破大衣,赤着脚在冰面上行走,他也能够在烈日下祷告一整天。他在战斗中救了亚希比德,不是由于爱慕他的家世而是出于高度的责任感。在亚希比德眼中,苏格拉底的男子气概无人能及,从前和今后都不会有人超越。在会饮最后,所有的人都拥醉而眠,只有苏格拉底一人保持着清醒。①

阿里斯托芬笔下苏格拉底与柏拉图、色诺芬描写的老师形成了鲜明的对比,在《云》中,苏格拉底被描述成为一个面色苍白的人,他的言论只是一种歪理,被他教育过的青年也会失去男子汉气概,成为一个白面的书生。② 苏格拉底提倡人们应当保持体育的锻炼,他经常在户外活动,脸色不至于特别苍白。阿里斯托芬显然在讽刺智术师的教育使青年丧失了传统的美德,消磨了马拉松时代的英雄式的气概。③ 柏拉图认为苏格拉底的智慧使他成为最具"勇气"的男人,而阿里斯托芬戏剧中,这种巧言善变的智慧完全是阴阳怪气。《申辩篇》中的苏格拉底也许更接近历史中的真实人物,苏格拉底在诸多战争中拥有出色的表现,苏格拉底积极参与公共事务,他当选过五百人议会的成员,并且恪尽职守,他反对城邦的公民违反法律进行投票。在"三十僭主"期间,他拒绝与当政者合作,他在受审时泰然自若,慷慨赴死。

苏格拉底的形象差异源于古代作家对男性气质的不同解读。柏拉图所要强调的并非男子气概中弘扬"勇气"的传统,而是竭力克制男子气概中潜在的暴力与反社会冲动。在《拉凯斯篇》中,苏格拉底认为"勇气"并不能代表全部的美德,美德还包括着"智慧"、"正义"(δικαιοσύνη)与"虔敬"(ὁσιότητος)。④ "勇气"经常与其他美德之间存在着冲突,柏拉图认为片面地强调"勇气"是一种鲁莽的大男子主义,热衷于军事活动而怂恿城邦进行战争,最终使城邦被毁灭或者沦为帝国的附庸。⑤ 在

---

① Plato, *Symposium*, 214a - 223d.

② Aristophanes, *The Clouds*, 103,119,1112,1171.

③ Aristophanes, *The Clouds*, 961 - 1021.

④ Plato, *Laches*, 199c-d.

⑤ Plato, *Statesman*, 310d - 311c.

《法律篇》中,他甚至谈到动物和孩子身上也可以具有"勇气",它不再是成年男性所独有的特质。[①] 这种语境下的"勇气",对个人和城邦都危害巨大,那些具有"勇气"的人,往往借此谋求个人的野心与欲望,柏拉图在多篇对话中都表达了这样的忧虑。[②]

柏拉图的观点或许代表了哲学家个人的看法,或者只能代表他所处的那个阶层对于男性气质的理解。古代社会每个公民都有很高的军事参与率,各个城邦都存在着高度弘扬"勇气"的传统,那些勇于为城邦战斗乃至牺牲的战士被城邦奉为真正的男子汉。民主政治与公民身份建立在原始的平等观念之上,城邦的法律保障公民免遭暴力的侵袭,巩固合法成员间基本的相互尊重,希腊的思想家注意到以男性暴力为基础的"勇气"会危及到城邦的统治,出于这个原因,希腊的思想家将"勇气"与"平等"(ισονομία)联系在一起,将"勇气"辅以"正义"与"自我克制"的美德。[③] 希波战争之后,雅典建立海上帝国,雅典人迎来了民主政治的黄金时期,这座以民主自诩的城邦走上了谋求霸权的道路。此时,雅典人对于"勇气"的讴歌,不再出于希波战争以来捍卫希腊和平与自由的传统观念,鼓吹男性气质中的军事品性主要是为了服务雅典帝国的霸权。修昔底德批判雅典的民主政治中充斥着大男子主义,以平等和城邦优越性的名义,将正义置于同盟内部的不平等之上。[④]

经过伯罗奔尼撒战争的浩劫,雅典海上帝国的霸权走向衰落,伯里克利时期民主政体的黄金时代也已经成为过去,雅典城邦内部起义不断,阴谋政变、党派斗争激烈,民主的信念已在风雨飘摇之中。与此同时,公民兵制度也开始逐渐走向破产,富有公民组成的重装步兵在战争中也备感没落。一个不争的事实是,那些富有的公民在军事和政治生活中都面临着巨大的男性危机,传统话语中强调"勇气"的公民精神已不再适合于这一时期精英男性的自我定位。在老寡头的《雅典政制》中,普通民众比出身良好的人更加热衷于对外征战,而雅典的海军也远比政治上更加保守的重装步兵阶层更酷爱侵略,谋求财富与战利品。[⑤] 在柏拉图的《理想国》中,一名黝黑消瘦的穷人出身的士兵嘲笑一旁白白胖胖的富人士兵,他们在作战中表现不如穷人,引起了穷人士兵的蔑视。[⑥] 这一幕发生在柏拉图描述的民主政体下,而贤人政体并不热衷于对外作战,卫士阶层的职责在于守卫正义的城邦。面对

① Plato, *Laws*, 12. 963e.

② Plato, *Republic*, 2. 361b; *Protagoras*, 329e; *Gorgias*, 491a – 492b.

③ Ryan K. Balot, "Subordinating Courage to Justice: Statecraft and Soulcraft in Fourth-Century Athenian Rhetoric and Platonic Political Philosophy", *A Journal of the History of Rhetoric*, Vol. 25, No. 1, 2007, pp. 37 – 38.

④ *Thucydides*, 2. 39 – 40.

⑤ Pseudo-Xenophon, *Constitution of the Athenians*, 1. 2.

⑥ Plato, *Republic*, 8. 556e.

狂热的民众与失序的城邦，柏拉图所代表的正是精英男性在异己面前体现的男性焦虑：

> τούτων δέ γέ που κενώσαντες καὶ καθήραντες τὴν τοῦ κατεχομένου τε ὑπ᾽ αὐτῶν καὶ τελουμένου ψυχὴν μεγάλοισι τέλεσι, τὸ μετὰ τοῦτο ἤδη ὕβριν καὶ ἀναρχίαν καὶ ἀσωτίαν καὶ ἀναίδειαν λαμπρὰς μετὰ πολλοῦ χοροῦ κατάγουσιν ἐστεφανωμένας, ἐγκωμιάζοντες καὶ ὑποκοριζόμενοι, ὕβριν μὲν εὐπαιδευσίαν καλοῦντες, ἀναρχίαν δὲ ἐλευθερίαν, ἀσωτίαν δὲ μεγαλοπρέπειαν, ἀναίδειαν δὲ ἀνδρείαν.[①]

> 他们举行宏大辉煌的入城仪式，打开城门，迫不及待的召回过去流放的玩世不恭、混乱无序、奢侈放纵以及漫无约束。他们赋予这些恶德以荣耀，为它们带上花冠，让歌队簇拥着它们前进，为它们大唱赞歌，掩饰它们真正的本性：把毫无约束称作博学多才，无秩序称作自由，奢侈放纵称作富丽堂皇，并且将恬不知耻称作勇气。

在柏拉图看来，民主政体鼓吹男性的冒险与贪婪，挑战城邦正义的秩序。所谓"勇气"的美德破坏了雅典社会井然有序的父权统治，这种颠覆的社会性别秩序侵蚀着公民的美德，一并遭受威胁的还有自由人的身份。

> πατέρα μὲν ἐθίζεσθαι παιδὶ ὅμοιον γίγνεσθαι καὶ φοβεῖσθαι τοὺς ὑεῖς, ὑὸν δὲ πατρί, καὶ μήτε αἰσχύνεσθαι μήτε δεδιέναι τοὺς γονέας, ἵνα δὴ ἐλεύθερος ᾖ· μέτοικον δὲ ἀστῷ καὶ ἀστὸν μετοίκῳ ἐξισοῦσθαι, καὶ ξένον ὡσαύτως.[②]

> 父亲与儿子一样，甚至惧怕儿子，儿子也权同他的父亲，并且不惧怕他们的父母，似乎只有这样，他们才能算上一个自由人。外来依附者认为他们跟公民平等，公民也认为他们和依附者平等；外邦人和本帮人彼此也没有区别。

雅典的民主政体使得下层民众掌握了话语权，而反过来，如果下层民众丧失了政权，上层阶级会建立满足本阶层利益的政体。[③] 民主政体维护下层男性公民的利益，而柏拉图倾向的贵族政体则代表了男性精英的利益。柏拉图对于不同政体下男性气质的建构，反映了公元前五世纪末雅典民主政体陷入短暂的失序，精英男

---

① Plato, *Republic*, 8.560d-561a.
② Plato, *Republic*, 8.562e-563a. 对于这种性别秩序的颠覆详见《理想国》第四卷，从贤人政体到僭主政体，雅典社会男人和女人、父亲和儿子、精英与民众，自由民与奴隶之间的关系发生了全然的颠倒。
③ 黄洋：《"雅典革命论"与古典雅典政治的建构》，《历史研究》2012年第5期，第171页。关于雅典城邦制度及其阶级关系和经济基础也可参见黄洋：《雅典民主政治新论》，1994年第1期，第60—66页。

性利用雅典民众对于男性统治的话语认同攻击民主制度,底层民众在军事活动中鼓吹的"勇气"成为了不正义的大男子主义。

与希波战争之后雅典所滋长的帝国情绪所不同,公元前四世纪的演说家开始频繁地提到"勇气"与"正义"之间的关系,他们想要将公元前四世纪的雅典城邦与这种不正义的"勇气"撇开关系。① 吕西阿斯在他发表的葬礼演说的结尾,援引了雅典人战胜阿玛宗女战士的传说,"由于高昂的斗志,习惯上她们被看作男人,而不是从天性出发把她们看作是女人(ἐνομίζοντο δὲ διὰ τὴν εὐψυχίαν μᾶλλον ἄνδρες ἢ διὰ τὴν φύσιν γυναῖκες)。"②阿玛宗人的善战品性是为了满足她们侵略的欲望与奴役他人的野心,阿玛宗人的女性身份并非生理意义上的性别,而是社会文化上的性别。"她们遇见了优秀的男人,她们的灵魂就变得和她们的天性一样,她们所获得的荣誉与之前相反,由于她们的凶险而不是她们的身体,她们被视作是女人(τυχοῦσαι δ' ἀγαθῶν ἀνδρῶν ὁμοίας ἐκτήσαντο τὰς ψυχὰς τῇ φύσει, καὶ ἐναντίαν τὴν δόξαν τῆς προτέρας λαβοῦσαι μᾶλλον ἐκ τῶν κινδύνων ἢ ἐκ τῶν σωμάτων ἔδοξαν εἶναιγυναῖκες)。"此时,不正义的"勇气"具有了阴柔的属性,而雅典男性所独具的正义的品性是真正的男子气概。

吕西阿斯与上文我们提到的修昔底德(3.82.4)与柏拉图的文本都发生在敌对城邦激烈冲突的军事语境下,任何退却和畏惧都会被指责为没有男子气概。而柏拉图所面对的是一个战败的、政局动荡的雅典,在此期间野心勃勃的政治家亚希比德更是鼓吹战争中的男子汉气概,远征西西里的失败使雅典付出了惨重的代价,而亚希比德本人更是几经反复投靠斯巴达与波斯。苏格拉底也因此事受到牵连,新建立的民主政府控告苏格拉底腐蚀青年人,不信城邦的神,另立新神,并最终判处苏格拉底死刑。这些都极大地触动了柏拉图反思雅典社会男性气质话语中强调"勇气"的传统,他对于以身体暴力定义男性的传统充满疑虑。这种反思既是伯罗奔尼撒战争之后,雅典帝国霸权的远去引发青年一代普遍的迷茫,同时也是柏拉图个人经历以及保守的政治倾向使然。

四、结语

公元前五世纪末至公元前四世纪初,雅典城邦经历着民主制度建立后最为严重的社会危机,对内政治动荡,对外军事失利。雅典民主政治的失序引发深刻的阶级变化,而帝国霸权的衰落也动摇了雅典人长久以来对于城邦的自信。对于雅典

① A. O. Rorty, "The Two Faces of Courage", in Rorty, *Mind in Action: Essays in the Philosophy of Mind*, Boston: Beacon Press, 1988, pp. 299 - 313.
② Lysias, *Funeral Oration*, 2. 4 - 5.

人而言,这次危机既是旷日持久的政治危机、军事危机与文化危机,同时也是一场充满焦虑与恐惧的男性危机。

公民与男性身份互为表里,民主政治本质上是一种男权统治。城邦的制度塑造着雅典人独一无二的男性气质,而男子汉精神也深刻地关涉到城邦的命运。在雅典成为一名理想的男性,意味着成为一名敢于牺牲、英勇作战的士兵,一位遵守法律、理性克制的公民,一个照顾家业、富有威望的家长,一个摆脱稚气、独立自主的成年人。雅典社会的男性气质既存在着某种身份认同上的共识,不同形态的男性气质之间也存在着激烈的冲突与碰撞。

在城邦的语境之外存在着一个更悠久、同时在希腊世界乃至人类历史上更普遍的以战争定义男性的传统。军事战斗的环境最能证明男性气质,男性的身份要求每一位男性在战争中证明自己的男子气概。军事语境下的男子气概伴随着雅典帝国霸权的兴衰被反复塑造。在雅典,不同的政治立场与经济地位都深刻地影响着对待男性气质的不同态度。

在柏拉图的对话中,我们已经看不到荷马史诗中的高度的英雄气概,战士的骁勇善战也不再是哲学家心目中男性的最高荣誉。男子汉的"勇气"既可以是英勇无畏、不惧牺牲、在战争与公共事务中建立功业的男性美德,也可以是粗暴蛮横、鲁莽冲动、危及城邦的大男子主义。在解剖他者的同时,柏拉图所维护的却是希腊社会根深蒂固的男权文化,他并没有拒绝或否定希腊社会中男性气质合理成分——"节制""勇气""智慧"与"正义"。相反,他一再定义、改良以及维护这些男性美德。①

柏拉图所批判的是男性气质在他心目中所谓不正义的成分,他对于"勇气"的超越,反映了公元前五世纪到公元前四世纪特定的历史背景下,雅典精英阶层对于男性气质的重新建构。妇女、儿童、社会阶层低下的男性以及那些作为敌对者的男性,永远是雅典男性公民身份认同中的一面文化的棱镜。

作者简介:

杨凡,男,复旦大学历史系博士研究生,上海师范大学人文与传播学院历史学硕士。

---

① Wendy Brown,"Supposing Truth Were a Woman: Plato's Subversion of Masculine Discourse", *Political Theory*, vol. 16(4),1988, pp. 594 - 616.

男子气概视阈下的中世纪教士独身制

李　腾

摘　要：社会性别概念自 20 世纪 70 年代提出以来,在历史学研究领域中逐渐成为阶级和民族之外的另一个重要分析范畴。相对而言,中世纪史学界对社会性别理论的运用正处于方兴未艾时期,相关研究领域具有广阔前景。中世纪盛期,天主教会教士独身制的建立为西欧社会的圣俗分野提供了根本性基础。然而,过去对独身制的研究主要集中在教会法条文的梳理和教会改革的内在理路方面,较少关注这一改革中所呈现的社会性别维度,而"男子气概"概念的引入为我们重新审视教士独身制提供了重要的切入点。中世纪时期的男子气概主要体现为作为对妇孺、家庭和国家的保护者,以及使妇女受孕、繁衍后代的能力,而在推行教士独身制的过程中,教士身上的男子气概则被刻意抹去了,从而在社会性别的意义上形成了男女之外的"第三性"。作为生物学意义上男性的教士承受着教会所施加的身体规训和管理,同时也影响了欧洲社会性别意识在前工业化时代的建构过程。

关键词：男子气概;教士独身制;中世纪盛期;身体规训

产生于 20 世纪 70 年代的社会性别概念,对社会科学研究产生了巨大影响,并逐步进入到历史学研究领域之中,成为与阶级和民族同等重要的社会制度分析基本范畴。[1] 社会性别是文化建构的一种重要方式,表明社会构建中男女两性的不同社会分工,以及社会规范加于男女两性身上的角色特征。社会性别理论最早也最广泛地应用于妇女史研究领域,并促进了性别史与男子气概研究的勃兴。

在西方古典历史研究领域,对社会性别视角的自觉运用已经蔚为大观。[2]　相

---

① J. Scott,"Gender: A Useful Category of Historical Analysis", *American Historical Review*, vol. 91 (1986), pp. 1053 – 1075.

② 裔昭印:《西方古典妇女史研究的兴起与发展》,《世界历史》2014 年第 3 期;《当代史学变革中的西方古典性史研究》,《历史研究》2017 年第 3 期。

对而言,中世纪学界对于社会性别理论的运用则相对较少,而且理论界对于中世纪时期也相对比较生疏,从而导致了一定程度上的忽视。从 20 世纪七八十年代以来妇女与性别史的研究梳理中,史学界兴起了关于第三性的探讨并引发了诸多争论,但也并未将之与中世纪的语境相结合或运用到中世纪历史当中。[①] 国内学界早在 21 世纪初就已经开始将社会性别的视角运用到中世纪时期,但相对而言,过去的研究往往更聚焦于妇女史、厌女症、女巫迫害等问题,而且时间跨度常常要延伸到古代晚期或者近代早期。[②]

西方学者从 20 世纪 90 年代开始试图将社会性别理论运用到中世纪研究领域,并认为,将社会性别作为一种全新的历史分析范畴,可以为传统问题的探讨与研究提供新的路径,呈现出中世纪欧洲社会生活的多重面相,并为理解中世纪的宗教文化和传统习惯提供新的切入点。[③] 随着研究的逐渐深入,学者们逐渐达成共识,认为要描绘一个更为完整的欧洲中世纪社会性别图景,单纯聚焦于女性是远远不够的。借助于将"男子气概"的概念引入到这个时期,并通过分析其具体历史语境中的各种表现,中世纪社会性别的图景才会变得更加清晰。

除了大量世俗人群之外,中世纪欧洲最为独特的就是被教会要求恪守独身制的教士与僧侣群体,而中世纪时期的天主教教士和僧侣的独身制度改革中所存留的大量资料也为我们进一步以男子气概等性别理论工具描绘中世纪历史的新画面提供了丰富的材料。对中世纪天主教教士和僧侣独身制的传统研究主要关注于教会法的演进和作为教士纪律整肃的教会改革。[④]

[①] 事实上,相关经典的理论研究常常以古典希腊——罗马为代表,但完全没有涉及到中世纪时期,比如 G. Herdt, ed., *Third Sex, Third Gender: Beyond Sexual Dimorphism in Culture and History*, New York: Zone Books, 1994。

[②] 相关研究可参见裔昭印等著:《西方妇女史》,商务印书馆,2009 年;徐善伟:《男权重构与欧洲猎巫运动期间女性所遭受的迫害》,《史学理论研究》2007 年第 4 期;李桂芝:《中世纪欧洲厌女主义的发展及其影响》,《史学理论研究》2016 年第 4 期;徐善伟:《女性因为成为近代早期猎物运动的主要受害者》,《历史研究》2015 年第 5 期。

[③] 最早提出在中世纪领域系统使用性别理论观念的参见 J. L. Nelson, "Family, Gender and Sexuality in the Middle Ages", in M. Bentley ed., *Companion to Historiography*, London: Routledge, 1997, pp. 153 –176。

[④] 独身制的经典研究参见 H. C. Lea, *History of Sacerdotal Celibacy in the Christian Church*, 2 vols, London and New York: Macmillan, 1907; J. E. Lynch, "Marriage and Celibacy of the Clergy, The Discipline of the Western Church: An Historical and Canonical Synopsis", Part 1, *Jurist*, vol. 32 (1972), pp. 14 – 38; Part 2, *Jurist*, vol. 32 (1972), pp. 189 – 212; Pierre J. Payer, *Sex and Penitentials: The Development of a Sexual Code 550 –1150*, Toronto: University of Toronto Press, 1984; Carl Olson, eds., *Celibacy and Religious Traditions*, New York: Oxford University Press, 2008; Helen Parish, *Clerical Celibacy in the West: c. 1100 – 1200*, Farnham: Ashgate Publishing Limited, 2010。然而,这些作品主要还是延续传统的教会改革研究模式,几乎完全没有涉及到男子气概与社会性别理论。

　　从 20 世纪 90 年代以来，已经有学者开始关注这个问题并展开相应的讨论。1994 年，卡莱尔·利兹主编的《中世纪男子气概：关于中世纪时期的男性》是第一部讨论中世纪男子气概的论文集，其中收录了若干对性别理论在中世纪时期运用的初步尝试。① 1999 年，哈德利主编的《中世纪欧洲的男子气概》则进一步阐发了这一理论视角在探究个别群体、区域上运用的可能性。② 值得特别注意的是，英国中世纪史学家罗伯特·斯旺森教授在《天使现身：从格里高利改革到宗教改革的教士与男子气概》中，在男子气概的基础上提出了一个有趣的概念——"emasculinity"，其中作为前缀的"e"来自于"阉人"（eunuch），因此这个词或可译为"阉割掉的男子气概"。当然，此处所言是一种灵性阉割，是指教士在生物学上作为男性而又在社会角色上尽量淡化其男性特征的奇怪结合。③ 他还在另一项研究中指出，教士在生理和文化上的男子气概，对他们在宗教礼仪和社会生活中的无性别角色造成了很大的障碍，因此教会当局对他们回归男性行为倾向时刻保持高度的警惕。④ 珍妮弗·蒂博多则将视野聚焦在教士和僧侣群体身上，最先将男子气概这一概念运用到修道人群体中，标志着中世纪教士群体研究新阶段的开始。⑤ 蒂博多在 2015 年出版的新书则聚焦于诺曼征服到 13 世纪末的英格兰和诺曼底，以探讨教士独身和男子气概的关系，并将之与当时的整个教会改革联系在了一起。⑥

　　可见，相对于传统的研究视角而言，以社会性别研究的视角来重新探究中世纪的教士独身制能呈现出独特面向。因为在教士独身制的推行过程中，这场革新教会管理模式、整肃教会管理纪律的运动实际上体现了教会对教士的性别规训，甚至造成了其生物性别与社会性别之间的扭曲，而这种扭曲为我们理解教士独身制的历史影响、中世纪时期教士身份认同和挣扎以及重建中世纪欧洲社会性别关系图景都能提供一个不同于以往的研究进路。有鉴于此，笔者在本文中将结合西方学

---

① Clare A. Lees, ed., *Medieval Masculinities*: *Regarding Men in the Middle Ages*, Minneapolis and London: University of Minnesota Press, 1994.

② D. M. Hadley, ed., *Masculinity in Medieval Europe*, London: Addison Wesley Longman Limited, 1999.

③ R. N. Swanson, "Angels Incarnate: Clergy and Masculinity from Gregorian Reform to Reformation", in Dawn Hadley, ed., *Masculinity in Medieval Europe*, London and New York: Routledge, 1999, pp. 160 – 177.

④ R. N. Swanson, "Before the Protestant Clergy: The Construction and Deconstruction of Medieval Priesthood", in C. Scott Dixon and Luise Schorn-Schutte, eds., *The Protestant Clergy of Early Modern Europe*, New York: Palgrave Macmillan, 2003.

⑤ Jennifer D. Thibodeaux, ed., *Negotiating Clerical Identities*: *Priests, Monks and Masculinity in the Middle Ages*, New York and Basingstoke: Palgrave Macmillan, 2010.

⑥ Jennifer D. Thibodeaux, *Clerical Celibacy*, *Masculinity, and Reform in England and Normandy 1066 – 1300*, University of Pennsylvania Press, 2015.

界过去二十余年的探索,基于中世纪盛期教士独身制的历史资料,对相关问题进行初步反思,以求教于方家。

一、中世纪教士男子气概的悖论

德里克·尼尔(Derek Neal)指出,从 20 世纪 90 年代初期社会性别研究在历史学界兴起以来,中世纪学者的整体投入程度远不及古典学和 16—18 世纪领域的研究者们。他敏锐地察觉到,教士的"男子气概"研究可以开辟一个新的领域,将男子气概的研究推向性别史研究的中心,并进一步将性别史研究推向历史研究的中心。[①]

在中世纪社会性别图景和男子气概问题的阐释上,乔·安·麦克纳马拉(Jo Ann McNamara)的研究为这个领域的拓展奠定了坚实的基础。在对中世纪盛期的西欧社会性别体系重构中,麦克纳马拉以"*Herrenfrage*"(男性问题)这个术语对 1050 年到 1150 年的西欧社会性别体系进行了重构,并指出西欧社会在这一时期经历了广泛而深入的社会性别体系重构。这个术语本身与 20 世纪中后期德语世界流行的"*Frauenfrage*"(女性问题)相对应,她对之进行了延伸和改造,用以解释 11 世纪中期以来作为男性的教士所面临的男子气概上的危机。[②]

首先,中世纪世界中的男子气概主要表现在两个层面上。第一,在社会性方面,男性是家庭、领主和王国的保护者,他们要用自己的劳动、体力尤其是武力来完成这一社会角色的任务。第二,在生物性方面,他们的男子气概主要表现在能够使女性怀孕上。[③] 对贵族而言,男子气概展现得最为明显:一方面要生育子嗣,传承贵族血统、爵位和遗产;另一方面也要通过使用武器和暴力,履行对封建主的军事义务,并保护自己的亲眷、子女和封臣。在中世纪盛期(11 世纪—13 世纪),贵族所展现出的男子气概形象不仅广泛存在于各种编年史文献当中,更大量地体现于拉丁文学和各种方言文学当中,尤其是随着骑士文学的兴起和典雅爱情的理论化,对于男子气概的双重界定也成为了我们认识中世纪社会性别图景的重要理路。[④]

其次,中世纪西欧作为一个具有明确圣俗分野的两元社会,教士的社会性别身份显得十分特殊。11 世纪—12 世纪的西欧社会面临着重大的社会变化,尤其是随

---

① Derek Neal, "What Can Historians Do with Clerical Masculinity? Lessons from Medieval Europe", in Jennifer D. Thibodeaux, ed., *Negotiating Clerical Identities*, p. 16.

② Jo Ann McNamara, "The *Herrenfrage*: The Restructuring of the Gender System, 1050 - 1150", in C. A. Lees, ed., *Medieval Masculinities: Regarding Men in the Middle Ages*, pp. 3 - 30.

③ V. L. Bullough, "On Being a Male in the Middle Ages", in C. A. Lees, ed., *Medieval Masculinities: Regarding Men in the Middle Ages*, 1994, p. 34; R. N. Swanson, "Angels Incarnate", pp. 168 - 169;

④ 徐善伟:《典雅爱情的特征及其社会影响》,《上海师范大学学报(哲学社会科学版)》2003 年第 6 期。

着地方豪强战争的逐渐结束和城市文明的再度复兴,原先对孔武有力者的崇敬越发转向了对知识学问的推崇,即使伴随着十字军东征的开展,军事方面展现的男子气概再度成为社会敬仰的模式,但教会对整个社会组织的领导力仍然逐渐超越于传统的军事领袖而达到顶峰。

再次,天主教会为了维系神学意义上的圣事纯洁性和号召力,从 11 世纪中期开始了一场针对在俗神父(指没有加入修会者)强制性独身的活动。其目的一方面在于强化教会内部的纪律与规训,另一方面也是强化神圣与世俗群体之间区隔的重要手段。从 1050 年利奥九世的罗马会议和兰斯会议,再到乌尔班二世时期的第一次十字军东征号召,教会高层一直反复强调教士独身制的重要性。一直到 12 世纪上半叶的第一次和第二次拉特朗大公会议,教士独身制通过教会法的形式完全确立下来,要求全体教士凡是四品以上者,都应当遵循完全的禁欲要求,并在具体生活中离弃与自己"非法姘居的妇女",这些教士所生养的子嗣则受到威胁,面临着无法享有继承权、丧失自由民身份甚至贬为奴隶的危险。① 这场运动在很大程度上违背了西欧社会在过去几个世纪的实际情况。虽然教会法令一直对神父的独身有明确的要求,但在欧洲很多地区这一禁令几乎从未得到彻底贯彻。因此,当教宗格里高利七世于 1074 年在罗马主持主教会议号召平信徒抵制已婚神父的弥撒时候,这一教令立即受到了巴黎主教会议的明确抵制,认为这种要求违背于人的本性和理性原则。②

最后,传统研究中往往将强制的教士独身制视为罗马教廷强化自身权力的重要表现,并由此引申出政教之争的前奏。但采取性别理论,尤其是男子气概的路径去反观这些历史问题,则可以看出教会所推行的教士独身制可以被视为去除教士身上男子气概的努力,以使其呈现出一种无性别状态,类似于灵性体存在的天使形象,进而彻底划分圣俗之间的分野。

就教士独身制与男子气概的关系而言,也可以从生物与社会性别两个层面加以阐释。第一,就生物性别而言,整个教士阶层均为男性,但他们既不从事战斗也基本上不从事劳动,既不被允许与女性发生性行为,更不必说孕育子女、建立家庭。11 世纪中期以来的教会改革特别强调,所有四品以上的副执事、执事、神父等都需要完全地禁欲或守贞,将独身作为成为教士、接受祝圣的先决条件,从而使其无法行使自身作为男性的生物性活动。同时,从早期的教会法令就规定所有神职人员都禁止携带武器或采取暴力活动,因此也就从根本上断绝了他们从事战斗性活动

---

① Kathleen G. Cushing, *Reform and the Papacy in the Eleventh Cnetury: Spirituality and Social Change*, Manchester: Manchester University Press, 2005, pp. 125 – 127.

② U-R. Blumenthal, "Pope Gregory VII and the Prohibition of Nicolaitism", in Michael Frassetto, ed., *Medieval Purity and Piety*, New York and London: Garland Publishing, 1998, p. 240.

的可能。通过这些禁令,教士团体就与世俗社会的其他男性之间形成了一道明确的屏障。

在第二个层面,也就是社会性别层面上而言,教士们作为教友的牧养者和教会的管理者统治着人们的宗教生活和精神世界,被教徒们视为灵性上的"父亲"。正如 11 世纪教会改革家彼得·达米安采取的经典比喻,假如一个身为"父亲"的教士同身为"女儿"的教友发生了性关系,其不仅违背了教会纪律,更应当被视为一种乱伦:

> 如果父亲和女儿有乱伦的行为,他将会被逐出教会,剥夺领受圣体的权利,会被投入监狱或流放异域。然而你,结婚了的神父,所犯下的不单是肉体的罪恶,更严重且应受到更为严厉惩罚的灵性上的乱伦罪过。你们要知道,你们是教会的配偶,正如你们的戒指和权杖所表明的,那些因洗礼圣事而重生于教会中的人,就是你的孩子。如果你和你精神上的女儿有了乱伦的关系,你的良心怎能让你敢于去接触上主身体的奥迹呢?①

在中世纪盛期,这些教士在理论上被认为应当完全摒弃男子气概的传统表现,教会因此必须为这种"不准发生性行为"且"不能使用武力"的"无性别"男性在当时的社会性别体系中找到一个位置。麦克纳马拉认为,这种强制的教士独身制不仅是一种对教会纪律的落实,更直接推动了中世纪盛期"男子气概"内涵的重塑。独身制使教士阶层从男女划分中摆脱出来,并建构了一种新的人性范式,从而使这些男性可以充当所有的性别角色。② 在她看来,新近被要求独身的教士阶层重塑了社会性别系统,从而在新公共领域中的各个方面都能确保男性的统治。③ 神圣与世俗之间划分的核心就在性关系方面,而对于性的罪恶性和污染性等负面因素的强调,也将教士置于一种更高的道德平台之上。④

初看起来,教士本身展现了一种"近乎女性化的男性角色",然而从另一个角度来看,这更是创造了一种"教士男子气概"的概念。在这个体系中,男子气概并不体现在一场真正的战争中,而是体现在与人类的肉体欲望以及魔鬼相对抗的精神战争上。教士们不进入世俗家庭和社会生活,而是以教会为家庭,通过自己与教会以

① Peter Damian, *De Celibatu Sacerdotum*, III; PL 145,385A. 关于达米安对教士婚姻的看法,可参见 Kathleen G. Cushing, *Reform and the Papacy in the Eleventh Century: Spirituality and Social Change*, Manchester: Manchester University Press, 2005, pp. 121–125。
② Jo Ann McNamara, "The *Herrenfrage*", pp. 21–22.
③ Jo Ann McNamara, "The *Herrenfrage*", p. 11.
④ Ruth Mazo Karras, *Sexuality in Medieval Europe*, New York: Routledge, 2005, pp. 44–45.

及作为教会之头的耶稣基督的结合形成超越的灵性家庭,其子女就是所牧养的教友。[①]

社会性别的视野的分析在这里也与中世纪盛期政教之争的经典分析相契合。格尔德·特伦巴赫(Gerd Tellenbach)精辟地指出,政教之争的背后是对整个基督教世界秩序的解释和对这一秩序领导权的争夺。[②] 因此,这场争夺可以被解释为已婚者和独身者之间对社会秩序管辖权的争夺,结婚并繁育子嗣的贵族和保持终身独身的教士对于世界秩序的认识不可避免地打上了他们自身生活方式的烙印。

二、教士厌女症与教士跨性别

在对中世纪教会研究中的性别理论运用常常会涉及到教士厌女症(clerical misogyny),似乎教士厌女症演化成了一种文化定式。事实上,这种厌女症可以被视为对教士圣洁生活带来威胁的性别化回应,这在本质上反映了一种对性本身的恐慌:女性不仅被视为导致教士灵魂丧亡、行为失检的洪水猛兽,甚至这些妇女本身被视为"强奸犯"和诱惑者。即使那些与教士缔结了婚姻契约的妇女,也常常在教会法典中被斥责为姘居者或"不合法的妇女"。[③] 威尔士的杰拉德曾经将不合法的姘居视为神父们的厄运,并认为这些女性会给他们的生活带来巨大困扰和经济损失:

> 因为她们掠夺你的金钱和财产,而你又将那些本应该装饰教堂和帮助穷人的钱都花在了她们身上……她们同时也掠夺了你们在整个王国内的好名声和荣耀,因为她们,你们不能在你们的长上、你们的恩主甚至你们的堂区教友面前抬头挺胸,在那些教友面前,你们的权威变得一文不值……你们因为身体

---

① Megan McLaughlin, "Secular and Spiritual Fatherhood in the Eleventh Century", in *Conflicted Identities and Multiple Masculinities*, pp. 25 - 44; Jennifer D. Thibodeaux, "Man of the Church, or Man of the Village? Gender and the Parish Clergy in Medieval Normandy", *Gender and History*, 18 (2006): pp. 380 - 99.

② Gerd Tellenbach, *Church, State and Christian Society at the Time of the Investiture Contest*, Oxford: Oxford University Press, 1959, p. 162.

③ 如在 1059 年的罗马主教会议上,尼古拉斯二世协同一百多位主教宣布:"任何人不得参与那些他们确知有姘妇或不合法女人之神父的弥撒。因此之故,此神圣会议宣布下列人等皆处于绝罚之威胁中,包括:凡神父、执事、副执事,在至圣教宗利奥九世、我们蒙福恩铭记的前任颁布关于教士贞洁宪章后,仍公开与姘妇结合者,又或其不遣散其原先已婚配者,不得举行弥撒,亦不准读福音或宗徒书信。此为我们代表全能之天主,并以蒙福之伯多禄及保禄宗徒之权威宣布和禁止的。上述诸人亦不得以服从上述法令者同在唱诗班中颂唱日课,在我们对他们做出法律裁决之前,上述诸人也不得再获得教会之薪俸。愿天主旨意承行。"原文见 P. Jaffe, *Regesta pontificum Romanorum ab condita ecclesia ad annum post Christum natum MCXCVIII*, 2 vols, Leipzig: 1885 - 1888, pp. 4405 - 4406。

这可羞耻的部分而失去了天堂,而你们所有的这些勾当并不是你们的个人权利,更将不会永远是你们的。①

不难看出,这里不仅提到了女性对这些教士的诱惑及其带来的恶果,更直截了当地指出这些罪恶都源于教士们可耻的欲望。这种欲望原本属于他们的本能,但是在进入教士团体,成为"我主身体和宝血"的献祭者时,这一切生物性的本能都应当被完全地摒除。

在讨论"教士厌女症"时,另一个相对忽视的问题是女性修道人与男性修道人在修行、礼仪等方面的差异。一般而言,修女们的女性特征得到了教会广泛的承认,在过集体生活之时,她们的会规中对生理期等问题有专门的讨论和关注。事实上,女性宗教修行者仍旧处于传统的三层社会身份划分中,亦即所谓贞洁者、已婚者和寡居者。在教会传统中,这些守贞者们常常被称为"基督的新娘",在修女的发愿典礼中都会让其穿上婚纱以表示自己嫁给了基督而成为基督的新娘。因此,从这个意义上来说,作为平信徒的修女仍然被允许保留其性别特征。

与女性的宗教修行者相比,男性教士所面临的情况更为窘迫,男子气概传统因素的伸张遭受了教会法律的抵制和强制规训。教会法典一般规定男性到18岁时可以接受祝圣成为副执事(五品),19岁成为执事(六品),24岁则可以接受圣秩圣事成为神父(七品)。在这个年龄段上,他们本身的性别认同事实上已经形成了。于是,教士独身制的要求就是让他们放弃在此前可能已经建立起来的天然的性别认同。② 在男性教士的发愿典礼中,则是整个身体匍匐在地,表示放弃自我、跟随基督,其中所放弃的自然也就包括他们的男子气概及其所衍生出来的所有行为。作为男性的教士对于性行为的拒斥、对于子嗣出现可能性的否弃,实际上就是对中世纪语境中男子气概的全盘放弃。这些被期望于成为天使的教士本身仍是男性,并未真正地接受阉割,教会纪律的要求和他们的生物本能之间形成了巨大的张力。我们在许多资料中看到,夜晚的梦遗、晨勃以及其他的一些男性生物特征行为给中世纪的隐修士们带来了极大的困扰,当他们在告解亭中忏悔自己罪过的时候,也仍

---

① Gerald of Wales, *The Jewel of the Church*, trans. John J. Hagen, Leiden: Brill, 1979, pp. 137-138, 144.

② 以常理忖之,二十岁年纪的少年即使没有过性经历也很难完全摆脱生物本能的影响。因此,即使从小在隐修院中长大的幼年修行者,成年后也仍然会面临着类似的问题。对性的焦虑与挣扎心态在中世纪时期也是一个普遍的现象。参见 John H Arnold, "The Labour of Continence: Masculinity and Clerical Virginity", in Anke Bernau, Ruth Evans and Sarah Salih, eds., *Medieval Virginities*, Cardiff: Cardiff University Press, 2003, pp. 102-118。

然继续沿用着男子气概的词汇,可却要对本能的男子气概表现表示痛悔和反对。①

这种张力下的教士性别身份界定就引发了关于中世纪"第三性"的探讨。如上文所说,罗伯特·斯旺森最早提出了这种理解的可能性,大卫·达夫雷(David D'Avray)则延续了斯旺森的观点,进一步阐释了中世纪的教士如何构成了社会图景中的第三类性别。② 杰奎琳·莫里(Jacqueline Murray)认为教士独身并非第三性的唯一表现,终身守贞和婚内守贞也应当被算作这一类别当中。③ 然而,笔者认为莫里的解释扩大了性行为和社会性别界定之间的关系。对于女性来说,即使出家修行或者在家守贞,其本身还是被当作女性来看待,即使有一些女修院院长或者女性的战士出现,并不足以使这个群体成为一种与独身教士相提并论的社会群体。而在婚姻内的守贞也只是将目光聚焦于性行为的实施本身,而在社会性别意义上并没有真正造成与其本身生物性别认同之间的矛盾。因此,笔者在此处赞同斯旺森等人的意见,认为在中世纪时期只有教士群体(也包括隐修院的僧侣们)才是社会图景中的第三性。④

麦克纳马拉指出,在整个社会中一个重要的男性群体"从制度上被隔绝于婚姻就引发了对于男子气概的内在、持久性质疑",如果一个男人不能发挥其最为明显的生物性男性能力,他如何可以被称为一个男人?⑤ 这种困境的解决一方面源于对教士精神之战的荣耀,另一方面也来源于对女性"致命吸引力"之威胁的感受。然而,这就形成了一个吊诡的现象,亦即需要严守独身誓约的教士与女性相比反而成为了更为弱势的群体,而这种弱势的一个核心原因则在于教士作为一个"无性群体"被从精神上"阉割了"自身本有的男子气概。可在一个更为真实的生活环境中,即使平信徒们也希望教士们能够在道德操守上完美无瑕以保证圣事的有效性,在实际生活中却大多对这些独身的在俗教士充满敌意,认为他们可能对自己的妻子、女儿形成威胁。尤其是在中世纪晚期的时候,许多民间文学当中都有好色教士的形象,而对他们的描绘也具有脸谱化的特征。

所以,厌女症和反教士主义(anti-clericalism)不仅成为了一体两面,且都是一

---

① Jacqueline Murray, "Masculinizing Religious Life: Sexual Prowess, the Battle for Chastity and Monastic Identity", in P. H. Cullum and Katherine Lewis, eds., *Holiness and Masculinity in the Middle Ages*, Toronto: University of Toronto Press, 2005, pp. 24 – 42.

② David D'Avray, *Medieval Marriage: Symbolism and Society*, Oxford: Oxford University Press, 2007, p. 89.

③ Jacqueline Murray, "One Flesh, Two Sexes, Three Genders?" in Felice Lifshitz and Lisa Bitel, eds., *Gender and Christianity in Medieval Europe*, Philadelphia: University of Pennsylvania Press, 2008, pp. 48 – 49.

④ 当然,在中世纪人的思想体系当中,完全没有第三性概念的存在空间,使用第三性这个观念加以分析是为了更清晰地凸显出教士男性身体与独身制之间的张力。

⑤ Jo Ann McNamara, "The *Herrenfrage*", pp. 5 – 7.

种性别化的回应(gendered response)。除了上文提及的教士以灵性战争和灵性家庭的方式来展现男子气概之外,更造成了中世纪教士的一种跨性别趋势。

所谓跨性别行为,指的是人们在社会行为中体现出一般归属于对立性别的角色行为。中世纪西欧从整体上来说是一个尚武社会,骑士精神浸润下的欧洲人对于男性的女性化倾向抱有很强鄙视,甚至常常强迫战败的俘虏身穿女装以示羞辱。可在这样一种背景下,教士阶层却呈现出与中古西欧崇尚的男子气概所不同的特征,其男性特征甚至要在外貌、服装乃至行为上加以约束,导致生物学上的 sex 和社会性别意义上的 gender 之间的同义关系被抹掉了。这一问题非常值得在后续研究中进一步进行实证研究式探讨,此处仅举一例来说明教会对教士男子气概的规训,亦即关于教士胡须的规定。

中世纪时期对于教士外貌的最核心要求并不在头发而是在胡子,这恰恰是与男子气概最为相关的第二性征。[1] 在犹太人的传统中,胡须对于男性具有非常重要的意义。《圣经·旧约》中关于胡须的记载体现了胡须的若干标志性作用,剪掉一个人的胡子是一种冒犯,而自己剃掉胡子则表明了一种哀痛(《耶利米书》,41:5;48:37),胡子肮脏则是一种疯癫的表现(《撒母耳记上》,21:13)。剔除胡须被视为对异教风格的仿效而遭到严格禁止(《利未记》,14:9)。因为埃及人的审美观念是剃掉胡须的,如《创世纪》中记载约瑟从监狱中去面见埃及国王的时候要先剔除胡须。在耶稣时代的罗马帝国中,剃须的行为似乎才刚刚普及开来,从现存的罗马皇帝雕像和金币来看,蓄须和剃须的风尚此消彼长。对于教士阶层而言,早期的宗徒因为都是犹太人,因此遵从犹太人的习俗蓄须。而在早期教父当中,安博罗斯、哲罗姆和奥古斯丁等都以一部美髯为人所知。这事实上也反映了在早期教会中对于教士独身制以及圣体圣事的认识仍处于较为原始的阶段,还并没有建立针对教士独身的完整规训。

现在所知最早的关于教士胡须的规定源于公元 5 世纪前后,其中的许多内容可能反映了南高卢的相关训令。简单来说,其要求教士的头发和胡须都不能长得太长(*Clericus nec comam nutriat nec barbam*)。这一禁令可能只是禁止须发过长,而并非反对蓄须留发。在西欧各地中,英格兰地区对于胡须的管理最为严格。在一些世俗法律中,也体现了神职人员是削发剃须的。比如在阿尔弗雷德大王时期的法律规定,"如果一个人剃去了另一个人的胡须,那么让他赔偿 20 先令。如果

---

[1] 关于胡须的文化史研究很多,其中最为经典的包括 Thomas S. Gowing, *The Philosophy of Beards*, J. Haddock, 1854;Reginald Reynolds, *Beards: Their Social Standing, Religious Involvements, Decorative Possibilities, and Value in Offence and Defence Through the Ages*, Doubleday, 1949;Allan Peterkin, *One Thousand Beards: A Cultural History of Facial Hair*, Arsenal Pulp Press, 2001。

他首先将这个人绑缚起来,并把他剃得像是一位神父一样(*hine to preoste bescire*),那么让他赔偿 50 先令".①

拉丁教会不蓄须的传统也成为了与希腊教会相冲突的重要原因。至少从弗提乌斯争议时代开始,罗马天主教的教士就已经习惯性地剔除胡须了(隐修院团体则长期保留着蓄须的传统)。因此,东西方教会在教士婚姻和蓄须传统之间其实也存在着一种象征意义的联系:允许教士蓄须的东方教会保留了教士的男子气概,并允许他们通过结婚生育和组建家庭的方式来展现这种男子气概,而严令禁止教士结婚的西方教会则强调剃掉胡须。在东方教会中,没有胡须常常被视为未成年,带有明显的女性气质,这也与希腊地区的传统文化有关。

中世纪时期对教士外貌的要求和独身制改革的推进并肩而行。比如说,在 1119 年的图卢兹宗教会议上以绝罚来威胁那些"允许头发和胡子像平信徒那样增长"的教士,而教宗亚历山大三世甚至允许执事长强制性地剃掉那些珍视自己头发和胡须的教士的毛发。拉丁教会在此处所特别强调的一点是要在教士和平信徒之间划分出明晰的界限,这种界限一方面要体现在教士法袍等制服上,更重要的则体现在其外表上。② 此外,神父的服色有专门的规定,一般的教士禁止骑乘骏马,而只能骑骡子或者驴,这些意象也在中世纪后期的世俗文学中被作为教士"中性化—阉割化"的标志,也值得我们后续进行更为深入的探讨。

12 世纪隐修主义在性别观念上出现的重大变化也反映在了教会艺术方面。原来十字架上胜利的基督,逐渐转向了受辱的基督的形象,从神学上来说这要求教士和僧侣都采取一种更为谦逊的姿态。耶稣自身的形象以及作为耶稣代表的教宗、主教、隐修院长也在若干神学布道中逐渐被赋予了一种女性化的特色,甚至出现了"作为母亲的耶稣"的意象。③ 罗伯特·摩尔甚至用"痿"(*impotent*)一词来形容 12 世纪兴起的"基督的穷人"(*pauperes christi*)这个概念。④ 后来在 13 世纪兴起的托钵僧团体,尤其是方济各会,既是基督穷人理念的实践者,也凸显了男性修道人日趋女性化的趋势。

---

① Elizabeth Mullins and Diarmuid Scully, "Bearded Sages and Beautiful Boys: Insular and Anglo-Saxon Attitudes to the Iconography of the Beard", in Elizabeth Mullins and Diarmuid Scully, eds., *Listen, O Isles, unto me: Studies in Medieval Word and Image in honour of Jennifer O'Reilly*, Cork: Cork University Press, 2011, pp. 278 – 290.

② Jennifer D. Thibodeaux, *Clerical Celibacy, Masculinity, and Reform in England and Normandy*, University of Pennsylvania Press, 2015, p. 4.

③ Caroline Walker Bynum, *Jesus as Mother: Studies in the Spirituality of the High Middle Ages*, Berkeley: University of California Press, 1984, pp. 110 – 169.

④ R. I. Moore, *The Formation of a Persecuting Society: Power and Deviance in Western Europe, 950 – 1250*, Oxford: Blackwell Publishing Limited, 1987, pp. 102 – 104.

三、身体的规训与突破：未来研究的可能前景

传统的教士独身制研究中特别强调这一政策在教会管理上的作用，但我们也应当看到其在身体规训和社会控制上的影响。神职人员的独身方式实际上就等于放弃了自身的社会性别属性，更在原先的社会阶层中凭空嫁接出了一个新的阶层，实现了与世俗社会成员之间的彻底分离。作为圣事的施行者，他们享有神秘的神权，可以使在弥撒中奉献的酒饼成为耶稣基督的血液和身体；同时，作为神职人员还能够听取平信徒的告解，并赦免他们的罪过。他们仍然通过宗教活动的方式承担着社会角色，甚至也涉及到司法、行政和财政等方面的管理，但对于他们个人而言却在理论上是"无性的"人。因此，由于圣俗之间划分的强调，使教士独身制不仅仅是教会性事务或宗教性事务，其本身体现着鲜明的社会规训特色。

在过去的理论讨论中，对身体的讨论大多更聚焦于近代以来的资本主义世界，身体被视为生殖的工具或者生产的工具。在近代哲学中，尤其是从笛卡尔以来的传统，都将身体视为次于灵魂甚或置于无关紧要的位置。但在中世纪时期，身体本身和对身体的规训都和人们最为关切的救赎息息相关。借用人类学家玛丽·道格拉斯（Mary Douglas）的话来说，身体是社会的一种反应，对身体的使用和身体内在功能的剥离是社会阶层化分隔的一种表现。[1] 中世纪社会就借助独身制从身体的视角展现了对社会秩序的重新规划。

在《新约》中，"为天国而自阉割"被视为独身制的预兆。耶稣作为独身者的生活和完美的人成为了所有基督徒效法的对象，保罗宗徒的书信则进一步奠定了后世基督徒对于性和性别的基本认知框架，这对于以圣事献祭和牧灵活动为人生任务的教士来说都非常重要，他们的贞洁宣誓实际上就是在教会纪律下的自我阉割。天主教会对真正的身体性阉割持强烈否定态度，但对精神上、社会性别角色上的"自我阉割"却极为推崇。因此从社会性别的视野来看，教士的独身制不仅为中世纪社会的圣俗分野提供了一个坚实可见的基础，同时也为教士作为"第三性"的出现创造了可能。这种生物性别和社会性别的对立及其内在的张力也为我们重新审视中世纪的性别角色和性别意识提供了一个新的观察维度。

然而，在真实的历史当中，传统男子气概的展现也总是要冲破理想化的禁欲独身。一方面，从 11 世纪中期直到 16 世纪，英格兰、诺曼底和意大利北部、巴伐利亚地区等都仍有相当数量的在俗教士（尤其是乡村教士）"娶妻生子"，大众也对之习以为常。还需要值得注意的是，中世纪的许多异端都在性关系问题上表现得较为极端，既有类似于多纳图派、完全禁绝性关系的清洁派，也有数量众多的反对教士

---

[1] Mary Douglas, *Natural Symbols*: *Explorations in Cosmology*, London: Routledge, 1970, pp. 79 - 80.

独身的异端派别。比如英国 15 世纪兴起的罗拉德派(Lollards)中著名的领袖、曾经的天主教神父威廉·怀特(William White)就通过结婚的方式来表达自己的反抗,后来更为著名的马丁·路德也是如此,通过反对教士独身来反抗罗马天主教会对其身体的规训。①

另一个方面,男子气概在教士团体以及广义的宗教修行团体中再现的另一个重要表现就是军事修会的建立。十字军东征给欧洲的性别框架带来了巨大的冲击,军事修会的成员虽然采取宗教团体的共同生活方式,也在早期奉行独身誓言,但通过战斗行为体现出了教士们被禁止展现的男子气概。而且随着时间推移,这些军事修会逐渐放松了在性关系方面的誓约束缚,伊比利亚地区的修会最早豁免了准军事僧侣的贞洁誓愿,允许这些半宗教半军事化的成员缔结有效的婚姻,而这实际上就等于回到了世俗军事贵族的男子气概模式之中。② 更为重要的是,中世纪早期的骑士形象往往是粗野和暴力的,并不符合天主教的道德原则,11—12 世纪的教士独身制改革对传统的男子气概观念带来了深刻的变革,尤其是在性行为上和思维观念上。谦逊、贞洁等原先不属于传统骑士阶层的价值观念也逐渐渗透到社会的各个阶层,从而在某种程度上为骑士们带来了一种"文明化改造"的榜样。③

如果将性别作为中世纪男子气概的一个重要分析范畴,并以之界定教士独身制,能够为我们从社会史和社会性别视野重新厘清中世纪教士独身制和教会改革中的若干重要问题。从男子气概和性别理论观念反观中世纪的教士独身制和教会史研究中的传统课题或许在将来能够开拓一片崭新的研究领域。在近代早期,尤其是宗教改革的研究当中,性别理论指导下的妇女和男性研究都已经取得了若干成果,相对而言,中世纪时期的相关研究还集中在 14 世纪—15 世纪,亦即所谓的中世纪晚期,中世纪盛期还有很大的研究空白亟需填补。当然,对教士男子气概也涉及许多后续需要更加深入讨论的理论问题。比如,应当如何对这种男子气概进行比较详尽的诠释?我们可以将之称为"支配性"的,因为在中世纪时期的教会组织在很大程度上扮演了社会运作的中心角色。而另一方面,这种男子气概也体现出了"父权制"的色彩,尤其是在教会内的用语以及礼仪经文当中,天主与教宗、主

---

① S. McSheffrey, *Gender and Heresy*: *Women and Men in Lollard Communities*,1420 - 1530,Philadelphia:University of Pennsylvania Press,1995,pp. 57,82 - 83.

② 有趣的是,天主教会历史上第一个明确规定教士独身的地区性教会法令也是源自于伊比利亚地区,见 Joannes D. Mansi, ed., *Sacrorum Conciliorum nova et amplissima collectio*,Paris:1901 - 1906. II,2,p. 406。关于这次会议的详细讨论,参见 Samuel Laeuchli, *Sexuality and Power*:*The Emergence of Canon Law at the Synod of Elvira*,Philadelphia:Temple University Press,1972。

③ Andrew Holt, "Between Warrior and Priest:The Creation of a New Masculine Identity during the Crusades", in Jennifer D. Thibodeau, ed., *Negotiating Clerical Identities*,pp. 185 - 203.

教都被赋予了一种父亲式的角色。同时其是否也可以被视为一种"反父权"的表现呢？因为按照教士独身的观点，他们终身不能繁育子嗣，而教士在施行圣事时所享有的神权与教权在世俗社会中又难以找到相似物。从某种程度上来说，男子气概和性别理论作为现代社会的产物或许不能以其本原的概念界定投射到遥远的中世纪时期，但是这些概念仍然能够发挥激发思考，扭转研究视角并起到推动深入探究的作用。

作者简介：

李腾，男，英国利物浦大学哲学（中世纪研究）博士，现为上海师范大学人文与传播学院助理研究员、光启国际学者中心青年学者，主要从事欧洲中世纪史研究。

伦敦郡议会里的女性参政合法性进程初探(1889—1907)

陆伟芳

摘　要：2018 年是英国女性获得议会选举权 100 周年。英国女性的政治参与权,是从多方面多层次展开的。19 世纪英国女性走出家庭参与地方公共事务,首先是在教育、济贫等领域实现。在市政领域的权利获得也不是轻而易举的。在伦敦郡议会初期发生的女性被选举权事宜较量,虽然表面上属于个别竞选对手的政治手腕,但法庭判决表明了男性主流社会的反对女性参与伦敦郡议会。直到 1907 年,英国才用法律的形式确认了单独拥有财产资格的单身女性拥有被选举权。可见,伦敦郡议会里的女性参政合法性进程,与英国女性的议会选举权抗争一样,也是相当艰难缓慢的。

关键词：伦敦郡议会;女性投票罚金;郡议会女议员;女市长

2018 年是英国女性获得议会选举权 100 周年的年份,因此回顾英国女性政治权利的获得过程,具有特殊的纪念意义。1889 年初伦敦郡议会选举中,有三位女性胜出。此事引起了不小的风波,涉及了女性是否有资格担任郡议员和参事的问题,实际上就是考问女性参政的合法性问题,参与地方政府合法性的问题。① 在 21 世纪女性普遍拥有选举权的今天,不仅探讨与纪念英国妇女议会选举权是个重大的学术与理论问题,而且探讨 19 世纪末伦敦郡议会选举中女性选举权问题,研究当时女性当选者面临的复杂态势,也具有一定的历史意义,它提醒我们,女性获得地方政府中的政治权利,不仅也是相对新近的事,而且也不是一帆风顺的。

---

① 虽然国内外对英国妇女选举权运动已经有相对成熟的研究,但对地方政府中的女性研究,特别是政治权利获得的研究,仍然是不多见的。到目前为止,我所知的最有价值的著作,可能仍然是 Patricia Hollis 所著的 *Ladies Elect：Women in English Local Government 1865 - 1914* (Oxford：Clarendon Press,1987)。

一

19 世纪英国女性走出家庭参与地方公共事务,首先是在低级政治领域实现的,包括教育、济贫、党派竞选助手等。随着 1834 年新济贫法的颁布,授权在各地建立济贫法委员会。后来 1870 年初等教育法颁布后,又成立了学校委员会。由于济贫和教育属于低端政治领域,因此成为女性首先涉及的领域。

妇女参与学校委员会的竞选和工作。1870 年的福斯特法(W. E. Forster, 1818 - 1886)允许妇女成为学校委员会的选举和被选举人。[①] 伊丽莎白·加勒特·安德森(Elizabeth Garrett Anderson, 1836 - 1917)的票数达到 47000 票,高居榜首,是得票第二者的近四倍。[②] 到 1890 年便有 100 名妇女在竞选学校委员会中获胜,1905 年达到近 600 人(见表)。

学校委员会和济贫法委员会中的女性成员数(英格兰和威尔士)[③]

年份	学校委员会	济贫法委员会
1870	3	
1875	17	1
1880	71	8
1885	78	37
1890	100	80
1895	128	839
1900	270	1147
1905	594	1157
1910	641	1310

妇女还积极参与济贫法委员会的工作。不过与学校委员会相比,由于竞选济贫法委员有财产资格限制,妇女当选者甚少。1834 年的济贫法给予够资格的女性投票选举济贫法委员会的权利,1835 年市政自治机关法结束了妇女在济贫委员会

---

① Patricia Hollis, *Ladies Elect*, p. 39.

② 她是英国妇女解放的重要人物。第一个够格当内科医生和外科医生的女性,是英国第一所由女医生医院的创立者之一,是法国的第一个女性医学博士,英国第一个选入学校委员会的女性,第一个女性市长,第一个女性地方法官。

③ Patricia Hollis, *Ladies Elect*, p. 486; Martin Pugh, *The March of The Women: A Revisionist Analysis of the Campaign for Women's Suffrage, 1866 - 1914*, Oxford & New York: Oxford University Press, 2000, p. 74.

和地方选举中的投票权。① 在 1834 年,当组成新的扩大的济贫法委员会时,纳济贫税的女性可以投票选举济贫法委员会,但是 1835 年的市政自治机关法否认了女性这项权利,用加入"男性"一词的地方选举权,犹如 1832 年改革法案一样。②1869 年,英格兰和威尔士女性被授予地方选举中的投票权。

直到 1894 年解除财产资格限制,妇女当选的数量才开始增加,1895 年便有近839 名妇女当选,1905 年则达到 1157 人。③《威斯敏斯特评论》宣称,"济贫法工作特别适合女性,因为这只是更广泛意义上的家庭经济。"④

女性参与政党政治活动增加了女性的政治经验。1883 年的《取缔选举舞弊和非法行为法》(Corrupt Practices Act)明文规定禁止竞选中的贿赂、款待、威胁以及冒名顶替等不正当行为,从法律上限制了党派雇用成员进行竞选活动的人员与经费数量;另一方面,1884 年议会改革使英国选民数猛增,范围更广,竞选工作难度加大。这就迫使政党在选举中大量利用志愿者,特别是女性志愿者来从事日常选举工作,妇女由此在选举活动中发挥作用。

女性由此组织起来,逐渐形成一支实质上的政治力量。英国政治家们虽然大多反对妇女自己拥有选举权,却十分乐意女性担任竞选志愿者,为政党政治服务。这样,妇女们以前所未有的规模参加到政党政治工作中去。保守党方面首先组织起来。1885 年,组成了樱花同盟妇女会(The Women's Council of Primrose League),并成立专门的"女士大委员会"(Ladies Grand Council),为竞选服务,到1891 年,保守党的樱花同盟中女性成员已达 50 万人。稍后,自由党也组织了类似的组织。1887 年,成立了妇女自由党联盟(Women's Liberal Federation WLF),到1896 年成员已达到 82000 人,到世纪之交已经有 470 个支部。⑤

尽管建立这些组织的初衷,只是为了帮助政党候选人进行竞选工作,但是这些团体本身是一种政治组织,妇女参加某种类型的政治组织、参与某种政治活动本身具有重大意义。

今天看来,女性走出家庭参与济贫与教育工作,似乎是走向社会的重要一步。但是,在当时人看来,这两项事宜本来都是"适合"女性的事宜,因为访贫问苦、帮助穷人、教化儿女本来就是上层社会的"慈善"工作,因而谈不上是什么高雅的"政

---

① British Women's Emancipation since the Renaissance, http://www. historyofwomen. org/suffragelocal. html.
② Patricia Hollis, *Ladies Elect*, p31.
③ Martin Pugh, *The March of The Women*, pp. 74 - 75.
④ Martin Pugh, *The March of The Women*, p. 72.
⑤ Harold L. Smith, *The British Women's Suffrage Campaign 1866 - 1928*, London and New York: Longman, 1998, p. 11; Sue Bruley, *Women in Britain Since 1900*, Basingstoke & London: Macmillan, 1999, p. 25.

治"。况且，这些工作基本上都是事务性的工作，是执行，而不是决策，无关紧要。但参与政党竞选工作，却给女性提供了近距离进行政治"观察"和政治"实践"的机会。

19世纪英国女性走出家庭参与地方公共事务，也是在地方政府的选举权与被选举权的不断较量中逐渐明晰起来的。最初，在选举权和被选举权方面，女性没有独立于丈夫或父亲之外的独立权利。当时的法律都认为家庭关系中的夫妻关系中，夫妻为一体，妻子并没有独立于丈夫的法权，所以选举权与被选举权一般由丈夫来行使。由此，只有满足选举权财产资格要求的独身女性或者寡妇，才能享受该项权利。

从投票权来说，1869年6月，雅各布·布赖特（Jacob Brigh, 1821—1899）①和迪尔克（Sir Charles Dilke, 1843 - 911）对市政选举法案提出修正案，要求把缴纳济贫税的妇女包括在市政选民中，宣称这只是恢复妇女原有的、为1835年市政改革法所剥夺的权利。内政部长布鲁斯（H. A. Bruce）接受这个修正，说这并不"新奇"，于是修正案没有引起什么争议就通过了。

妻子没有独立于丈夫的法人资格，因而没有投票资格是逐渐明确起来的。《1869年市政选举权法》（Municipal Franchise Act, 1869）把妇女在郡议会地方选举中的投票权归还给特定类别的女性，已婚妇女没有投票权。结果只有单身女性可以在地方选举中进行选民登记，她们需要至少生活在核定的房产上一年才有资格，这个资格包括向地方议会缴纳财产税，与男性一样。② 1888年立法建立的郡议会给予妇女选举权。《1894年地方政府法》（1894 Local Government Act）确认单身女性在地方选举中的投票权，并把这个权利扩展到已婚妇女，不过法律规定，已婚丈夫与妻子不能用同一个房产居住资格作为投票资格登记，由此实际上许多女性依然被排斥在选举之外。在全国选举中更没有投票权。③

被选举权就更不用说了。1880年，把1872年裁决解释为女性不能参与竞选地方议员，尽管1869年法律认定，所有有权投票的人都有权参与竞选。此事上诉到法庭（Court of Appeal），法庭裁决驳回女性被选举权。大法官爱德华·弗赖依

---

① 他是英国自由党政治家，支持妇女权利。他在1867年的补缺选举中获得了曼彻斯特选区的议席，在这次选举中，主张妇女参政的女选民莉莉·麦斯威尔（Lilly Maxwell, 1800 - 1876）投了他的票，后来这一票被作废。

② Rita Kennedy, Which act gave women the right to vote in Britain, http://classroom. synonym. com/act-gave-women-right-vote-britain-5469. html.

③ Rita Kennedy, Which act gave women the right to vote in Britain, http://classroom. synonym. com/act-gave-women-right-vote-britain-5469. html.

(Edward Fry,1827 - 1928)说"一个女人因其女性本性绝对没有资格被选举"。①

1894 年地方政府法给予所有女性堂区议会(parish councils)、区议会(district councils)、学校委员会(school boards)、济贫法委员会(Poor Law Guardians)选举权与被选举权,不论婚否。仅仅 6 年后,就有 1975 个女性济贫委员,有大约 200 个女性学校委员会委员。②

可见,到 90 年代,女性似乎获得了基层地方政府的选举法与被选举权。1894 年,当格拉斯顿的最末一届政府创立民选的堂区会议、乡村的城镇大区议会时,妇女自然就能担任参议员。这难得的机会,为妇女们提供了展示自己才能的舞台,成为实现在地方上的政治参与的重要途径。到 1900 年,在英格兰地方政府选举中注册登记的女性数量超过了 100 万人。③ 到 1892 年,在英国已经有503 000名妇女符合地方选举的资格条件。④

妇女低级地方选举权获得的相对容易,是因为那时的政治家们认为,地方当局处理的事务——济贫、健康、教育等等——是女性的妻子和母亲职责的自然延伸。同时,应该看到,进步的步伐是异常艰难的。19 世纪末,随着政党政治的发展,女性更加边缘化了。男性往往把地方政治当作全国性政治的哺育所,但女性却没有议会选举权,因此往往劝阻女性参与竞选。情况往往是,男性地方议员希望有女性跑龙套,但自己处理更重大的事宜。⑤

二

然而在伦敦郡议会中发生的女性被选举权问题,却成为检验英国女性政治参与权的一个重大试验场所。伦敦作为英国的首都,是 19 世纪许多重大政治事件演进的舞台。伦敦郡,又是在一个漫长的历史岁月中新诞生的行政单元,女性的政治参与问题,就成为不仅仅是伦敦范围的事,甚至有超越伦敦的特殊意义。

构建伦敦郡议会的议会法令并没有明确女性是否有竞选资格。这时,女性参加济贫法委员会、学校委员会的权利早已确立,但是 1888 年的地方政府法没有明确确认女性竞选合法与否,这就为后来的争议埋下了伏笔。

---

① British Women's Emancipation since the Renaissance, http://www. historyofwomen. org/ suffragelocal. html.
② British Women's Emancipation since the Renaissance, http://www. historyofwomen. org/ suffragelocal. html.
③ Patricia Hollis, *Ladies Elect*, pp. 31 - 33.
④ Harold L. Smith, *The British Women's Suffrage Campaign 1866 -1928*, p. 6.
⑤ Martha Vicinus, "Review: *Ladies Elect: Women in English Local Government, 1865 - 1914* by Patricia Hollis", *Albion: A Quarterly Journal Concerned with British Studies*, Vol. 20, No. 3 (Autumn, 1988), p. 506.

1888 年地方政府法通过后,为了促进女性参与地方政治,英国一个叫做促进妇女竞选郡议员学会(Society for Promoting Women as County Councillors, SPWCC)的女权团体,一方面鼓励够格的女性进行注册登记,另一方面寻找合适的女性参与竞选活动。该组织建议玛格丽特·桑德赫斯特(Margaret Sandhurst, 1828 - 1892)和简·科布顿(Jane Cobden,1851 - 1947)竞选伦敦郡议员。英国社会改革家、后来的工党领袖乔治·兰斯伯里(George Lansbury,1859 - 1940)担任简的竞选代理人,简是作为自由党候选人的身份参与竞选的。兰斯伯里在伦敦东区相关的问题上提供建议,如穷人住房、结束血汗劳工、公共集会权、警察控制等,竞选中在很大程度上避免了女权问题。

伦敦郡议会的第一次选举在 1889 年 1 月 19 日举行,这两位自由党女性顺利当选。科布顿获得堡贝门利选区(Bow and Bromley)的一个席位,玛格丽特·桑德赫斯特获得布里克斯顿(Brixton)的一个席位。郡议会还推荐艾玛·康斯(Emma Cons,1838 - 1912)小姐为参事。① 这样,在第一届伦敦郡议会里总共有了 3 位女性成员。

然而,胜利的时光是短暂的,胜利的果实是苦涩的。桑德赫斯特女士的竞争对手、保守党贝雷斯福德-霍普(Beresford-Hope)不服,因此起诉她是女性而不够格。此事在 3 月 18 日审理,法官裁决她不够格,她的上诉被驳回,于是保守党的贝雷斯福德-霍普取代了她的席位。对她所投的每一票进行罚款。

自由党方面,简·科布顿的竞选对手是自由党人,而且支持她的事业,康斯女士是郡议会推举的,这两人的席位似乎不应该有问题。但事实上,两人在郡议会的席位仍然危机四伏。她们打算利用选举法中的相关规定来规避——即任何人一旦当选 12 个月后,哪怕是不恰当的当选亦为有效。于是,简·科布顿和康斯打算利用这个法律,即直到 1890 年 2 月——12 个月期满前不出席伦敦郡议会及委员会的会议。期满后她就照常履行职责。

然而,1890 年,来自威斯敏斯特自治市的保守党的沃尔特·德索萨(Walter De Souza,? - 1897)发起了全新的诉讼程序,反对科布顿的资格,说既然她们两人的当选与推荐是不合法的,那么她们在伦敦郡议会的投票就是非法的,因此必须处以巨额罚款。法庭上法官判决:她们可以参加伦敦郡议会的会议和委员会会议,但不能在签到簿上签到,也不能表决,并在 1891 年 4 月的上诉中把罚金从原先的

---

① 玛格丽特·桑德赫斯特是一个英国著名的妇女选举权参政主义者,是英国许多妇女选举权运动组织的领导人。简·科布顿是维多利亚时代著名的改革家和政治家理查德·科布顿(Richard Cobden, 1804 -1865)之女,科布顿家族的每个人都是 19 世纪激进运动的参与者。她本人也是一个英国的自由主义政治家,活跃在 19 世纪下半叶和 20 世纪初的许多激进事业中,是女权的最早鼓吹者之一。艾玛·康斯则是一个英国社会改革家、教育家以及戏院管理者。

每票 250 英镑降低到象征性的 5 英镑。虽然有人建议不付罚金,宁愿去坐牢以示抗议。兰斯伯里在听证期间,敦促她"去坐牢,让郡议会支持你,拒绝宣布你的席位空缺"。但科布顿并没有走这条道路,而是付了罚款。她后来虽然出席郡议会会议,但却全程一言不发,也不投一票,而且再也没有参与 1892 年的竞选。1891 年 5月,议会里有人提出了一个允许妇女担任郡议员的法案,但在两党议员中应者甚少。① 康斯则积极投身妇女事业,成为"妇女地方政府会"(Women's Local Government Society)和"妇女自由党联盟"(Women's Liberal Federation)的副主席。当她俩的任期到后,伦敦郡议会就成了一个清一色男性的机构。②

从 1892 年到 1910 年的近 20 年时光里,伦敦郡议会成为一个清一色的男性机构,女性完全被排除在伦敦郡议会的权力体系之外。首都伦敦似乎成为一个保守的堡垒,顽固地坚守着男性的霸权。

这种情况直到 1910 年才有了改变。1907 年的《妇女资格(郡和自治市议会)法》(Qualification of Women [County and Borough Councils] Act),从法律上规定单身女性竞选郡与自治市议会的权利,使女性有权参与伦敦郡议会的竞选。在外地,当年便有 5 位女性在英国各地分别当选,分别是在奥尔德伯勒(Aldeburgh)当选的伊丽莎白·加勒特·安德森,在雷丁(Reading)当选的伊迪斯·萨顿(Edith Sutton),在比尤德利(Bewdley)当选的莎拉·伊丽莎白·伍德沃德(Sarah Elizabeth Woodward),在牛津当选的索菲亚·梅利维尔(Sophia Merivale),和在威科姆(Wycombe)当选的简·达夫(Jane Frances Dove, 1847 - 1942)。③ 次年便产生了英国第一位女性市长,伊丽莎白·加勒特·安德森在 1908 年成为奥尔德伯勒(Aldeburgh)的市长;第二位女市长是萨拉·利斯(Sarah Lees,1842 - 1935),她在 1910 年成为西北部工业城镇奥尔德姆(Oldham)的女市长。萨拉·利斯来自富裕家庭,她是一个特别有吸引力的女性。她没有逃离"英国最丑陋的工业城镇之一",她留下来在城镇议会(town council)内外展开工作,进行改善。当城镇议会拒绝建筑廉租房(council house)时,她把她自己的花园郊区建成模范住房,供他们学习借鉴;虽然城镇议会仍然不作为,但她的模范住房直到今天仍然是其远见卓识的

---

① Jonathan Schneer, "Politics and Feminism in "Outcast London": George Lansbury and Jane Cobden's Campaign for the First London County Council", *Journal of British Studies*, Vol. 30, No. 1 (Jan., 1991), p. 75.

② Gwilym Gibbon & Reginald W. Bell, *History of the London County Council 1889 - 1939*, London: Macmillan, 1939, pp. 79 - 80。伊芙琳·劳是个大学老师,1894 年成一个学院的副校长。参与创立了独立工党,不久被选为当地的济贫法委员会委员。后来她受命参与伦敦郡议会的教育委员会,1922 年被选入伦敦郡议会,1929/30 年担任代理主席。1934—1937 年担任伦敦郡议会里的教育委员会的主席。1950 年获得伦敦大学的荣誉法学博士学位。

③ *Qualification of Women (County and Borough Councils) Act 1907*, https://en. wikipedia. org/wiki.

丰碑。①

在伦敦郡,1910 年的选举是《妇女资格法》之后的第一次选举,是女性可作为完全资格的成员回归郡议会的第一次选举。这次又有 2 位女性候选人成功当选,即苏珊·劳伦斯(Susan Lawrence,1871 - 1947)和汉丽埃塔·阿德勒(Henrietta Adler,1868 - 1950),还有圣赫利尔男爵夫人(Baroness St. Helier,1845 - 1931)被推荐为参事。这三人中,汉丽埃塔·阿德勒是自由党,其他两人是保守党,但苏珊·劳伦斯在 1913 年转为工党。从此女性迅速成为伦敦郡议会中的重要元素,但她们最初的工作仍然是那些所谓"合宜的女性事宜",如教育、儿童等。1919 年,伦敦郡议会有 11 位女性成员,1925 年有 25 位。到第一次世界大战结束时,伦敦郡议会有了自己的第一位女性副主席。1923 年,女性担任了教育委员会和公园委员会这两个重要委员会的主席。到 1931 年有 5 位女性担任委员会主席。1939 年,郡议会有了它的第一位女主席伊芙琳·劳(Eveline Lowe,1869 - 1956)。②

伦敦郡议会里女性的被选举权异常艰难,似乎在一定程度上印证了英国女性议会选举权斗争的艰难与复杂性。

三

伦敦郡议会里围绕着女性参与竞选事宜展开的斗争,虽然表面上是个别竞选对手的政治手腕,似乎并不是制度性的排斥女性。不过,法庭的判决却表明了男性主流社会是反对女性参与伦敦郡议会的。然而,女性参与伦敦郡议会选举并获得胜利一事,还是非常值得玩味的。

首先,用法律手段来处理女性能不能担任伦敦郡议会议员或参事。英国是一个法制国家,法律成为日常生活和政治生活的最重要法则,遵守法律、依法办事是英国的传统。在有关选举与被选举问题上,只要法律上没有写清只准男性竞选,那么就意味着女性可以参与竞选。1889 年的伦敦郡议会议员选举、郡参事的推举就是这样。而推翻选举结果,也是竞选对手利用法律手段来解决的,桑德赫斯特女士

① Martha Vicinus,Review:*Ladies Elect:Women in English Local Government*,1865 - 1914,by Patricia Hollis,*Albion:A Quarterly Journal Concerned with British Studies*,Vol. 20,No. 3 (Autumn,1988),p. 506.

② Andrew Saint,ed.,*Politics and the People of London:the London County Council*,1889 - 1965,London:Hambledon Press,1989,pp. 8 - 9.苏珊·劳伦斯在伦敦和剑桥接受过高等教育,是一个英国从保守党转为工党的政治家,最早的女性工党议员之一。汉丽埃塔·阿德勒是犹太人,自由党政治家,伦敦郡议会资深成员。圣赫利尔男爵夫人,全名叫 Susan Elizabeth Mary Jeune,从 1910—1927 年一直是伦敦郡议会的参事,她是一个出色的慈善家,著有 50 多篇期刊论文和《五十年述怀》(*Memories of Fifty Years*)一书。今天的伦敦圣赫利尔房地产即以她的名字命名。

的席位就是这样在法庭上被判定非法,从而失去了席位。她和简·科布顿都支付了法庭判决的罚金,意味着也是遵从法律。但这里也隐含着尊重法律,简·科布顿和康斯毕竟担任了第一届伦敦郡议会的议员和参事,虽然是拥有不完全权利的议员和参事。

其次,已婚女性没有法人地位的西方观念问题。在 19 世纪末 20 世纪初的英国女性政治参与中,已婚女性不能作为独立的人投票,似乎是个不言自明的法则,从而剥夺了绝大多数女性的选举权,更不用说被选举权了。1818 年堂区会法(Vestries Act 1818)允许女性在堂区会选举中投票,但是"已婚妇女没有该项权利,因为丈夫会代表她们投票。"[①]1869 年市政选举法并不能凌驾于普通法原则,即已婚妇女的权利包含在丈夫的权利中。1872 年的法庭判决中更加明确了这一点:它裁定在丈夫的法定地位外,已婚妇女没有法定地位。选票只给予单身女性纳税人,而不是纳税人的妻子女儿。这个观念直到 20 世纪初也没有改变。

第三,妇女参与地方政府的权利是逐渐扩大的。从 1889 年到 1907 年,从把参与竞选的女性送上法庭、处以罚款,到终于确认了女性拥有郡议会的选举权与被选举权,虽然历经差不多 20 年,但却终于承认了妇女应该享有的权利。因此,从历史的长河来看,妇女参与地方政府的权利毕竟是逐渐扩大的。伦敦郡女议员不仅人数在逐渐增多,而且她们都成为资深议员,服务期都在 12 年以上,投身委员会工作,赢得了同僚们的尊敬。这些女性中许多人并没有领取薪水的其他工作,不管她们的家庭背景如何,但显然足够富裕可以雇人料理家务,使她们有充足的时间专心致志为伦敦郡议会工作。到 1963 年,近 27% 的伦敦郡议会议员是女性,担任好几个委员会的主席,成为伦敦郡议会里决策层的一分子。[②]

最后,男性认为妇女参与地方政府仍然体现了两性领域分离的观念。在男性主流社会看来,妇女参与市政层面的地方政府选举,是巩固男女两性领域分离的必要,因为中央和地方功能各异,中央是立法机构,而地方只是无关紧要的办事机构,与教育、济贫等琐事联系在一起,正好表达了男女领域分离思想。

总之,伦敦郡议会里的女性参政合法性进程是相当缓慢的。1889 年第一届郡议员的选举"意外",产生了 3 名郡议会议员和参事。但随后通过法律程序,排除了女性竞选的权利;竞选成功者,也并不能行使完全的议员权利,成为具有不完全权

---

① Homer Lawrence Morris, *Parliamentary Franchise Reform in England from 1885 to 1918*, New York: Columbia University Press, 1921, p. 28.

② Andrew Saint, ed., *Politics and the People of London*, p. 9.

利的议员,从而实际上排除了女性的郡议会被选举权。直到 1907 年才用法律的形式确认了单独拥有财产资格的单身女性被选举。

作者简介:

陆伟芳,女,江苏常熟人,上海师范大学教授、博导,上海师范大学都市文化研究中心成员,主要从事英国城市史、英国妇女史研究。

国族妇女(1903—1945)[①]

卢建荣

摘　要： 二十世纪上半叶,中国新生代女性中,不乏相当人数冲脱旧有"男尊女卑"性别意识的牢笼,她们在女校受性别平权教育,其先行者甚至经营妇女杂志社,一则践履女性经济独立理想,二则征稿用以宣扬性别平权的伟业。而就在这性别平权运动如火如荼展开之际,造成女性在性别平权大业反挫的,是她们纷纷投身国族主义打造的洪流中。她们热切响应男性要求的"保种保教"和"新贤妻良母"的倡议。此举等如放弃女权运动。关于在国族主义打造上,本文从两方面着手。其一,现代中国女性被动地划归男性为其归类的新模范女性:"女烈士",这在既有男性专属模范的"烈士"类别下,允许她们入列。其二,现代中国女性就读中学的少女时代,在文化创作上,撰写有关国族论述的文章,并发表于校内外刊物上。以上第一方面中,有1907年秋瑾因从事共和革命被捕杀,有1926年3月18日北京三位女大生因抗议政府对外软弱而身死街头。这四位死于反动政府的女性,之后在社会文教机构受到推尊,而确立"女烈士"的历史地位。其次,从事国族论述的撰稿、发表以及传播活动的八位女中学生多聚焦在抗日议题上,特别是"五·九国耻日"。日本侵华意外造就中国国族主义的持成,就中,女性在就学期间多能对国事慷慨陈词,唯在入社会、且结婚之后,又回复旧有"女主内"的性别分工位置上。

关键词： 文化霸权;国族主义;国族论述;话语权;性别平权;国耻日符号

---

① 2016年9月11日,本人应陕西师范大学·妇女/性别研究中心之邀,前往演讲"新文化史家如何从事性别议题研究",会中结识该中心的讲座教授李小江女士,我闻李教授名久矣,不想在此场合碰面,带给我意外惊喜。李教授于演讲后,指定我写此题,并推荐发表于《妇女与性别史研究》,我欣然应命。另外,本文关于报刊中所载"五九国耻日"资料,俱为河北师范大学历史文化学院研究生王杰升先生所义务提供,谨此志谢。

一、导论

二十世纪的前四十年,中国历史朝两大文化工程迈进,其一,中国国族主义的打造和抟成;其二,共和国体的建造。在国族、共和两大运动声中,中国妇女以前所未有之姿,走出家庭,一则打破"男主外,女主内"的性别分工意识形态框架,二则在男性自古视为其禁脔的公共领域抢席位,并放声议论国是。近代中国女性争取经济独立,乃至争取参政权,都使男性职场专擅的特权不复旧日景观。抑有进者,十八世纪盛清时期女性中的"大家闺秀"争取到在文坛中与男性互别苗头,①已是"古今未有之奇"的文化现象,不意再过一百年,女性不仅可进入男性主导的职场放手施为,抑且更在文化/政治领域,乃男性的文化霸权(cultural hegemony)所及,勇于发声。这更超越清代才女所能料想之外了。

二十世纪初叶,中国新式教育机构甫一现身,中上家庭的女性可以往读为其量身设制的女校,②这是女性在争平等上获得可受教育权,从此摆脱文盲的命运。中国近代在识字率的提升上,大量中上家庭女子可上学读书,居功阙伟。一如同龄男性一般识字后的女子,开始抢进技术人才所组成的自由业,诸如医师、律师、教授、校长,以及报媒主编等,这就让中国新文化事业一登场,女性就不令男性专美于此,尽管尚不影响男性在握有话语权上的主导权。女性虽敌不过男性文化霸权的优势,但在文化权力版图上没有缺席本身,就意义格外重大。

二十世纪上半叶的中国国族主义,乃西方舶来品。国族主义(nationalism)起源于十八世纪末法国大革命期间。它的涵义是说,理想国家(state)形式,是由一个国族(nation)组成一个族国(nation-state)。依此定义,从十八世纪末至十九世纪末,欧洲没有一个既有国家是合乎此定义的。所以,国族主义云云,是后天人为产物,号称自己国家是族国,说自家民族/种族是国族,也是人工打造而出。再回到二十世纪中国的案例。从1900年至1910年,在讨论未来新中国的公共论坛空间上,主要聚焦在以下两大问题:其一,要否推翻满洲人政权,以及其二,该政权一旦被推翻之后的新中国要否容纳满洲人等。这两个问题在1912年2月清帝退位之前,立宪派和革命派的喉舌人物是有不同答案的。③ 但最后新政府成立之后,国号叫

---

① 参见素曼恩:《兰闺宝录——晚明至盛清时的中国妇女》,杨雅婷译,左岸文化出版社,2005年,第182—252页。
② 十九世纪中叶起,外国传教士办许多女校。国人办的女校始于1897年。官方于1907年同意办女校,至1919年,全国女校生达数十万人,其时,大学亦招女生。参见罗苏文:《女性与近代中国社会》,上海人民出版社,1996年,第131—132、137、156页。
③ 关于中国族国的打造,产生两条路线之争,据李仁渊参考TomNaim研究苏格兰国族打造的案例,认为以固有文化对抗西方列强上,中国不同属性的文化菁英会在种族问题上产生歧异。参见李仁渊:《晚清的新式传播媒体与知识分子——以报刊出版为中心的讨论》,稻乡出版社,2005年,第359—360页。

"中华民国"，而设定自己国族为"中华民族"，革命成功的汉民族愿意接纳长城外各属种族生存空间的"东三省"（满洲人故地）、内外蒙古地区（蒙古人居地）、"新疆省"（信伊斯兰教维吾尔人居地），以及西藏地区（吐蕃人居地），以便其他四种族（满、蒙、回、藏）加入新共和国。这即是革命派口中"五族共和"的谋略。以上中国国族和族国的规划，在当时参与论辩的文化场域中，女性是缺席的，[①]这方面的意见领袖清一色是男性。在新族国的打造过程中，撑持国族门面的两样法宝：一是国族英雄谱的编定，另一是新共和国烈士系谱的制作。前者先是聚焦黄帝、炎帝如何被建构成国族始祖，[②]之后一路而下，主要包括在汉民族与游牧民族斗争中死难代表人物，诸如岳飞、文天祥，以及郑成功等等。[③] 这份名单里面固然男性为多，但女性亦有几位点缀其间，如花木兰、荀灌娘，以及秦良玉等。这份男女均有的民族英雄名单，是选自历史人物。至如烈士名单，乃缔造民国有功的死难者，且顾名思义指涉的是男性。事实上，以身殉此族国的女性，并不乏人。于是新类别的"女烈士"词汇，也在人们约定俗成之下，问世了。但女烈士的指认，是要经过一番文化工程的。

二、从守贞的烈女到护国的女烈士

1907 年 7 月 15 日，中国同盟会的女会员秋瑾（1875 年生）以谋反罪名遭浙江当局处决。秋氏之死引发社会广泛议论，在民国建立之前，一些艺文文本将之形塑成负有奇冤的女性形象。[④] 进入民国，秋瑾获得名誉男性的对待，并有了"为国捐躯"的"女烈士"的定装照。[⑤] 1919 年鲁迅发表《药》一文，主要在讲群众从一位被处决的革命者（影射秋瑾）所流出的血，和着馒头一起吃，说是有治病疗效。鲁迅于另文中说："敝同乡秋瑾姑娘，就是被这种劈劈拍拍的拍手拍死的。"[⑥]十六年后一位剧作家夏衍，又将秋瑾请出来，呈现在他《自由魂》的剧中。那是 1936 年，中国即将

---

① 近代中国女性在拥有文化资本上，比起男性落于后手。这只要查女性在 1912 年前从事新闻报社工作上，直到 1907 年，才有《二十世纪之中国女子》和《中国新女界杂志》这两份可知。这较诸男性办报刊少非常之多。

② 参见沈松侨：《我以我血荐轩辕——黄帝神话与晚清的国族建构》，《台湾社会研究季刊》1997 年，第 8—25 页。

③ 参见沈松侨：《振大汉之天声——民族英雄系谱与晚清的国族想象》，《中央研究院近代史研究所集刊》2000 年第 33 期，第 81—158 页。沈氏将国族英雄分成(1)"抵御外族"型，以及(2)"宣扬国威"型等两类。后一类型经寻寻觅觅主要集中在张骞、班超，以及郑和等三人，较为人所知。

④ 参见夏晓虹：《晚清人眼中的秋瑾之死》，载夏晓虹：《晚清社会与文化》，湖北教育出版社，2000 年，第 294—298 页。

⑤ 参见胡缨：《性别与现代殉身史：作为烈女、烈士或女烈士的秋瑾》，彭姗姗译，载游鉴明、胡缨、季家珍编：《重读中国女性生命故事》，五南出版社，2015 年（第二版），第 161、170 页。

⑥ 此句所处之文，最初发表于 1927 年 10 月 1 日《语丝》周刊第 15 期。其后该文收载鲁迅著《而已集》中〈致李小峰信〉，《鲁迅全集》第 3 卷（北京：人民文学出版社，2005）第 465 页。

面临抗日战争的前夕。剧中,一位强盗讥嘲秋瑾宁死不逃,用以衬托秋瑾效法许多革命志士"成仁取义"的志节。在此,有论者特别指出,对于革命烈士的颂扬,是要抹去其性征(假如是女性的话)的。[1]

但不论文化菁英如何看待女性殉国者,光复后秋瑾一直在先烈祠堂受到奉祀。

另一位殉国的女烈士是魏士毅(1904—1926 年)。她是燕京大学数学系的学生。1926 年,列强八国对天津大沽防地有意见,中国势屈,拟听从外国。消息一出,平津一带的大学生群情激愤,相约聚集国务院门口、示威抗议。军警在镇压抗议学生过程中,冷血杀害四十七条人命,魏士毅为其中一位。这一事件叫"三一八"惨案。魏氏身死之后被形塑成"女烈士"的过程如下:

在死难那一年,燕京大学女学生发文敬悼,之后连续两年,即 1927 年和 1928 年,分别举行周年纪念。1926 年这些女作者的纪念文本全刊在校内《燕大周刊》中,分布在第 93 期和第 94 期。这些文字充满感怀和悲愤。其中,最令人动容的是女同学所宣读"诔词"中,出现有"为国捐躯"和"吾校义烈"的字眼。1927 年燕京大学校园内即为魏士毅立了一座碑,取名"烈士纪念碑"。魏女死难至届满两年,即 1928 年,有逸芬女士写《"三一八"与中国妇女》一文,发表在《燕大周刊·"三一八"周年纪念号》上,指出中国妇女为反帝和反南北军阀,在自己恐怖中牺牲,其首次即是"三一八"事件。这之中有一位牺牲者就是魏士毅。到了 1929 年,北平和天津当局,分别为魏士毅立碑,前者叫"烈士纪念碑",后者称"女士纪念碑"。天津市当局的碑文用了"身殉"和"遗烈"这两个字眼。此事后一年至三年之间,有校刊文和立碑名,均集中将魏氏之死,提升到中国现实困境下为谋出路以致壮烈牺牲的公共形象。更往后到了 1986 年,乃事件六十周年,魏氏的校友,叫范日新的,赋诗一首慰先烈如下:

谁忍家贼揖外盗/北京游行唤国魂
曾羡秋瑾振聋聩/津门女杰步后尘
狞笑屠夫成垃圾/洒血两党丰碑存
拯救中华赖先贤/四化建国望后人

这首诗收载天津市党委主编的《愿后死者长毋忘——纪念"三一八"运动死难烈士魏士毅专辑》一书中(第 19 页)。在此,1907 年秋瑾的死难和 1926 年魏士毅的死难,先后辉映。这种政府杀害学生,使蒙上"屠夫"骂名的,早在 1926 年惨案发生后第五天,

---

[1] 参胡缨:《性别与现代殉身史:作为烈女、烈士或女烈士的秋瑾》,彭姗姗译,载游鉴明、胡缨、季家珍编:《重读中国女性生命故事》,五南出版社,2015 年(第二版),第 165 页。

散文名家朱自清即发表《执政府大屠杀记》一文，已指实政府犯下屠杀人民的罪责。

参加 1926 年三一八示威游行的女学生，不仅有燕京大女生，还有北京女子师范大学的女生。北女师的学生中，亦有刘和珍（1904—1926 年）和杨德群（1902—1926 年）两位遭军警击毙。这两女生死后，由两位著名的老师，即鲁迅和林语堂，撰文纪念，故尔长久以来，这两女的声名盖过魏士毅甚多。三一八那天，鲁迅就愤笔写下《无花的蔷薇》，随后又连写四篇。惨案后三天，林语堂即发表《悼刘和珍和杨德群女士》一文。鲁迅于文中为中国女性从容临难，发出喟叹；林语堂则表彰刘、杨两女"为全国女革命之先烈"，并痛斥刽子手是"亡国官僚瘟国大夫"。另一位名作家周作人亦联发三文，痛悼刘、杨两女。当代学者侯杰早已指出，鲁迅等三位文豪，是当时掌握话语权的文化明星，他们以其私人理由在对三一八惨案罹难女生中，只及刘、杨两女，俨然将两女形塑成反帝爱国典型，已是深入人心。[1] 甚至鲁迅的《纪念刘和珍君》一文，于 1949 年中共建政之后，尚将之编入中学语文教科书中。[2] 刘、杨在新生代心中，其形象应是无比巨大。亦即，刘、杨死难事件对后代国族主义之激励，其感染力道之大，更是难以估计。

三、上街示威以争取议论国事权

中国女知青走出校园、步入街头，兼且以行动抗议政府之失政，不自 1926 年三一八惨案事件始。早在 1903 年，女知青有鉴于俄国垂涎中国东三省，乃投袂而起，学男子般，组织拒俄义勇军。[3] 之后 1905 年至 1911 年，投身革命，反对满清，支持共和者，亦不乏人。[4] 1912 年，中华民国诞生，国会开议，中国女知青更发动组织，要求女子同男性一样有参政权（即有投票权和被选举权）。[5] 1915 年，针对袁世凯为向日本借款不惜卖国，遭日本通牒必须在五月九日签约，从此"五九国耻日"连年由全国各级学校举办集会纪念，女知青的女校也不例外。1919 年五四运动和 1925 年"五卅"惨案，全国学生罢课，走出校园游行示威，各城市的女知青也同样不落男性脚步之后。1931 年日本强占东三省，全国女知青也同男子一样，慷慨激昂。从

① 参见侯杰：《记忆缺失与文本呈现——以"三一八"惨案中女烈士魏士毅为中心》，《社会/文化史集刊》2013 年第 13 期，第 82、85—86 页。

② 同上书，第 86 页。

③ 关于拒俄义勇军事件，可参考陈万雄：《新文化运动前陈独秀的政治活动和思想》，载李国祁等著：《民族主义：近代中国思想人物论》，时报出版社，1980 年，第 503—507 页。

④ 关于女子投身清末革命，可参考林维红：《同盟会时代女革命志士的活动》，《中华学报》1975 年第 2 期，以及戚世浩：《辛亥革命与知识妇女》，载中研院·近史所编：《辛亥革命研讨会论文集》，1983 年。

⑤ 关于女性争取参政权事，参考王家俭：《民初的女子参政运动》，《国立台湾师范大学历史学报》1983 年第 11 期；李木兰：《反对中国妇女参政：面对政治现代性》，载游鉴明、罗梅容、史明主编：《共和时代的中国妇女》，左岸文化，2007 年，第 177—201 页；张玉法：《二十世纪前半期中国妇女参政权的演变》，载吕芳上主编：《无声之声：近代中国的妇女与国家》，中研院·近史所，2003 年，第 39—72 页。

此,抗日运动风起云涌,更是不乏女知青上街头的身影。

综上简述,从抗俄反满,中经反政府媚日,以迄热血抗日战争,中国女知青可是无役不与。这之间争取女子参政权,更是付出无比惨痛心血,才在1936年公布的"五五宪(法)草(案)"中,有明文允许女子参政。这距离真正行宪的1947年,还有逾十年之遥。

四、妇女不容失国土和丧国权——"五九国耻日"的妇女大动员

中国国族主义形成中,在性别上是有分工的。国族论述的创作端赖自古即拥有文化资本的男性意见领袖,妇女则继之成为该论述的携负者兼实践者。以上反帝抗日大历史事件脉络中,1915年五九国耻日从发生之后,上自执政党政府下至社会各界,就年年动员纪念以迄抗战军兴,绵历二十三年不止。本文此处就以妇女参与此一年度例行纪念活动为例,来说明女知青如何继承"五九"精神符号,并以之遂行其国族论述(national discourse)的再生产。

在中、高等学校,女教师比例逐渐增多趋势中,女学生在校处在一种国族论述无所不在的场域之中。每年五九必集会纪念不论,国文作文课必出"五九国耻"一题。"五九国耻日"此一符号变成国族论述形塑的材新。有一年,《青年杂志·文艺录》有一期,刊出天津贞淑女校高一学生刘智峻《妇女亦当爱国说》一文(第9页),表示妇女当爱国不落男子之后,以尽国民之义务云云。这是当时通体的女知青话术或姿态,其实正是"国家兴亡,匹妇有责"的现代版话语。五九国耻常见中学作文题不说,甚至庆祝双十国庆的老生常谈,都要与国耻挂勾。像1933年《妇友会期刊》某期,就刊登初二女生余钟兰所写的《国庆与国耻》一文(第80—81页)。文中提到二年前东三省陷于日本之手,以及国中尚有共党"遍地"都是,故而她说:"值此双十国庆,念兹国耻……又独非吾国之耻乎?……何庆之有……"这明显是在作鹦鹉学舌国民党"攘外必先安内"的文化政策。

女校以外大社会里,有女知青前行世代出面办妇女杂志,她们大多提供篇幅、鼓励女知青后辈在其主编杂志刊登关于五九国耻纪念的文章。笔者且举三例如下:

首先,1914年11月,日本驱走在华驻青岛德国军,并占领青岛,中国政府默而不言。①《中华妇女界》第1卷第10期发表俞宗潜和蔡应鸣两篇同题文章:《说国耻》。俞氏有谓中国任日本予取予求,"其可耻不亦甚哉?"次说中国人对丧失国权,"不加痛痒于其心。"因之俞氏断言中国人无人心。最后俞氏提说,国耻为人民之

---

① 关于日本利用一战,攻夺德国在华势力圈的胶州湾一事,参见张鸣:《北洋裂变:军阀与五四》,远流出版社,2011年,第7—13页。

耻,苟人民知耻,才知所爱国云云。(第 9 页)蔡氏于文中,先则指斥青岛遭日人强占,中国军队却作其"苟安目前之计",继则大声疾呼说:"夫以四万万国民,而国弱至此。此真面目扫地者也。"

同期刊物第 1 页,刊有江苏省吴江县同里丽则女校高二生严韵仙所写《国耻碑记》,亦是针对青岛陷日手而发。文中,警告国人受日人凌辱只忿恨五分钟,不能做长久之谋。她发起同学募款事,集资立了这座国耻碑。内中有谓:"余虽悲吾国觏闵之多,窃喜吾同学之先他人而醒也。"(《中华妇女界》第 1 卷第 10 期,第 1 页)对于国土沦陷,高二女生感同身受,立碑以志其不一日或忘。这种国家丢脸即吾国民一份子之大耻,这样的国族论述,成为日后国耻即吾国民之耻说的张本。

1915 年,发生"五九国耻"事件,《中华妇女界》又大肆征集女中学生针对其事发文。有位女中生冯若仪写《毋忘国耻论》一文,发表于该刊第 2 卷第 6 期。她认为中国当师法勾践和曹沫为国忍辱负重,不争一时,而争取日后雪耻复国机会(第2 页)。同期同页,有位叫懿芳的女生撰文说:"天下兴亡,女子亦有责焉。"然后说自己虽为女流,亦国民一份子,扶倾危时局、挽既倒狂澜,"愿与各姊妹共相勉之。"云云。另位叫罗雪澄的女学生撰写《民为邦本说》一文,指出民主国之基石是人民,并指出在古代,君主国若出现暴君,则如此君主为民贼也。如今民主政府施政不为人民,则等如站在人民的对立面云云(第 2—3 页)。另外,该志本封底页有图片集,一张是上海各界参加五九国耻纪念大会的场景。另外有多张揭示中日双方促成签约"二十一条"的人物照片。真是用心良苦。

综观 1914 年日占青岛事件和 1915 年中国受日本胁迫签订"二十一条"条约,可知当时有妇女认为政府坐视青岛遭占,为国耻之事,到了中国被迫与日本签"二十一条"事件发生,则更视五月九日这一天为国耻日,[1]并集会纪念。

另一妇女杂志叫《集美周刊》,在发行至 207 期时,在第 9 至 10 页处,专门报道某省女子中学一周(5 月 8 日至 15 日)大事。这一周刚好碰上"五九国耻日"。当天,该女校特请校外人士演讲 1915 年 5 月 9 日国耻事件之由来,以及事后中日紧强关系。与会女生有二百余人。此外,该报道尚及 5 月 8 日借周会举办学生演讲比赛,其中一讲题叫"北婆罗洲妇女的生活";5 月 10 日,该校派代表至集美码头(按:据此可知该志取名"集美"乃一语双关,既指地名,又有蕴含女性之义)迎接至省垣参加全省中学运动会载誉归来的健女,为获全省冠军,共计获奖牌女生有十八人之多;5 月 15 日,该校举办茶会,请该省师范学校校长演讲民法与男女平权一

---

[1] 关于"五九国耻日"的制作,请参考拙作《中国国耻论述之建构:近代中国林则徐符号意涵与国耻论述的打造,1890—1990》,《社会/文化史集刊》2016 年第 18 期,第 138—143 页,言及有殷汝骊者,于 1915 年出版《亡国鉴·并附国耻录》一书,是中国文化菁英以出版专书炒作"五九国耻日"之起始。

题。可知该校办学很重视女生的智育和体育,可说是国族主义孕育的一个基地。这类女校在当时全国遍地都是。

还有一份妇女杂志诞生地是浙江,以该省为发行范围。在抗日战争期间的1939年,有一期的第 32 页处,是主编写的《编后》。首先,她感谢浙江省黄主席夫人蔡凤珍女士撰文,并表示"全浙姊妹"亦将依文旨奋起云云。该主编又介绍本期"五四妇女运动"专辑文章。此外,该主编对于《大别山中的妇女宪政运动》一文,再三致意。笔者必须指出,在 1939 年,浙江沿海地区已陷日本之手,该杂志是在浙江山区的敌后工作着,一如大别山区也是敌后游击区。最后,《编后》文的上方,占该页三分之二篇幅,在讲其一,效法孙中山大无畏精神以期抗战建国成功;其二,"五八"国际母亲节;其三,"五九"国耻纪念;其四,"五卅运动"。以上,于第三则,特别对汪精卫降日提出批判;于第二则,特别对中国母亲及其儿女受尽日本帝国主义荼毒,表示不舍,更指出此节日的意义在于要与民族解放运动连系起来。据上析述,可知五九国耻日已成为壮大中国国族主义取之不尽的权力蓄水池(powerreservoir)。

五九国耻日,先是文化菁英利用媒体给打造出来,接着,他们影响教育渠道培育携负国耻日符号的新血轮。如此一来,媒体界和教育界年年利用此日的例行集会(有些还加码上街游行)不断复制国族论述。这一文化工程,在媒/教两界工作的女性,与有功焉。[①] 每年 5 月 9 日放假但要集会纪念不说,还禁止游戏以及各式娱乐节目。清华大学有一年 5 月 9 日,就发生三女一男在合作社玩扑克牌,以致遭受"不爱国""人格破产"之讥,且刊诸校刊(见《清华周刊》第 37 卷,第 78 页)。甚至有一民间团体,叫"国民对日外交大会",每年刊行《五九》杂志,在 1924 年发行的第五期上,封面是一帧新闻照片,即该团体举办的五九国耻纪念会,呈现出福建湄州妈祖庙前人群聚集的情景。1920 年代的清大校园固然聚集不少男、女爱国知青,福建湄州妈祖庙则是人气旺的善男信女常至的公共空间,如今为爱国团体所利用成鼓动爱国意识的场域。

1914 年,日人占领青岛事件,对于激发女知青的爱国心格外重大。前述已及,吴江丽则女中女生集资购石为建国耻碑乙事,有女生为文刊于《中华妇女界》上。同时,该校毕业女生陆振权、金蘅两人,又于 1916 年,专为此事向"女界伟人"吴芝瑛乞求墨宝、俾便刊刻于碑阴处。陆、金两女将求字启事公然刊登在上海《妇女杂志》第 1 卷第 11 号上(第 9—10 页)。吴芝瑛(1868—1934 年)是秋瑾的至交,于

---

① 关于中国女权运动的前沿战场兼基地,可参见张素玲:《文化、性别与教育:1900—1930 年代的中国女大学生》,教育科学出版社,2007 年;夏晓虹:《晚清女子国民常识的建构》,北京大学出版社,2016 年;柯惠玲:《近代中国革命运动中的妇女(1900—1920)》,山西教育出版社,2012 年。

1907年秋氏死后,不顾官府查缉的危险、敢于义葬秋氏的女杰。1912年,吴氏为争取女子参政权,组织"神州女界共和协济社"。[①] 可知新世代爱国女知青心中的活典范,无疑便是其前辈的吴芝瑛,这在实践国族主义上,是薪火相传的表示。

五、结论

女校是女知青的养成所,女性杂志社是女知青志业所在,这两个新社会机构是因应男女平等受教以及女子选择经济独立,乃至有自己事业,用以破除"女主内"的性别意识形态牢笼。中国有史以来首次涌现大量女知青这一阶层。她们适时投入性别平等的改造运动。这些新时代女性正在憧憬她们挣脱千年第二性悲运之时,国族主义把她们的美梦给驱逐走了。没错,她们之中有人拥有比过去较大的婚姻自主权,为了自由恋爱可以同居(如鲁迅女友许广平[1899—1967年],毕业于北女师),也可以独身(如胡适女友曹佩声[1902—1973年]),更可以是男友婚外情的小三(如徐志摩女友陆小曼[1903—1965年])。但国族主义垂训这些女知青要在"保种保教"下,成为以男性为优位的"贤妻良母"。与人同居的许广平必须放弃经济独立,成为性伴侣的厨娘兼秘书,更多婚后的女知青成为家庭主妇。婚后还拥有自家事业的女知青少得屈指可数。一代女杰吴芝瑛1916年之后逐渐淡出,不问国是也就算了,还一心向佛,且允许乃夫讨妾。这是退回男尊女卑时代!

国族主义意外给新时代女性迈向性别平权大业上,意外带来反挫,这是本文正文中未及之处,在此先行交代。本文重点所在,在于指出四位女烈士和五九国耻日,如何成为文化菁英宣扬国族论述的文化符号,使之成为壮大国族论述必备的常用火种。先说女烈士方面。首先,自古以"烈士"和"烈女"分别指涉模范男性和女性。烈女之称必与为贞操殉死之行相符,故而不符合近代女性为国献身之行径。于是传统文化类别(category)不敷现代新行为情况之下,只能归类在男性"烈士"之下,成为一如胡缨所说的"名誉的烈士",而管称之为"女烈士"了。其次,女烈士获社会认可,是要有一番文化作为的。秋瑾死于1907年,国人赋予她"女烈士"的形象,要到1912年中国变成共和国之后。秋氏其女烈士形象的进一步打造,与以下两件艺文文本制作密切相关。1919年鲁迅的《药》小说文本,以及1936年夏衍的《自由魂》戏剧文本,先后问世,无疑使得秋氏女烈士形象传播益广。同样,魏士毅女烈士公共形象的深入人心,一定得等杀害她的北洋政府垮台之后,才有可能。

[①] 关于吴芝瑛生平,可参见夏晓虹:《纷纭身后事——晚清眼中的秋瑾之死》,载夏晓虹:《晚清女性与近代中国》,香港中和出版有限公司,2011年,第279—287页。惟夏文只及吴芝瑛义葬秋瑾事迹,吴氏一生行事,当参考丛菁华:《媒体视域中女杰形象的建构——以吴芝瑛为中心的探讨》,载南开大学研究生院等南开四大学术单位等主办论文集:《性别视域中的中国历史:新理论、新史学、新解读》,2016年,第263—268页。

1929年,北平和天津两市政府分别为魏氏立纪念碑,魏氏的女烈士身份才从燕京大学校园走入社会。此后一连三年不断有纪念文和立碑名不断在打造魏氏女烈士的形象。1949年中共建政之后,魏死六十年后的1985年,有人赋诗纪念。再加上天津市党委出名替魏氏出版一本专辑,将有关魏氏之死的文章搜罗殆尽,包括1985年那首诗亦在其中。1926年三一八惨案事件中,女北师有刘和珍和杨德群两学生死于是难。两位刚死不久,就获乃师鲁迅和林语堂撰文纪念,因此死后身份马上从凡女变成女烈士。加上,撰文者名著全国,刘、杨声名立即轰传全国。第三,以上四位女性因公共议题遭反动政府的毒手,但获为国捐躯的女烈士美名则有迟速。大抵上,死后离政治变天的时间长短,关系到获女烈士身份认可时间迟速。秋瑾之死距清亡,有四年之久,"三一八"惨案蒙难三女士距北洋政权之垮,约莫两年光景。但同样是"三一八"蒙难三女中,魏女声名不若另两女响亮,那是缘于为女烈士形象打造者是否为全国名流也。

至若"五九国耻日"符号打造,从1915年至1939年,前后二十四年间,是日军进犯中国的铁蹄和中国抗日力量的壮大,同步发展。这之中,国家和社会部门营造此一符号耗尽种种文化作为手段。国家部门的努力,异日笔者另文为之。在此,与本文攸关的妇女在浇灌此一符号花朵上,女学校和妇女期刊社(当然,男女合校的大学校刊亦包含在内)贡献卓著。在此,现代中国女知青的第二代和第三代,在利用此特定议题:反帝抗日,和特定符号"五九国耻日"上,协力合作再生产国族论述。在此,有三点值得提出。首先,世代分工上,前行世代创办杂志,以其中一定篇幅供新生代投稿,这其实在培训新世代。而女性前行世代在所办杂志中,是以隐身方式出现在编后栏目内。其次,班纳迪克·安德森(Benedict Anderson)在其《想象的共同体》一书中,指出近代国族主义的特色,是运用印刷媒体炒作国族论述。他讲的虽是印度尼西亚的个案,但用于中国案例亦通。本文举证上就使用了六种(1915至1939年不止六种)妇女杂志(请留意,从1895至1912年,中国出现上百种新式传媒中,只有二种女性杂志),这些文本诉求对象全是清一色"姊妹们"。第三,尽管国族论述的论客是一群少女(从初二生到高二生),即令吐属尽是陈腔滥调,但情绪激昂声中,饶富感染力。其中,有运用古典"天下(国家)兴亡,匹妇有责",有严厉警告仇日情绪不能只有五分钟热度,有效法春秋时代勾践和曹沫的复国精神,有针对政府丧权失土(专指"二十一条"和日占青岛之事),表示既是国家丢脸,便是国民之耻。此外,言词尚及中国内部不团结,指涉的是中共势大和汪精卫投靠日本这两件事。甚至某女校学生自行集资兴建国耻碑上,欲找来女界前辈典范吴芝瑛赐墨宝以助阵,这就有中国女权运动上薪火相传的意义。当然,投身传媒工作的女性前行世代和投搞报刊的女性新世代,都正处在打造国族主义的激流中,本文所举例证,只是其冰山一角罢了。

　　国族论述中，有"保种保教"和"新贤妻良母"之倡议，这让妇女运动遭到反挫。时代新女性尽是女知青，其中有部分还是职业妇女，也是国族主义的承负者兼践行者。她们嫁为人妇之后，倘不能与其夫婿一同主外，又协同主内的话，等于新女性又堕入旧时代"男尊女卑"的万劫不复当中！近代中国国族妇女在没有婚姻和家庭之前，有着古所未有的新气象。但本文所及的 4 位爱国少女，在中国进入抗战时期，应是她们适婚年龄，她们应不至为国捐躯，然则她们又去了哪里？

作者简介：

　　卢建荣，男，《社会/文化史集刊》主编，"中央研究院"历史语言研究所研究员，中国文化大学史学系教授，主要研究方向为中国中古以及近现代社会/文化史、法国近代社会/文化史和当代欧美史学理论。

第二次世界大战期间英国
邮电部门的女话务员

马克·克罗利

摘　要：尽管有关第二次世界大战期间英国大后方的历史研究浩如烟海,但是对于英国最大的雇佣单位——邮电部门——却鲜有人关注。本文旨在通过关注战时邮电女话务员的重要作用来修正这一史学断层。文章将利用英国邮政博物馆和档案馆——大英图书馆音像档案馆和位于邱区(Kew)的英国国家档案馆公共档案室——所藏的迄今为止无人探究的档案材料,来展现对于女性话务员角色的政府认知和邮电管理是如何随着战事加剧而变化的,并且揭示她们的角色是如何成为战事工作的重要组成部分的。本文还将考察邮电部门在电话通信方面所采取的一系列举措,并证明女性正处于这些变化的最前沿。此外,文章还将展现出这些女性超然的勇气。最终,本文将建构女性是如何成为邮政劳力乃至整个英国战事工作的一个重要组成部分的。

关键词：第二次世界大战;女性话务员;通信;同工同酬;工会

当第二次世界大战于 1939 年 9 月爆发时,便标志着 1938 年 9 月温斯顿·丘吉尔首相与德国总理阿道夫·希特勒签署的和平协议遭到了破坏。然而,对于政府内部的许多人来说,战争的爆发并不十分令人惊讶。实际上,自 1935 年以来,特别是在意大利首相贝尼托·墨索里尼入侵阿比西尼亚(Abyssinia)之后,英国政府一直在积极备战。[①] 此外,英国公务员系统中的多数人并不认为第一次世界大战是一场有助于解决诸多国际争端的战争。因此,英国政府的许多部门都制定了战前计划,他们希望这些计划不需要被实施,但如果有需要的话,他们就可以随时执

---

① Mark J. Crowley, "Preparing for a Future War: Pre-War Planning in the British Post Office, 1918 - 39", History: Journal of the Historical Association, 100(2015), pp. 685 - 703.

行这些计划。① 毫无疑问,第一次世界大战期间有许多误判,英国政府则非常希望确保在发生又一次的全球冲突时不再重蹈覆辙。但第一次世界大战也揭示了战争运转的一个非常重要的因素——国家通信网络的重要性,以及邮电部门在确保公民间的通信以及政府与盟国间的通讯方面所起到的关键作用。② 此外,邮电部门女员工的作用至关重要,因为军事冲突的加剧导致了邮电部门的许多男员工被征召到前线,因此必须由女性来担负其职责。③ 她们之前没有受过训练,需要迅速学习必要的技能,以满足战争对于英国邮电部门管理的通信网络的要求。因此,当第二次世界大战开始时,政府意识到了邮电部门将发挥的重要性,以及其女性员工,尤其是女性话务员的重要性。④ 本文将就这方面进行研究。

在第二次世界大战于 1939 年 9 月 3 日爆发之前,(英国)邮电部门已经就如何应对战争带来的挑战制定了一项计划。然而,尽管邮电部门的女性工作人员对于战事工作(war effort)至关重要,但是在最初的备战考虑中,她们并非是主要的构成部分。邮电部门的管理层以及政府官员都清楚,在战争期间,邮政大楼很有可能会遭受到相当巨大的破坏。而这就会增加相关的维护费用,而且建筑物也需要被重新配置以确保战时用工的安全。这就需要进行必要的改变,其中包括保护建筑物免受飞溅的玻璃的损害、制定明确的疏散程序以及防御毒气袭击等措施。因为女性话务员的工作时间、她们在建筑中所处的位置及其对于英国电信网络的整体重要性,使她们非常容易受到伤害。这也导致了住宿紧张问题,急需额外的房舍。因此,许多之前因为业务集中而享有密切沟通的邮电单位,现在都处于分散的状态。而管理部门则面临着两项操作性难题:单位之间的合作以及沟通。⑤

早期的规划举措表明,有关部门几乎没有采取什么措施来保障室内工作人员的地位。例如,在 1938 年,邮电部仅仅批准了为那些参与"极为重要的"服务的工

---

① Rodney Lowe, "Bureaucracy triumphant or denied? The expansion of the British Civil Service, 1919 – 1939", *Public Administration*, 62(1984), pp. 291 – 310.

② Mark J. Crowley, "Technological Change and the Future of Post Office Communications, 1918 – 45", *History and Technology*, 32. 4(2016): pp. 1 – 27.

③ Mark J. Crowley, "Inequality and Value Reconsidered? The Employment of Post Office Women, 1910 – 1922", *Business History*, Vol. 58,7,(2016) pp. 985 – 1007.

④ Mark J. Crowley, "Women Post Office Workers in Britain: The Long Struggle for Gender Equality and the positive impact of World War II", *Essays in Economic and Business History*, Vol XXX (2012), pp. 89 – 97.

⑤ The Postal Museum, London(此后将缩写为 TPM),POST 56/22, An Account of the work of the Post Office during the Second World War by Sir Thomas Gardiner, Director General of the Post Office, 1936 –45。

作人员提供防毒面具,这包括了工程与电报工作人员以及那些在户外工作的人。① 邮递员有权使用防毒面具,但是财政限制意味着女性员工会被排除在外,而其中大多数女性员工都受雇于电话局。② 女性员工对于这种安排十分不安,这就导致了工会与女员工提交了大量的相关投诉。直到 1939 年 1 月,电话局的女性员工才得以配发防毒面具和口罩,以便使其在空袭中得到保护。③ 此外,并非所有的电话局都配备有屋顶照明,这意味着许多员工要么是在低功率的照明下工作,要么在极端情况下,甚至在烛光或煤油灯下工作。

到了 1939 年,尽管工作人员依旧短缺,然而电话呼叫数量的增多意味着邮电部门女话务员比以往任何时候都要重要。而人员的短缺则会导致相关服务的中断。由于电话通讯在战时执行政府事务的重要性与日俱增,邮电部门亟须解决这个问题。战前严苛的削减开支举措造成了在战争爆发时,全国只有 600 名女性话务员在岗。这就需要更多的员工来应对系统压力的增大。报业和英国广播公司通过广泛传播招募启事以对此提供帮助,目的是促进以女性员工为主的相关招募,这些女性不太可能被要求在辅助部队服役,她们包括 30 岁以上的女性以及母亲。④

然而,邮电部门遇到的问题才刚刚开始。截至 1939 年 1 月,在威尔士语正处于复兴时期的威尔士,当地只有不到 100 名话务员在岗。这就需要更多的员工来应对系统压力的增加。然而,尽管英国其他地区的邮电部门对于话务员的聘用标准并不是那么严格,在其他诸多节省成本的举措中选择缩短人员的培训时间,但是在威尔士——虽然他们必须尽快确保有足够的人员配置,而且在威尔士工作的邮电人员并不认为会说威尔士语的能力是"必不可少的"——当地邮电管理人员依旧坚持聘用高质量的双语员工。不过,在相当长的时间内,当地人对于这个问题的感受愈发强烈,这也成为了威尔士社会结构的一个重要组成部分。早在 1933 年,人们便注意到威尔士人——尤其是在威尔士语占据主导的威尔士北部——在电话中会使用威尔士语,但是截至 1939 年,只有很少的举措用来改善当地威尔士语使用者的语言服务。令人惊讶的是,是卡那封郡(Caernarfonshire)的警方,而非威尔士民族主义党(Plaid Cymru),率先提出了这个问题。卡那封的警方负责人声称,当地警方更愿意使用威尔士语进行通话,并且极为沮丧地表示,邮电部门的工作人员

---

① 在此期间,邮电部门的 241000 名员工中有 55000 名是女性,然而她们的工作性质意味着她们没有资格配备防毒面具。有关统计细节,请参见 Alan Clinton, *Post Office Workers*, p. 622。

② TPM, POST 56/22, Gardiner, An Account of the work of the Post Office, 1936 – 45.

③ TPM, POST 1/865, Colonel Leigh-Claire to Colonel C. W. G. Walker, 9 January, 1939.

④ TPM, POST 56/22, An Account of the work of the Post Office during the Second World War by Sir Thomas Gardiner, Director General of the Post Office, 1936 – 45.

拒绝使用威尔士语,尽管他相信这些工作人员是能够听懂威尔士语的。[1] 不过,邮电部门决定对这位警官的观点不予认真对待,而且认为这种投诉是别有用心的,他们认为这是由威尔士民族主义党边缘的激进团体所推动的。邮电部门在答复中强调,虽然对于电话中使用的语言是没有限制的,而且在用户对英语语言了解有限的地区威尔士语尤为重要,但是会说威尔士语并非是一个威尔士电话部门委任人员的先决条件。身在英格兰的邮电部门的管理人员认为,正是反帝国主义的情绪促使那位警官写下了这封投诉信,并且指出,3月1日(圣大卫节)那天卡那封议会拒绝在卡那封城堡悬挂威尔士旗帜可能是促成这一投诉的动因之一。尽管在给那位警官的回复中并没有提到这一点,但是邮电部门的官员在事后讨论这起投诉的性质时,用上述措辞对这封投诉信进行了驳斥。

虽然这一抗议与随着战事的加剧邮电部门内部所发生的态度变化之间的相关性无法被简单地量化,但似乎如今的威尔士邮电部门表现出了使用双语的倾向性,并且在1938年之后开始聘用双语员工。这一点可以从当卡那封出现了一个话务员的职位空缺时而看出来。地区管理者和邮政总长都规定,相关职位的候选人必须会讲威尔士语。而最终当地一位精通威尔士语的女性获得了这份工作。尽管威尔士语不是获得该职位的先决条件,但是卡那封办事处的所有工作人员都能够说威尔士语,而且该地区的主要语言也是威尔士语。当一名来自斯托克波特(Stockport)的话务员因其丈夫工作调至卡那封,而想在把自己也调到那里时,这一点便被加以强调了。邮电部门在说明拒绝对她调动的理由时表示,尽管在雇佣条件中没有明确说明需要聘用会讲威尔士语的工作人员,但是在对每个地区进行了语言使用情况的评估后发现,在威尔士语占据主导地位的地区,会讲威尔士语的候选人将更受青睐。卡那封是威尔士民族主义党的中心,威尔士语的使用率高于威尔士的其他大部分地区。因此,聘用会讲威尔士语的工作人员被认为是十分必要的。[2] 而这些态度上的改变,成为了更为广泛的架构中的一部分,而这个架构也影响了战时话务员的招募。

战时话务员与电话服务

到了1940年,邮电部门面临着史上电话数量的最大变动。在全国范围内,数以千计的设备被安装或拆除。虽然在1939年圣诞节期间,出现了自第一次世界大战以来电话安装数量的首次下降,但是到了1940年,电话的数量却再次增加。尽管在1940年7月的不列颠战役(Battle of Britain)中,许多电话线路和电话部门被

---

[1] BT Archives, (hereafter BT), 6489/132, Head Postmaster to Surveyor, 23 April, 1932.

[2] *Ibid.*, Personnel Department to P. T. Bell, May 11, 1938.

摧毁,但是线务员在一片混乱中努力恢复通信服务,许多线路很快便得以恢复。因为电话使用量的增加,所以邮政大臣(Postmaster General)于 1940 年 2 月重新引入廉价的长途(话务员辅助)呼叫设施。该设施在 1939 年被撤销,是因为当时优先国防呼叫业务的增多。国防部要求大多数线路要确保在空袭期间能够维持必要的战时通信。因为聘用了更多女性话务员以及在技术方面的改进,从而使得这项服务得以重新引入,而且不会影响国防通信业务。[1] 在短期内,这一系统的重新引入给通信系统所带来的压力并不会损害相关服务。1940 年 7 月,英国远征军驻法国总司令戈特(Gort)勋爵在信中表示,这项举措很受欢迎。他称赞了邮电部门女性话务员的协作与效率,并且他还相信,如果今后需要使用电话系统,那么这个系统将会有很高的效率。[2] 但是,公众的海量需求促使邮政大臣 W. S. 莫里森(W. S. Morrison)呼吁公众能够对他们的工作加以体谅和理解,他还在电台广播中敦促人们避免在非必要的情况下使用电话系统:

> 邮电部门正坚定不移地致力于维护对公众的相关服务,也恳请公众能够避免为了不必要的通话而使用这项服务,与之携手并肩、守望相助。[3]

不过,廉价电话的重新引入与敌军轰炸的加剧都增加了通信需求。截至 1940 年 11 月,伦敦电话局又招募了 800 位"女孩",以提高话务员辅助(长途)通话的应答速度。[4] 然而,事实证明,在遭受敌军轰炸的地区——包括伦敦和考文垂——这些增加的人员还是不够的。这些角色需要更多的女性参与,但是邮电部门在招募这些女性时却面临着许多困难。敌军轰炸的加剧显然对大后方造成了影响。1940 年 7 月进行的一次民意调查报告指出:

> 敌机空袭、不眠之夜、防御措施让这个国家与战争之间是如此的触手可及,而它曾经将 ARP(空袭预防措施)视为麻烦且并不愿意疏散它的孩子们。[5]

---

[1] TPM, POST 56/96, Reintroduction of cheap trunk call facilities, 12 January, 1940.

[2] *Ibid.*, Tributes to Post Office staff, 17 July, 1940.

[3] TPM, POST 56/97, Statement by Postmaster General W. S. Morrison, 28 October, 1940.

[4] *Ibid.*, Postmaster General Defence of Post Office War Work, extract from *Sunday Times*, 1 December, 1940.

[5] Mass Observation Archive, University of Sussex Special Collections(之后简写为 MO), Mass Observation Report 290, 25 July, 1940, p. 1.

对于邮电部门的工作人员来说,空袭造成的危险以及服务中断的不可避免性意味着,在空袭期间保持有效运营是一项挑战。英国陆军部(War Office)发布的空袭预防手册则强调了保持常态的重要性。这在很大程度上依赖于工作人员的勇敢。手册中如是说明:

> 工作部门全体人员须知,除非他们得到明确相反之指示,否则他们有责任坚守岗位,与其他平民一起继续他们的正常工作。①

许多邮电部门的员工似乎都对这一要求做出了积极回应。1940年,在伦敦西南地区的304个人工电话局中,有97%的工作人员在空袭警告后仍然自愿继续值班。② 这些话务员所冒的安全风险一直很大。对于电话局的话务员而言,电话局位于大楼顶层的位置使得相关员工暴露在了敌军轰炸的直接火力面前。尽管如此,在空袭警报期间,几乎所有的"话务女孩"都自愿留在岗位上。许多人在空袭期间坚守岗位。③ 这一举动得到了邮政大臣的最高赞誉,他在电台广播中提醒公众注意邮电部门女性话务员所表现出的勇敢。他希望能够与公众协作,以帮助其勇敢的女员工继续有效地履行职责:

> 在空袭期间想想"问讯女孩"(Hello Girls)吧。当警报催促普通民众寻找掩体时,每一处电话局都必须继续运营。邮电部对这一传统感到自豪,现在又自豪地获悉,在全国各地的电话局中,几乎所有的"问讯女孩"都自愿在空袭期间继续坚守岗位。她们在极度紧张和极为危险的条件下工作,但她们无一退缩。④

在多佛尔(Dover)的电话局,空袭警报在早上7点——也就是女孩上班前的一小时——响起。当警报响起时,男性员工拒绝离开座位让女性取而代之。相反,他们命令女孩们进行躲避。几个小时之后,这些人仍旧在值班,直到警报解除,随后女孩们开始重新投入工作。⑤ 多佛尔邮电部门负责人A. W. B. 莫布雷(A. W. B. Mobray)先生如是说:

---

① TPM, POST 56/173, Invasion: Note, July, 1941.
② TPM, POST 56/160, South Western Region War Diary, 1 January 1940.
③ TPM, POST 56/20, Ian Hay, *The Post Office Went to War*, (London, 1946), p. 8.
④ TPM, POST 56/96, "Think of Hello Girls", 15 September, 1939.
⑤ Ibid.

许多工作人员的住宅遭到了严重破坏,他们只能住在斑驳灰暗之所或是寄居于补漏屋顶之下。许多员工已经让他们的妻子或家人撤离了,但是不管怎样,希特勒的威胁从来都不会成为人们不去上班的借口。一位本应晚上 8 点下班的女孩,在 9 点的时候回到了办公室,请求允许自己睡在办公室,因为那天晚上她家被一枚炸弹炸毁了——事情就是这样——第二天早上,她还是像往常一样重新投入工作,但唯一不同的是,她只能穿着与昨晚相同的毛衣和裙子。①

电话局内的工作条件一直都很艰苦。在发生停电的时候,电话局所允许的应急照明功率不能超过 100 瓦,而假如提供额外电力的应急电池需要投入使用的话,则由工程部门来自行决定。在其他所有情况下,工作人员则使用邮差灯具来提供必要的照明。② 此外,话务员工作的房间都位于建筑物的顶层,而其玻璃屋顶则确保了光线的充足,但这在空袭中却极其危险。尽管大部分设备都是易燃的,然而假如被水淋湿的话,这些设备就会毁坏,故而只能用化学灭火器来防备火灾带来的破坏。针对空袭的第一道防御就是用砖石将窗户堵起来。但是这样就减少了通风,这与人工照明一道给工作人员带来了相当大的压力。位于地下室的紧急交换室则是重要用户线路重新连接的地方,以确保在主线路遭到破坏的情况下,通话服务仍可以在这个房间里继续运作。如果返回楼上办公的风险太大,话务员也可以使用这个房间。在规模较大的电话局中,备用的第二个房间会与电话局分开设立,必要时可以确保所有重要用户的线路都能使用。尽管工作条件恶劣,但员工的士气依旧高涨。即使周围的建筑物被点燃,许多话务员也会继续工作。这虽然不会在短期内影响人员配备水平,但在战争快结束时,话务员中因为承受高压而引发疾病的情况还是增加了。③

为了应对空袭所造成的电话流量的增加,以及 1940 年 6 月以来不断变化的军事形势所带来的需求,在主要位于城市的所有大型电话局提供不间断的电话服务是很有必要的。作为政府的中心,伦敦是敌军轰炸机的主要目标。而其他有的城市因为其人口的密集程度,也会成为轰炸机的目标。而在飞机轰炸的情况下,保持通讯的畅通至关重要。虽然由于受影响的人口较少,在较小的电话局维持不中断服务的紧迫性较小,但是维持高标准的人员配置水平依然对确保有效服务有着重要的作用。除了那些在自愿基础上提供协助的"预备人员"(根据预备役职业计划

---

① TPM,POST 56/125,Dover Post Office and its staffing Wartime,June 1940-December 1943:Typed account by Dover's Head Postmaster,Mr. AWB Mowbray.

② TPM,POST 56/23,Post Office ARP Manual,p. 16.

③ TPM,POST 56/22,Gardiner,An Account of the work of the Post Office.

为有关国计民生的工作而待命的人员)之外,还要增加对临时员工的招聘,以满足这些需求。这些角色的多数预备人员都是女性。她们分为日班员工与夜班员工。那些在白天执行任务的人员被称为"家庭紧急预备队",这些人都住在离电话局很近的地方,一旦警报拉响,她们就可以迅速报告。那些执行夜间工作的人员则被称为"夜间预备人员"——包括了"家庭紧急预备队"和"电话局紧急预备队"——她们只在夜间工作并按要求履行职责。预备人员本身并没有工资,而是按照履行的职责来获得一定报酬。"夜间紧急预备人员"每晚获得 1/- 的津贴,并且假如她们没有参与任何紧急事项的处理的话,那么她们头一个小时和最后一个小时的薪酬就会被降低。① 不过,截至 1940 年,女性工作标准的提高仍然是邮电部门的当务之急。这就与政府通话的处理有着明确关联。

随着政府在 1940 年 7 月不列颠战役期间增加对电话系统的使用,陆军部现在指示邮电部门管理人员为了国防而优先处理政府通话。② 为了确保这一点,邮电部门改善了基础设施,其在伦敦安装了 2000 套电话转接设备,并且向政府办公室和地方提供了受保护的营运网点,使得城市成为了长途业务的堡垒。③ 同时相关部门还鼓励个人用户仅在紧急事务时使用长途电话。④ 受限制的电话线路意味着电话只会在公务或紧急呼叫中被允许使用。所有电话都必须用英语或法语通讯。不过,有鉴于相关服务将面临的运营困难,这些方面需要得到考虑。电话局会不可避免地遭受到敌机的攻击。而那些在电话局工作的邮电女员工则需要在空袭下工作。⑤ 1940 年 9 月 11 日,当伦敦中央电报局遭到最为严重的袭击的时候,邮电部门成功地实施了利用其技术资源以应对压力和敌机袭击的计划。该部门通常的雇员为 3000 人,需要处理全国四分之一的电报业务。为了避免损失,相关部门在临近邮电部门的地下室配备了两个大型设备间,而重要用户的线路将会在这里被重新布线以便连接通讯。⑥ 而如果回到楼上办公的风险太大,话务员也可以使用这些房间。额外的线路则会被转移到外地邮电部门,在那里也有配备部分设备的房间。⑦ 尽管大部分的电话转接设备都是易燃的,但是用水灭火的话会造成仪器损坏,故而只能用化学灭火器来抵御火灾。应对空袭的第一道防线就是封堵住窗户。这就减少了通风,加之有限的人工照明,工作人员都承受着巨大的压力。在这次袭

① TPM,POST 56/27,General Post Office Review of Expenditure since the outbreak of war,1941.

② TPM,POST 69/11,Telecommunications Report,24 Oct. 1939.

③ TPM,POST 56/22,Thomas Gardiner,An Account of the work of the Post Office.

④ TPM,POST 56/96,Suspension of Cheap Night Trunk Call Service,1 Sept. 1939.

⑤ TPM,POST 56/97,Statement by Postmaster General W. S. Morrison,28 Oct. 1940.

⑥ TPM,POST 56/22,Gardiner,An Account of the work of the Post Office.

⑦ TPM,POST 56/20,Ian Hay,*The Post Office*,6.

击中，建筑和工作人员都得以幸免遇难，但是电信设备却被大火烧毁了。在水泵破坏后，水管干涸，这让消防员束手无策。受影响的 15000 名用户则获得了流动邮电单位的支持。通过将用户线路转接到一度被废弃的位于克勒肯维尔大厦（Clerkenwell House）、市中心酒店（City Central）和市长官邸（Mansion House）的电话局，正常服务迅速得以恢复。① 临时电话亭则可以用来拨打外线电话。如果形势恶化的话，额外的线路会被转移到外地邮电部门，在那里也有配备部分设备的房间。② 由于手上有详细的规划和对技术的适宜运用，邮电部门可以确保政府与公众都能获得不中断的业务服务。

尽管敌机轰炸造成了巨大的压力，但是伦敦每周依然有 2000 万次电话被接通，此外还有 30 万次的长途电话。③ 邮电员工保持通信正常的决心是巨大的。例如，女性拿防水帆布来修复被敌方炸弹炸毁的屋顶。此外，当隔壁大楼发生火灾，有可能会蔓延到电话局时，伦敦电话局的女员工没有遵循消防队的建议撤离而是选择继续工作。④ 这些女性工作者向管理者表达了她们坚守岗位的意愿，并且确保了所有的电话呼叫都能被接通。⑤ 的确，公众对于邮电部门提出了很高的要求，在邮电部门努力确保为普通民众提供服务的同时，邮政大臣 W. S. 莫里森在这一困难时期请求得到公众的支持，并在广播中呼吁，"邮电部门正坚定不移地致力于维护对公众的相关服务，也恳请公众能够避免为了不重要的通信而使用这项服务，与之携手并肩、守望相助。"⑥

虽然不列颠战役摧毁了许多电话线路和电话局，但是线务员们不分男女在混乱中努力恢复通信服务，使得很多线路得以迅速修复。尽管，邮政大臣在私下里对邮电部门应对额外压力的能力持保留态度，但是在公开场合他依旧保持着乐观，并试图强化邮电部门作为战争时期友好且有效的公共服务提供者的形象。他在邮电期刊《署理邮政局长》（*Sub Postmaster*）中如是写道：

> 正如大大小小的船只清空了它们所载的人员，无数的电报也递交了进来……谁能够在处理这些信息的同时而面对其紧迫性而无动于衷呢；发信人、某人的父亲，某人的儿子（原文如此），从地狱的血盆大口，从鬼门关归来，任何

---

① TPM, POST 56/22, Gardiner, An Account of the work of the Post Office.

② Ibid.

③ TPM, POST 56/97, Statement by Postmaster General W. S. Morrison, 28 Oct. 1940.

④ 关于对空袭的亲身经历的叙述，参见 Vera Brittain, *Seed of Chaos*。

⑤ TPM, POST 56/97, Statement by Postmaster General W. S. Morrison, 28 Oct. 1940.

⑥ Ibid.

有助于减轻他们对家人担忧的细微之事我们都乐意为之。①

电话服务的重要性意味着,截至 1941 年 8 月,其在政府的"人力"政策中得到了特别的考虑。② 根据预备役职业计划,这些地区受聘人员的技能被认为对战事工作是"十分必要的",并且需要"符合国家利益"。③ 从此以后,话务员的职业成为了一项"必不可少"的战时工作。邮电部与劳工部达成协议,即使在其他战时特定工作岗位的预备人员被转移之后,这些工作人员依旧会被保留。这就包括了在重要的工程与运营岗位的人员。这也关系到女性员工向战时工业输送的问题,以及对邮电部门的长期影响。④ 尽管电话服务已经很好地应对了迄今未止所面临的压力,但是邮政大臣意识到,匆忙草率的招聘意味着业务培训的诸多方面都被忽略了。当邮电部门的一位主管领导打电话向一位临时话务员询问有关设备的情况时,这位临时话务员为电话服务带来了令人愉悦的变化。她没有回答"请问讯",而是说"我有什么可以帮助您吗?"这给那位领导留下了深刻的印象,于是现在所有的女孩在接线时都被要求回答"我有什么可以帮助您的吗?"⑤不过,对女性员工培训的减少仍然是一个问题。

1942 年 6 月,邮政大臣在一份新闻稿中如是评论道,"毫无疑问,电话局所担负的职责如今在各种意义上都是一项战争任务"。⑥ 这一观点是基于电话通信对战事工作日益增加的重要性而阐发的。如果没有有效的通讯沟通的话,这个国家的工业组织将难以为继。现在,女性在帮助国家取得最终胜利方面发挥了关键作用,她们作为话务员的角色,可以说是邮电部门最为重要的职业之一。⑦ 不过,话务员培训的减少所带来的困难,促使邮政大臣对其工作和行为进行全面辩解的声明。尽管如此,某些电话用户仍然对服务不满意。邮政大臣接到了用户的投诉,投诉中声称女性话务员回复他们长途电话请求的时候使用了驳斥性的语句"难道你不知道有空袭吗"。⑧ 这表明相关工作人员需要更多的培训来应对压力之下的请求。邮政大臣在随后的电台广播中不仅强调了女性话务员所面对的困难,还让公众明白,战争对电话系统及其员工提出了额外的要求。国防通话业务仍然占据优

① TPM, POST 56 series, War and Civil emergencies, 1858 – 1969.

② TPM, POST 56/127, Post Office Diary, Post Office Circular, September 3,1941.

③ *Ibid.*, London Telecommunications Region, March 31,1941.

④ *Ibid.*, Postal Services, March 31,1941.

⑤ TPM, POST 56/96, Dial "0" for politeness, 29 September, 1941.

⑥ POST 56/99, Post Office Telephonists are War Workers, 11 June, 1942.

⑦ Ibid.

⑧ TPM, POST 56/97, Broadcast by Mr. John Innes, Director of Telecommunications, General Post Office 'Your Telephones in Air Raids', 29 October, 1940.

先地位,有关部门鼓励公众只把电话作为万不得已的选择来使用。① 事实上,对服务的投诉很少,很多人对新入职的女性员工表示了钦佩与满意。②

截至1941年,话务工作人员所表现出的超凡勇气,促使邮政大臣于1941年8月做出如下之表态:

> 当撰写这场战争的历史时,或许会有关于女性话务员事迹的一席之地,她们会将敌机中队落下的弹雨比作"过耳噪音"。③

这样的例子不仅凸显了邮电部门女性话务员的勇敢,更强调了她们的高效工作与岗位奉献。

这种展现出的勇敢与效率是否会影响邮电部门管理人员的态度变化,从而有助于改善女性话务员的工作条件与权利呢? 邮电工会(The Post Office Trade Union)、邮电工人联合会(the Union of Post Office Workers)认为有必要做出改变。他们认为,鉴于战时女性工作人员的出勤率有所变化,所有已确立岗位级别的女性如今都应该得到与男性同等的工资,因为她们做着与男性等量的工作。而那些长期无岗位级别的女性员工,也提出了同样的要求。④ 要求主要有两项。首先,在夜班工作的女性临时话务员应该与正常的夜班话务员一样,享受同等薪酬。因而,不应以性别为由来歧视她们。其次,在夜班工作或与男性履行相同职责的女性,无论其岗位级别是否确立,都应获得同等报酬。1941年1月13日,在致邮政局长联合会(Postmasters' Federation)的一封信中,邮电工会、邮电工人联合会(UPW)表示从事与男性同等职责的女性兼职话务员应该与男性夜班话务员享有同等报酬。邮电部门的惠特利委员会(Whitley Council,控制并管理工会、政府与管理层之间协商决策的主体)以薪酬负担能力有限为由拒绝了这一要求。⑤ 邮电工人联合会在战时揭露的问题持续存在,这主要是由于邮电部门管理层和财政部从未认为女性话务员与其男性同事是平等的,因为他们认为女性话务员缺乏许多男性话务员所具备的技能,这包括维修故障设备等技术专长。只有受过专门训

① TPM, POST 56/96, Pressure on Telegraph and Telephone Services, 14 September, 1940.
② TPM, POST 56/127, Post Office Diary, (*Blackpool Gazette*), 23 August,1941.
③ *Ibid.*, Post Office Heroines of the Switchboard: Why They are Called "Stickit" Girls, 25 August, 1941.
④ TPM, POST 33/5696, Union of Post Office Workers: Pay of Permanent Women Staff working at night or performing duties proper to male staff, 5 August, 1941.
⑤ *Ibid.*, UPW Temporary Women Telephonists Employed on Night Work, 5 August 1941.

练的女性工程师才会处理这些问题。邮电工人联合会声称,邮电部门坚持着固有的偏见,并且以所谓女性的技能缺陷为借口,用来反对柜台文员与电报员、电报员之间、电报员与分拣员之间的同工同酬,邮电部门甚至不愿意像其他公务部门那样支付女性员工相当于男性员工80％的薪水,而一般按照惯例,女性只能拿到男性工资的77.5％。[1] 但是邮电部门声称,员工工作表现的差异正是维持现行工资差异的理由。[2] 他们还援引了一些例证:例如因为出于安全原因,女性(起初是因为她们穿着裙子)不被允许爬梯子,故而禁止女性电报员在电话线杆上工作;而且,女性员工无法从事更为复杂的工程工作,例如电话设备的检修;此外,女性分拣员无法拎起沉重的麻袋,邮电部门将这些作为男女两性不能被同等看待的例子。

邮电工人联合会内部仍然担心邮电管理层在战后会继续反对实行男女员工同工同酬,尤其是担心会与政府站到对立面,政府在所有公务部门中是一向是坚持反对这一原则的。为了在战时留住足够的工作人员,有必要维持邮电部门与政府之间的良好合作关系,这也加剧了联合会对此事的关切程度。邮电工人联合会决定,如果惠特利委员会的任何一个分支机构都不支持同工同酬的话,他们将会采取措施将此事提交仲裁法庭,在仲裁法庭上可能会卷入更多的党派路线之争,从而引发更多的敌视。邮电工人联合会意识到邮电部门肯定会极力避免这种情况的发生,尽可能维持与工人的和谐关系,从而避免工会成员采取罢工行动。在战时,如果发生此类恶性事件,那对整个组织机构来说都将是一场灾难。[3] 然而,随着战争的结束,尽管这些员工在战事工作中做出了至关重要的贡献,但是同工同酬的可能性似乎比任何时候都要渺茫。

结语

尽管工作条件艰苦,死亡风险很高,但是邮电部门的话务员仍然在整个战争期间持续着显著且高效的工作。她们对于战事工作的总体重要性不容小觑,因为她们帮助维持了国内和国际间畅通不断的通讯。然而,尽管战争给女性员工的工作模式带来了巨大的变化,但是邮电部门管理层在对改善女性员工工作条件与服务条款方面的态度变化是有限的。而相关原因已经在上文做了简要探讨,不过这主要还是受到男性主导的管理层观点的影响,这些人不仅以薪酬负担能力为由,还利用了"同工同酬"在定义上的复杂性和模糊性,从而坚持反对同工同酬。虽然第二

---

[1] TPM, POST 33/5696, UPW Claim for equal pay for women, 7 July, 1942.

[2] *Ibid.*, D. J. Lidbury to T. J. Hodgson, UPW, 4 November, 1942.

[3] *Ibid.*, UPW Claim for equal pay for women, 7 July, 1942.

次世界大战的结束使得这些女性中的许多人又回归了家庭,但是她们在战争中所起到的作用却是巨大的。

作者简介:

马克·克罗利(Mark J. Crowley),男,武汉大学历史学院副教授,主要从事英国近现代史和女性史研究。

译者简介:

葛晓虎,男,上海师范大学人文与传播学院世界古代中世纪史方向硕士研究生。

师婆会、秃奶奶传说及民间女巫神化[①]

——以山西上党地区的田野调查、民间文献和口述为中心

姚春敏

摘　要：女巫又称师婆、巫女、巫婆，是神界与人界的沟通者，也是中国传统社会中巫术的主要承担者。在传统社会中，随着宋明儒学渐为正统，巫觋不再被上层统治者认同，甚至被严厉禁止。然而，民间情况则恰恰相反，巫觋文化和地域文化相契合，在这里找到了更为广阔的生存发展空间。明清以来数百年间，在山西上党地区，女巫们常常定期到寺庙集会，少则十余人，多则上百人，主要是为了展示巫术和寻找受众，从地方传说中可知她们在集会中甚至还公开与地方政府斗法，可见其在基层的繁盛程度。同时，这一地区的村落普遍流传着一种以秃奶奶为主题的传说，其原型就是当地的女巫，她是一个特定家族的丑姑娘，一般终生未嫁或嫁给龙王，此类传说有效避免了女性身体的被污化，是其成神的第一步，从秃奶奶家族在神庙修建中的特殊地位中也可知宗族在推动本地女巫神化重要作用的体现。

关键词：女巫；师婆会；秃奶奶传说；女巫神化

女巫与上层社会的控制

女巫又称师婆、巫女、巫婆，是神界与人界的沟通者，[②]也是中国传统社会中巫术的主要承担者。从词源角度看，"巫"本就是指女性，《说文解字·巫部》："巫，祝也。女能事无形，以舞降神者。"早在《周礼》中就规定女巫负责礼法、祭典，特别是

---

① 本文是国家社会科学基金项目《明清山西碑刻题名收集整理与研究》的阶段性成果（编号：14BZS028）。2016 年度山西省高等学校人文社会科学重点研究基地项目《上党地区赛社文化的考察与研究》的阶段性成果（编号：2016328）。

② 关于女巫的名号还有"仙""师娘""看香头""神姐"等等，详见小田：《论江南乡村女巫的近代遭遇》《近代史研究》2014 年第 5 期。

向社稷山川求神。"女巫掌岁时祓除、衅浴、旱暵,则舞雩。若王后吊,则与祝前。凡邦之大灾,歌哭而请。"(《周礼.春官》)[1]秦汉时期,女巫不独在官方祭祀和宫廷生活中扮演了重要角色,在民间也占有重要的地位,形成了特定的行业。[2] 唐宋时期,尤其是宋代之后,巫觋(主要是女巫)影响力开始减退,但却始终呈现出衰而不竭的发展趋势。中国古代巫觋"从中心到边缘"的衰落之路上,宋代是其彻底边缘化的转折点。[3] 元代普遍存在巫觋信仰,边疆少数民族地区此风更盛。[4] 明清时期的女巫民间化趋势加强,呈现出更为复杂的特点。

相较于男巫而言,在传统社会中,女巫分布地域更广、延续时间更长、从业人数更多,也更深入百姓的生活。女巫与尼姑、产婆等妇女角色一样,都是跨越内外藩篱,出入公私领域的人物。[5] 彭慕兰认为:"地域崇拜的社会组织,可能显示出了在华北贫穷的乡村地区非常规的真正结构。那里国家和儒家绅士的势力都不强,有影响的是村里的老者、衙役、巫医、媒婆等。"[6]明清女巫是一个特殊的女性群体,大量出现在明清小说、戏剧以及文人笔记中。在传统社会中,随着儒学渐为正统,巫术被认为是淫祀,上层阶层认为巫觋不利于统治,巫觋不再被统治者认同,甚至被严厉禁止。

明清时期的各类法律条文均对女巫有所限制。《大明律》有"禁止师巫邪说"规定:"凡师巫假降邪神,书符咒水,扶鸾祷圣,自号端公、太保、师婆,及妄称弥勒佛、白莲社、明尊教、白云宗等会,一应左道乱正之术,或隐藏图像,烧香集众,夜聚晓散,佯修善事,煽惑人民,为首者绞;为从者,各杖一百,流三千里。若军民装扮神像,鸣锣击鼓,迎神赛会者,杖一百,罪坐为首之人。里长知而不首者,各答四十。其民间春秋义社,不在禁限。"[7]

《大清律例》也有:"凡师巫假降邪神,书符咒水,扶鸾祷圣,自号端公。太保、师婆、及妄称弥勒佛、白莲社、明尊教、白云宗等会,一应左道异端之术,或隐藏图像,烧香集众,夜聚晓散,佯修善事,煽惑人民,为首者,绞。为从者,各杖一百,流三千里。若军民装扮神像,鸣锣击鼓,迎神赛会者,杖一百,罪坐为首之人。里长知而不

[1] 先秦时期的女巫研究,可见王贵元的《女巫与巫术》,河北人民出版社,1991年。
[2] 详见王子今:《古史性别研究丛稿》,社会科学文献出版社,2004年,第二章,《战国秦汉时期的女巫》。
[3] 详见李小红:《宋代社会中的巫觋研究》,光明日报出版社,2010年。方燕:《巫文化视域下的宋代女性》,中华书局,2008年。
[4] 详见陈高华:《元代的巫觋与巫术》,《浙江社会科学》2000年第2期。
[5] 李贞德:《最近中国宗教史研究中的女性问题》,见李玉珍、林美玫主编:《妇女与宗教》,台北里仁书局,2004年。
[6] 彭慕兰:《泰山女神信仰中的性别、权力与多元文化》,见韦思谛编:《中国大众宗教》,江苏人民出版社,2006年,第123页。
[7] 怀效锋点校:《大明律》,法律出版社,1999年,第89页。

首者,各笞四十。其民间春秋义社,不在此限。"①该条几乎全部抄自《大明律》。师婆为女巫。这里意指巫能自命端公、太保及师婆等称号,作为异端法书,如用圆光画符等以致死者,照斗杀律,拟斩监候;未致死者,杖一百,流三千,为从者,各减一等。②

明清实录中也频频出现对女巫的约束与控制的记载。如《道光朝实录》中有:

> 如该御史所奏、苏州府城西十里楞伽山。土人立五通祠。前于康熙年间、毁祠踣象。日久禁弛。赛飨如故。及女巫假托神语。按簿还愿。陋习相沿。不独苏州一府为然。不可不严行饬禁。著孙玉庭、韩文绮、即饬所属州县、将境内五通等淫祠。概行撤毁。毋任愚民赛飨结会。其女巫等、并著地方官出示晓谕。责令该家长等、严加管束。其一切创立邪说。哄诱愚民。烧香敛钱等事。随时访拏。严加惩治。以维风俗而正人心。③

其余实录胪列如下:

> 谕凡僧道巫瞽之流,止宜礼神推命,不许妄行法术、蛊惑愚众。④
> 朕实有见于天人感应之至理,而断不惑于鬼神巫祷之俗习,故不惜反复明晰言之。内外臣工黎庶,其共体朕意。⑤
> 严禁师巫,勿令蛊惑,亦保民之一端也。凡此皆不用严峻迫切。⑥

民间情况则完全相反,女巫是"与民生相依而不可离者"⑦。尽管官方对巫觋及其活动十分鄙夷,但巫觋文化和华北的地域文化相契合,在民间找到了更为广阔的生存发展空间,女巫在民间极为常见。不独在明清以及民国时期,即使在今天的乡村社会中,女巫几乎村村都有,只不过她们更多的有了地方性的命名,有巫之实,而无巫之名,其实质是换汤不换药。

相较于欧洲以及日本等国家对女巫的研究而言,目前国内学界对女巫的研究

① 田涛、郑秦点校:《大清律例》,法律出版社,1999年,第277页。
② 李鹏年、刘子扬、陈锵仪编著:《清代六部成语词典》,天津人民出版社,1990年,第393页。
③ [清]《清道光朝实录》卷七十。
④ [清]巴泰:《世祖实录》,中华书局,1985年,第357页。
⑤ [清]鄂尔泰:《世宗实录》(一),中华书局,1985年,第516页。
⑥ [清]庆桂:《高宗实录》(一),中华书局,1985年,第470页。
⑦ 瞿兑之:《释巫》,《燕京学报》1930年第7期。

还处在起步阶段,成果寥寥,尚无专文对此类人群进行专项研究。① 此类现象出现的主要原因在于:在传统社会中,女巫被大传统所鄙弃;而文献的书写权基本掌握在士绅手中,她们或者被污名化,或者湮而不彰,成为大量存在却说不得的一群人。笔者在十余年的田野调查中,接触了大量的民间女巫。此文便是以在山西上党②地区多年的田野调查为基础,辅以民间传说、碑刻、方志、文人笔记以及口述等,尝试解读明清以降民间社会中女巫集会、传说以及女巫神化。不足之处,请方家斧正。

师婆会与民间女巫兴盛

上党民间社会的师婆即是女巫的别称,师婆会也即女巫集会。笔者在数年的田野调查中,常于寺庙中偶遇女巫集会,少者三两人,多者二三十人不等。通过查阅地方文献发现,在明清至民国时期的河北、山西、陕西等地,女巫集会已成为民间社会的常态。

如,河北《武安县志》有:女巫代传神语,名为“师婆”,各乡皆有,城北尤甚。每岁而二、三月,师婆群集,婆娑跳舞,男女聚观,俗称为“师婆会”。③

《唐县志》也载:在民国时期,这些跳大神的巫婆在这一地区的寺庙中是很普遍的,她们按照八字形跳舞,并且边跳边唱。文革期间对跳大神的活动完全禁止,而到了1983年,巫婆的活动又复兴了。④

其中以山西上党女巫集会记载尤甚:清代山西泽州高平一带祈雨,每到一村,首先都是由该村的师婆会接驾。⑤ 清代至民国,山西长治屯留的西莲村一直流行着另一种民间艺术——师婆跪音乐。是村或者社举办的表演大聚会,其形式就是朝山进香,也叫摆香会。香会的主角就是从各村赶来的师婆。⑥

长治县萌城镇师婆会在三月三桃花女诞辰和九月九周公诞辰举行,一般在各自院内活动,还另请同行四五人到会,有男有女,男叫“神君”,女为“师婆”。他们有时也走上街头游串,围观者甚多,起着宣传、交流技艺和比试法力的作用。有一年就有二十多个男女巫师上街。他们手持扇鼓⑦,又跳又唱。师婆头戴“箍子”⑧,有

---

① 学界对先秦、两汉、唐宋以及近代女巫研究成果颇丰,而明清时期的女巫仅见许军:《论明人小说中的造反女巫》,《民族文学研究》2012年第5期;庄恒恺:《晚清民国时期福建的女巫“问亡”活动》,《黑龙江史志》2015年第5期。
② “上党”古代指山西东南部的泽州和潞州,即今天的晋城市和长治市。顾祖禹《读史方舆纪要》卷四十二论“郡地极高,与天为党,故曰上党”。
③ 丁世良、赵放:《中国地方志民俗资料汇编华北卷》,《武安县志》,书目文献出版社,1989年,第472页。
④ 河北省唐县地方志编纂委员会:《唐县志》,河北人民出版社,1999年,第631页。
⑤ 陈庄村志编纂委员会,秦喜明主编:《陈庄村志》(内部资料),第273—274页。
⑥ 山西省屯留县麟绛镇西莲村委会编纂:《西莲村史》(内部资料),第59—60页。
⑦ 用铁架擎起的单皮鼓,鼓柄上有“九连环”,摇动时刷刷声响。
⑧ 布制,妇女头饰物,似帽,无顶,上有绣花,并缀有银器,如佛像、凤凰等。

122

的还插花戴柳。张奔子说："其母李翠只就是师婆，系桑梓村王小海的徒弟。师婆的干儿干女很多，常常多至二三十人。每年师婆会大祭，干儿干女各带供品前来。师婆口唱歌词，带领干儿干女在院内'跑五方''过刀门'。'过刀门'是在院内用四张桌子垛成两个高台，每个高台上各竖一把铡刀，再把一把铡刀在两个高台竖起的铡刀上横绑起来，形成一座高高的'刀门'。人从下面走过，就叫做'过刀门'，以示辟邪祟。王小海还能口衔铡刀，在铡刀上放两碗水表演。"①

上党壶关二仙庙庙会时候，师婆们会自发地聚集在一起，手里拿着羊皮鼓，脖子上系着红布条，排成一个小队伍，每个人都会说着自己擅长的唱词，边唱边跳。如果香客不是很多，师婆们还会在庙内的空地上围成一个小圈，然后不停地走动。当地人称这种活动为"师婆会"。②

上见，清代与民国时期上党村落神庙迎神赛社期间总有大量女巫集会，远道而来的女巫吃住大都在庙里。如山西长治市潞城微子镇三仁祠，民国时候曾经有一二百师婆聚集在神庙中，诵经之声彻夜不停。师婆们之间都以姐妹相称。祠后有专门供女巫歇脚的临时铺位。潞城贾村碧霞元君庙赛社时也提供七八个临时床铺。

女巫大型集会主要目的是为了宣传自己的法术，类似于一种广告。师婆会中女巫集会，动辄数百人云集斗法。民国年间的长治微子镇女巫集会，除了同行交流之外，为彰显被神灵附体的能力，还会进行比赛。她们会以爬树、爬山等活动来决出哪个神灵更快更强。③"在张马崖上，女巫们拐着禹步（大禹治水时，涉山川，使关节变形，病足，故行跛也。禹为圣人，俗巫们多效禹步，以借神力），几近狂颠，达到了上马的程度，有些小脚妇女，踏一脚能飞上丈余高的崖顶，忽上忽下，似飞如窜。有些女巫作出为天神献身的动作，为求雨露，动作大胆而夸张，披头散发，呻吟连连，如有天神招唤即可与其同眠。"④

在此类活动中，女巫之间往往会产生一些纠纷，因此她们便会互相斗法。如陕西榆林于家沟玉泉寺，寺内有清泉，甘甜可口，止渴生津，健身除病，故招来了一个外地巫婆。外地巫婆屡次做法盗取水源都被本地一位著名女巫拦截。双方因为斗法过于猛烈，震塌了玉泉寺，因此该寺便改名为塌寺源。⑤ 大型女巫集会有时候还会引起地方政府的恐慌，如明代高平有一县令姓毛，祖籍江苏镇江，将高平治理得还算可以，但这个县令某一天突发奇想，要组织一次高平境内的"巫婆大赛"（实际

① 寒声主编：《上党傩文化与祭祀戏剧》，中国戏剧出版社，1999年，第646页。
② 申轶群：《山西壶关二仙庙的赛社演剧活动》，山西师范大学硕士论文，第48页。
③ 口述：赵小红，65岁，微子镇居民。采访者：朱文广，2012年7月20日。
④ 王方：《乡宁巫文化面面观》（未刊），第81页。
⑤ 榆林市民族宗教事务局编：《榆林庙宇传说》，三秦出版社，2008年，第250—251页。

上是为了取缔这些巫婆)。于是,高平境内的巫婆就集中到了县衙之内,在毛县令的政治高压之下,许多巫婆原形毕露,丑态百出,难以发挥出传说中的功力和风采,但良户的一个巫婆上知天文,下知地理,穷推义理,详察人事,居然令毛县令理屈词穷,窘困不已。毛县令一怒之下,命令这名巫婆赤脚踩油锅鏊子。她顺利完成,毫发无伤,并责备毛县令治县无方,令他早日离开高平,否则将以法术伺候。毛县令十分惶恐,百般求饶,巫婆仍不理他。后来这个毛县令调往瓜州上任。良户村每年上演毛县令调往瓜州的情景,就是从这个传说而来,一直流传到现在,已经有几百年的历史了。①

女巫们频频参加集会,也形成了一些女巫团伙,她们大都以姐妹相称。笔者在乡村经常碰到两三个女巫聚集在一起,很多时候她们甚至吃住在一起。在田野调查中,发现上党很多地方存在姐妹庙,比如,当地非常流行的二仙庙,就是冲淑、冲惠姐妹俩的神祠。《良户村志》与《陈庄村志》中都提到,距离上董峰和陈庄不远的良户村,有座白爷宫,据说是马仙姑的弟弟。大姐在泽州县巴公镇的甘润村,二姐在高平县壶南岭的一座寺庙,三姐就是上董峰圣姑庙的马仙姑。②

女巫集会除了展示巫术为自己做广告以外,在一定程度上起到了一种妇女互助会的作用,她们努力争取独立、获得自我身份、逃脱父权意识形态对她们以及求助者的限制。相较于欧洲中世纪有组织的女巫集会而言,华北乡村的女巫集会多为自发和无序的,一般在一个大型庙宇迎神赛社活动期间,不同区域的女巫之间相互交流甚少,某种程度上她们彼此还有点竞争关系。女巫们各自顶着不同的神灵,彼此不允许越界,笔者2014年曾与一高平女巫相谈甚欢,2016年再一次找寻她时,她已经患病去世,庙内的其他女巫借神灵话语言道:她顶错了神,在别人的神庙内私自占领地盘,因此被惩罚。

一部分居住较远的女巫会在寺庙的女神殿内临时住宿,另外一些则随会而来,会散而走。有些女巫极具表演才能,往往会公开在大众面前上神,大部分女巫则穿梭在人群中察言观色寻找受众。欧洲女巫集会经常举行性启蒙和嘲弄教会仪式的活动,以笔者对上党女巫集会的实际观察而言,她们一般不会有此类行为,有些女巫甚至上神后会高歌主神和政府。频繁的女巫集会有力地说明了民间社会的巫风颇浓,巫业兴盛。河北的《易县志》表明,清末民初,此地共有三百多个巫婆神汉。③ 从集会规模上看,上党地区在清末民初时期女巫的数量应该远胜于此。

---

① 张建军:《良户村志》良户村志编委会,第325—326页。
② 张建军:《良户村志》良户村志编委会,第295页。
③ 河北省易县志编纂委员会:《易县志》,中央编译出版社,2000年,第1100页。

笔者曾有幸多次在赛社集会中看到这些师婆们"通灵"的技艺。他们一般有十几个人,年龄都在 40 岁左右,以女性居多,也有个别男性,男女比例大致为一比五。赛社活动开始后,他们往往集中在正殿前,开始唱或者说,基本上都是独立完成,个别师婆会互相配合,但是比较鲜见。说唱语调与当地的上党梆子和上党说书类似,简单重复。如二仙①庙会,师婆唱曰:"大家都进来,大家都高兴,真泽宫奶奶你快来庙听,我们大伙跟奶奶都说一声,奶奶在里面也高兴,不是奶奶分的清,不是老奶奶会通灵,老奶奶怎能把你引进宫。给老奶奶送仙灯,给老奶奶做新衣,让老奶奶快显灵,二仙奶奶你听一听,二仙奶奶她一定听的清……"②招徕信众。一旦第一个女巫开口,其余每个人都会在殿前说一段,大致意思也是夸赞二仙奶奶神通广大、显灵造福的话语。他们农历四月十一日下午来到殿前聚集,一是大家团聚练练说辞,更重要的是,他们认为这是前来向二仙奶奶报到,让二仙奶奶赐予他们通灵的权利。稍晚的时候师婆们就在庙内的献殿居住,因为他们每年都会来,所以真泽宫的看管人员也都认识他们。③

秃奶奶传说与丑女成神

秃奶奶传说④是上党地区非常流行的一种地方女巫神化母题,据口述统计所流传村庄不下百座,它的广泛流传与当地女巫兴盛息息相关。除了大量的口述表达外,一些村落甚至把它作为文本整理出来,下文是山西省晋城市辛壁村的记载:

> 相传,在上古时,本村上冯街,姓冯家有个闺女,名叫爱花,长相虽不俊俏,但也说得过去,唯乌黑头发没有一根,是个光头,人称二十有几,仍没有嫁出去。有一年从沁水县蒲池李庄,来了一个少年,名叫李小三,先是给富户人家放牛牧羊,逐渐长大成人便给富户当长工了。后经人撮合,小三和爱花结为夫妻,男耕女织,苦渡时光。村的东南方有条大沟,叫大寨沟。沟内树茂林深,杂草丛生,宽旷外有两池水,很安静,人到此甚少。辛壁历来是个搞黑行⑤的地方,农闲时多有做煤窑、打矿洞和炼铁的。冬季李小三就到大寨沟打起洞来,开采铁矿。每天小三打洞,爱花给他送饭。爱花把饭送到洞口,朝洞口叫喊一声,小三便出来,从来不让爱花进洞。日复一日,小三还未完工。家中已升合无粮,没米下锅。爱花只好挨户借粮,给丈夫做饭送饭,村中各户几乎借遍。

---

① 二仙即为"乐氏二女",是晋东南地区特有的地方性神灵。
② 学生整理。
③ 申轶群:《山西壶关二仙庙的赛社演剧活动》,山西师范大学硕士论文,第 46—47 页。
④ 秃奶奶也即丑姑娘。一些地方把成神的女性统称为"奶奶",也有些地方叫"老姑姑"。
⑤ 当地人对采矿、炼铁、挖煤的普遍称呼。

一天,爱花到最后一户家借了粮,做好饭和往常一样,把饭送到洞口。她再三喊叫,却不见丈夫出来取饭。爱花猜想一定是打累了,在洞里睡着了。于是提饭进洞亲自送去,刚一入洞,看见一条大蟒蛇盘卧洞中,爱花见状惊魂失魄,大叫一声,气绝身亡。据说也变成了一条蟒蛇。

是年,夏季亢旱,田野一片干枯景象。村民心急火燎,社首们焦虑不安。某夜,社首连作三梦:第一梦,刚入睡,只见一条白龙在大庙的上空往返盘旋,醒来原是一梦。午夜时辰,社首又作第二梦,见一人站在他床前说:"我乃天上一龙神,因遭劫数下凡到大寨沟打洞。辛壁人帮俺度过了劫数,我当永世相报。"话音刚落,形影不见。天快亮时,又作第三梦,见一俊俏秀丽女子,对社首说:"我是冯爱花,天这么亢旱,何不快到大寨沟向龙神求雨?"眨眼不见。一早领事社首急速集合全村各闾邻长,向他们讲说了一夜三梦之事。即日率村民到大寨沟向龙神祈雨。众人到深沟处,只见绿树成荫,灌木丛生,野草铺地,山花点缀,两池清水倒映成景,真乃神仙安静的地方。社首村民们在洞前设下香案,摆上祭品,恭敬的在洞前行了三拜九叩大礼。祭礼毕,众人刚回到村边,东南方向天空渐渐升起了朵朵白云,不时乌云密布,霎时下起雨来。全村人喜在心里,笑在眉梢,无不深感老姑夫之神灵。事后,村民们在洞前修了两个水池。为了表达对龙神的尊敬,将青水池尊称"黑龙池",将黄水池尊称"黄龙池"。那年风调雨顺,秋天庄稼获得丰收。秋后,九月初九,请戏班唱戏,设香案摆祭品,举行盛大祭祀,以表示对龙神——老姑夫的感恩之恩。此后,每年九月初九都要举行祭祀,天长地久,人们就把这天定为老姑父的生日。自此以后,每年到用雨季节,总是五日一风,十日一雨,辛壁村不现旱象。

老姑夫和老姑姑,在大寨沟这个幽静地方不知住了多久。时间长了,每到夏日,一些孩子就到池中洗澡耍水,随便撒尿拉屎,池水弄得浑浊不堪,更有甚者,牛羊粪便遍地都是。村民修房起石头把两个水池也破坏了。把一个安闲幽静的地方弄得不成样子,老姑夫也曾显过圣但无济于事。因此二老决定离开大寨沟,到他处栖身,他俩出大寨沟,顺长河南下,先是在长河岸边的东村圪套停休过。后沿长河再下,又在十庄头长河瀑布形成的地方停休过,再沿长河西去经石堂、黄河,都觉不中意。最后在两山狭窄处长河水由穴洞旋转而出的龟山脚下停休了。这里群山骤起、山山环绕,山峰的形状有的像锥直插天空,有的陡峭似刀切。龟山上松柏成林,野草丛生,山花烂漫,它像个大乌龟爬在河边饮水。老姑夫和老姑姑栖住此地,人们把这个地方称作"栖龙"。

老姑夫长栖龟山脚下,不时常显圣于本土。一夜章训社首作一梦见一个龙神打扮,对他说:"我乃龟山脚下一龙神,由辛壁而来,长居龟山脚下。明日辛壁人来,你们要亲戚相待,莫负我望"。是夜辛壁社首亦作一梦:"因大寨沟木能再住,今已顺长河到别处去了,你们要找我,可顺着路旁左右栽有铺草的线索来找,当铺草不见了,便是我住的。"社首醒来,即日率间邻长,从大寨沟出发,顺长铺草的路沿河向南找去,途经下李庄、河村、李焉、重上,来到章训的村边,铺草不见了。章训的社首,却在村外相迎。两村社首相会,诉说了各自的梦。遂率众到栖龙祭祀了老姑姑。两村社首商仪了集资修庙之事,当即决定:由章训都十二里和辛壁集资,在龟山上修建龙王庙,在章训庙又给老姑夫修建了行宫。从此,两村正式形成亲戚关系。每年的九月初九,辛壁村人到章训下栖龙,给老姑夫上供祭祀。由栖龙返章训,还要到西坡给老姑夫的大儿子祭奠。辛壁来人夜宿章训,由章训人招待。次日,早饭后起程返辛壁前,要将饭菜钱如数付清。两村亲戚关系源远流长。

自老姑夫离大寨沟到栖龙,辛壁又沦入了十年九旱的地方。每逢亢旱之年,辛壁人也和其他十里八乡的村民一样,到应设坛求雨的神灵像前烧香祈祷,但终多无效。辛壁人求雨,先是分片设坛:西沟片在龙王泉庙内,西街、南街片在后庙龙王殿,后街、当街片在自衣阁,东阁道、人和片在东阁上,东盛余片在大寨沟。三天内不下雨,全村求雨者进大寨沟,又三天不见雨,全村求雨者到汤帝殿向成汤求雨,再不见雨,全村求雨者到水廉洞,三天内再无雨,就要下栖龙,辛壁人到栖龙求雨是有求必应的。有谚云:"东咚咚、西咚咚,不如辛壁下栖龙。"辛壁人到栖龙求雨,"因为是娘舅家人,气粗,先用石头砸黑龙池,喊声"老姑夫退后",石头就砸入水池内,然后才设坛祭祀。老姑夫显圣,不过三日必降普雨。①

传说里出现的地名经实地考证,均为当地的村落名称,此村直到上世纪中叶还保留着到栖龙祈雨的传统。② 除了村志里的记载以外,村内汤帝庙中亦有民国十七年(1918)碑刻《龙王殿金妆神像油画全殿碑》记载秃奶奶显灵的后续故事:

龙王殿原本栖龙行宫,相传栖龙奶奶系辛壁娘家。每年重阳,辛壁社亲到栖龙并吾庙龙王殿祭祀,在庙住一晚。天时亢旱祈雨还功皆如此,已属旧规。不意于本年五月十七,某村人郭某往东沟公干,火急迈步赶路,见一老妪身穿破衣端坐路旁,问郭某曰:汝往东沟? 郭某曰:然。妪问曰:汝路过辛壁否? 郭应曰:然。妪曰:汝路过辛壁时,汝与我带一信,我本辛壁娘家,出嫁栖龙,就说我有生活,叫他们下来看看怎么做。郭某问曰:此信梢与何人? 妪曰:辛

---

① 选自《辛壁村志》,笔者略有改动。
② 详见拙文《从泽州民间文本看清代华北乡村的跨村社祈雨》,《满族研究》2012年第4期。

壁与栖龙亲戚唯我一人,汝至村口一问皆知。言毕忽然不见。郭某遂至辛壁询问,村人曰:唯有栖龙奶奶是我辛壁娘家,莫非吾老姑娘神像损坏,要我等修补。遂向社首禀报。时值亢旱,一社等遂到龙王庙焚香祝祷,五日内降下透雨,即至章训栖龙验视,果有损坏,定筹资购物,邀请工匠修葺,二十日亲至栖龙宫验视,神像大殿全无破损。返至吾庙验视,唯有龙王奶奶像背后,因房顶后坡漏水冲毁破烂。辛壁、章训两社议定,共同筹资金妆龙王殿神像,油画全殿。初七日功竣。①

以丑女嫁龙王为母题的传说在上党地区非常流行,此传说在同处泽州的沁水县交口村也同样流行,村内光绪九年(1883)的《娘娘神语传来碑记》载:本村张姓女子(丑女)浣纱时突然失踪,后显灵托梦给外甥言自己已经嫁给了外村的黑龙王,自称黑龙娘娘。②此类本村丑姑娘嫁给它村龙王的村落在当地不胜枚举。丑姑娘嫁给龙王后,两村神庙正式联盟,定期举行互访。③丑姑娘嫁龙王母题类同于远古时期河伯娶亲的牺牲祈雨,也契合了当地浇旱魃龙母,虐待丑妇的传统,也许是这两类传说的结合变异。

当然,这种神亲传说不独在泽州,在晋陕的很多地方也很普遍流行,比如山西省临汾城东有个埝下村,村南有家薛户,家里有个秃女,从小就有法术,会在坟地纺线,后来在狂风雷雨中离开家门,一路朝向东南,秃女哥哥前去寻亲,发现她已成了姑姑庵的主神,主导降雨。从前为俗人仅仅是因为触犯了天庭。④

再比如,陕西省榆林清涧境内,黄河和无定河交汇处的河神庙的传说也是当地一个牛姓家族的女儿,从小没有头发,被称为秃姑娘,秃姑娘从小就显现出来灵异,比如,吐出的饭粒落地生金,以手帕为船就嫂子过河等。后来,秃姑娘和嫂子离家出走,过了黄河到了陕西境内,坐化为神。⑤

笔者在刚刚结束的田野调查中,在山西省晋城市晋庙铺镇附近做口述调查时,当地村民总是提到一个"丑女庙",据说非常灵验。笔者在一位女性村民的带领下,

---

① 原文见民国十七年(1928)《龙王殿金桩神像油画全殿碑》,现存于山西省晋城市泽州县大东沟镇辛壁村。
② 原文见光绪九年(1883)《娘娘神语传来碑记》,现存于山西省晋城市沁水县土沃乡交口村。
③ 且夫古事传于耆,美言泞于神灵。交口村先时,有一女张氏,时维夏日,薄瀣我衣黄凤飘飘不见其迹,可知神女相降,托骨非凡,年数月藐不见传第,见庙宇长桥之下,双履而徜于水波之上,闻声想口之下洽有一甥率男,其姑配为黑龙君,为黑龙娘娘之神灵,其甥封为开路军,成小龙王之尊神,所凭依于西大河之福地,梆字石之贵社。李奉家:光绪九年(1883)《娘娘神语传来碑记》现存于沁水县土沃乡交口村。
④ 临汾市民间文学集成编委会:《临汾市民间故事集成》,临汾地区印刷厂印刷,1989年,第137页。
⑤ 榆林市民族宗教事务局编:《榆林庙宇传说》,三秦出版社,2008年,第194—196页。

找到该庙,惊讶地发现其大殿实际上是儒释道三教堂①,后来在不远处的废弃水库边发现了该庙的残碑,经辨认确实为三教堂。但是,这位 68 岁的车峪村老太太指出大殿角落里一尊非常小、模糊不可辨认的神像认定说这就是丑女,老太太坚持说,这就是刘姓丑女庙,当地人确实大都记得刘丑女的故事,基本模板如上文,基本内容大致为,她本为刘姓,相貌丑,年长未嫁,少有神灵,借其神力帮助村里修庙,庙成神走,等等。

从一定意义上讲,神话往往是一个地区民俗信仰形成的前奏,而民俗又是神话赖以产生和流传的温床。② 上党地区秃奶奶即丑姑娘,故事的母题均强调了丑女的神异,这些丑女无一例外应该是乡村社会的女巫。故事中的女性大部分是处于未婚状态,丑或者秃是其成为处女神的前提。这些未婚成神的女性,未曾受到性和分娩的污染,符合传统社会对女性洁净与贞节的要求。桑高仁(Sangren)曾研究观音、妈祖和无生老母,指出这三位女神均克服与超越月经、性行为、死亡与分娩等有关女性的污染,代表了一种理想化的女性。③ "类似未婚或年轻未生产的女性,通常被认为较具有灵异力,因为在中国社会以男性为后嗣的传统下,凡未嫁、未生产及无后嗣的女性,其灵魂的凭依就是需要有人为之立祠。"④

秃女缺少的头发恰恰是女性非常重要的特征,有些地方的女巫甚至是石女⑤。马林诺夫斯基认为:"巫术亦常是妇女的特权,尤其是那些特殊状态中的妇女,如丑婆、处女、孕妇等,所举行的巫术效力更大"⑥。巫是人神之间的使者,从女性成巫,首先需要天生异禀、人格异常,她们"不同于一般人,而是经历了传奇的、神秘的精神、心理和幻觉与蜕变的过程"⑦,与人们在头脑里所形成的妖艳女巫成鲜明对比。笔者在田野调查中接触的一些女巫大部分其貌不扬,甚至比常人丑陋。总体而言,唐宋之前的女神容貌大体姣好,而宋代之后民间传说中的女神逐渐从美女向丑女过渡,唐宋之前女神以恪守生殖为其主要神格,之后则过渡到救灾等全能神格。

---

① 三教堂是晋东南地区典型的庙宇,其中释迦牟尼举中,老子居左,孔子居右。

② 冯俊杰:《戏剧与考古》,文化艺术出版社,2002 年,第 459 页。

③ 观音的前身妙善公主由于违背父意而拒婚,故能保持洁净之身;妈祖因年轻未婚而亡,不必经过妻子的污染,无生老母亦未受分娩污染的处女,没有俗世化身。P. Steven Sangren, *Female Gender in Chinese Religious Symbols: Kuan Yin, Ma Tsu, and "Eternal Mother"*, pp. 11 - 14. Signs, 1983,9(1): 4 - 25.

④ 李丰楙:《从成人之道到成神之道——一个台湾民间信仰的结构性思考》,《东方宗教研究(新)》,1994 年第 4 期。

⑤ 也称为石芯子,民间一般用这个词来称呼先天无法进行性行为的女性。

⑥ 马林诺夫斯基:《文化论》,费孝通等译,中国民间文艺出版社,1987 年,第 69 页。

⑦ 富育光:《萨满论》,辽宁人民出版社,2000 年,第 73 页。

地方女巫的神化

普遍流行的秃奶奶成神其实是女巫的神化过程，地方女巫神化的研究多见于华南地区，比如著名的妈祖，就是湄州林氏女，本为巫，能知人祸福，死后被神化。再如，清代屈大均的《广东新语》有"广州多有金花夫人祠。夫人字金花，少为女巫，不嫁，善能调媚鬼神。其后溺毙湖中，数日不坏，有异香，即有一黄沉女像容颜绝类夫人者浮出，人以为仙，取祀之。因名其地曰仙湖，祈子往往有验。妇女有谣：祈子金花，多得白花，三年两朵，离离成果。"金花娘娘也是一个女巫神化的典范。清代梁绍壬在《两般秋雨庵随笔》卷二也云："金花者，神之讳也。本巫女，五月观竞渡，溺于湖。尸旁有香木偶，宛肖神像，因祀之月泉侧，名其湖月仙湖。"[1]后来金花娘娘成为女巫的行业神。

华北的女巫神化也不鲜见，如上党的贾村靳门张氏老奶奶，大名石花，神号秃奶奶，成名称宝石花。生于1872年岁次壬申二月十七，卒于1944年岁次正月二十四千秋，享年七十二岁，她就是一个现实版的女巫神化案例。贾村村头有秃奶奶庙，庙中有碑：

> 靳门张氏，娘家崇道村。父亲去世后，母亲改嫁富村。老奶奶一生在碧霞宫奉神，为民消灾治病，从不贪财，无私无畏，终身修炼，公载千秋。一九四四年端月辛亥日在碧霞宫蟥黄殿南侧立坐升天。原先安放在村西北吕祖庵北侧洞内。同年仲秋由本村李忠库主持，在村东南做坟建庙，故葬地更名庙岸地，是一风水宝地。[2]

高平的马仙姑，从碑刻记载看，应该是一个女巫，"孰意仙姑有灵，知我社囊羞涩，知人营谋艰难。忽道光丁末，浑迷善男，像其灵真，像其言说……每逢朔旦，每于望月，大施仙药，大广仙术，看病医疗。"[3]

华北女巫神化首先倚重于大量的女性信众。与华南相较，华北女性"迷信甚深，尤以妇女为最"[4]，当地非常著名的二仙庙在泽州修建与女性的推动息息相关，泽州最早的二仙庙陵川西溪二仙庙，传说在唐乾宁年间（894—898），当地人张志的母亲秦氏在西溪洗衣时遇到二仙，夜里又被托梦告知，为二仙盖一座宫可保子孙富

---

[1]《广东新语》，上海古籍出版社，1982年。
[2]《张氏老奶奶生平》见于山西省长治市潞城贾村秃奶奶庙。落款为甲申年，可以判断此庙修于秃奶奶去世的1944年。
[3] 现存于高平市上董峰村马仙姑庙。
[4]《万全县志》。

贵。于是秦氏与其子就在这里盖起了一座庙以保子孙富贵。①

高平上董峰村万寿宫《七佛祖师天公玉皇庙院仙姑祠宇下常住土田壁记》②明确记载马仙姑祠堂修成后,女信士韩贵志、陈守秒等,在本乡陈庄村置到分院,庙基土田四至开明。几乎在董峰万寿宫同期,陈庄万寿宫也在女信众的支持下建成。另外,元代当地行政长官的妻子力推复原马仙姑庙,"初,仙姑之来也,时则有前州牧夫人,聆其善言,炙其善行,故命男军千户段绍先董治其祠宇,事功垂成……"③庙里的"前州牧"和"段公"都是指金元之际的泽州世侯段直,而夫人指的是段直的小夫人李氏。④道光二十七年至咸丰二年(1847—1852)的整修规模宏大,这次整修起源于信众崔凤阁被仙姑附体,看病施药,驱动众人捐资,最后在住持女道士赵元枝师徒的推动下完成。⑤

中国妇女在虔诚的宗教信仰,尤其是对女神的崇拜上是绝无仅有的,很大一部分原因是为了赎罪。因为生育是不可避免的,但行经、生子的污血又被打上了污染的烙印。而拜菩萨、修庙捐资积阴就成了中国妇女命运攸关的大事。另外作为妻子和母亲,求子、保佑子女健康成长也是她们不断投资女神庙的主要原因。

由于长期被封闭在家庭圈子里,她们也利用兴庙来扩大自己的人脉。宗族和地方望族是女巫成神的重要的推手。根据大卫·乔丹(David Jordan)和丁仁杰在台湾南部某村落的田野调查,发现当地郭姓望族有一夭折女,三十年后村神乩示其已晋升为"小娘",故雕刻金身在家供养。约二十年后,村神又乩示"小娘"已升格为"郭娘娘"。"郭娘娘"本在宗族内被低调的祭祀,后来同宗有人当村长,便联合宗族扩大举办"神明生"活动,并建立"掷炉主"制度。2004年村神又指示"郭娘娘"已升格为"郭府娘娘",郭村长并特别为此花莲胜安宫领取玉皇大帝的敕封,今该神虽保留郭姓,但保佑对象已不限同宗族内的人,一般信众有需要也可以来问事。⑥"郭府娘娘"从最初的夭折女孩子到家族神灵,再到公共祭祀的女神,这些过程虽然表面上看是村神伏乩的结果,实际上背后隐藏着强大的宗族力量。

---

① "先是百年前,陵川县岭西庄张志母亲秦氏,因浣衣于东南涧,见二女人服纯红,衣凤冠,俨然至涧南弗见。夜见梦曰:'汝前所见红衣者,乃我姊妹二仙也。汝家立庙于化现处,令汝子孙蕃富。'秦氏因与子志,创建庙于涧南,春秋享祀不息。"金大定五年(1165)《重修真泽二仙庙碑记》现存于陵川县崇文镇岭常村西溪二仙庙。

② 此碑现存于陕西省晋城市高平市上董峰村马仙庙内。关于马仙姑的研究可见曹飞:《万寿宫历史渊源考》,《山西师大学报(社会科学版)》2004年第1期。以及赵世瑜:《圣姑庙:金元明变迁中的异教命运与晋东南社会的多样性》,《清华大学学报》(哲学社会科学版)2009年第4期。

③ 元至元二十一年(1284)《仙姑祠堂记》,现存于山西省晋城市高平市上董峰村圣姑庙内。

④ 见赵世瑜:《圣姑庙:金元明变迁中的异教命运与晋东南社会的多样性》,《清华大学学报》(哲学社会科学版)2009年第4期。

⑤ 原文见咸丰二年(1852)《整修万寿宫记》现存于山西省晋城市高平上董峰圣姑庙内。

⑥ 丁仁杰:《重访保安村:汉人民间信仰的社会学研究》,联经出版公司,2013年,第151—153页。

　　上文中的秃（丑）姑娘成神，或者丑姑娘嫁龙王的故事强调了三方面的内容，传说中基本都有一个特定姓氏的女性，如辛壁村的冯姑娘，柳树口的赵家姑娘，李家沟的董姓姑娘、车峪的赵姓女子、晋中的田姓女子、临汾的薛姑娘、榆林的牛氏女子等。在特定的神事活动中，这些丑女成神的家族一定是活动的中心。如在辛壁祈雨中"冯"氏一定是祈雨活动的中心人物，没有冯氏的参与，祈雨将无法完成。

　　作为女巫的灵媒们，她们是女神与信众之间的重要使者，女神庙通常为他们的保护神发起修庙的活动。许多寺庙中有常驻的灵媒，他们可以为信徒提供各种信息的咨询。灵媒通常不住在庙中，而是住在离庙不远的家里。灵媒能够在家中或者寺庙中进行驱魔活动，而当有求于他们的人不能拜访他们的时候，灵媒也能够到这些有困难的人家中去举行仪式。当一个神灵占据一个灵媒的时候，这个神灵及其寺庙的名声好坏全在于这个灵媒的名声。比较受欢迎的灵媒能够给寺庙带来更多的贡品，而一个灵媒的退休或者死亡则意味着这个寺庙的衰落，除非另外一个灵媒很快的被神灵选中，但是这种情况可能好几年都不会发生。有些灵媒借助附在其身上的神灵而成为远近闻名的治疗疾病的人或预言家，从而使得这个灵媒及附身在其身上的神灵能够得到当地村民的敬仰和爱戴。通常判断一个灵媒是否受欢迎的标准在于他或者她的"咨询服务"的拥挤程度，人们从多远的地方赶来求助（尤其是陕北以外的地区），以及有多少辆小车排在门外等待帮助（小车代表了寻求帮助的人的富有程度及官阶）。[①]

　　在一个村中，女性灵媒，往往是老年妇女，能够通过神力治病，同时她能为人针灸。佐佐木曾经观察到："一个女性灵媒在一个贫穷四口之家中举行仪式。这家人并不需要支付金钱，但是需要向神供奉祭品，例如鸡、鱼、肉、水果以及米糠。而那些被治愈的人会在新年的第一个月给这些灵媒表示感谢的钱。"[②]

　　相较于欧洲和日本等地的女巫研究，国内的女巫比较薄弱，女巫的法器与法术，女巫与神社庙宇之间的关系，女巫与当地村民的关系都有待于拓展，鉴于女巫记载的缺失，这些都需要大量的田野调查和口述研究进行补缺。

作者简介：

姚春敏，女，史学博士，山西师范大学戏曲文物研究所教授，博士研究生导师，研究方向为清代社会史与民间文献。

[①] 范丽珠、欧大年（Overmyer）：《中国北方农村社会的民间信仰》，上海人民出版社，2013 年，第 111 页。

[②] 范丽珠、欧大年（Overmyer）：《中国北方农村社会的民间信仰》，上海人民出版社，2013 年，第 109 页。

明清世家女性垂帘观剧考[*]

——以山西高平良户村田氏家族为中心

王　姝

　　摘　要：戏曲作为传统社会最重要、最普遍的艺术形式，与人们的生活密切相关，对于久居深闺的女性，戏曲有着同样强烈的吸引力。但传统礼制的种种限制和束缚，使得她们无法与男性一样在公共剧场抛头露面。为了满足明清世家女性的娱乐生活需要，同时顾及礼教的规范，于是，一种两全其美的观剧方式——垂帘观剧应运而生。山西高平市良户村田氏家族临街看楼，便是一处专设的女性垂帘观剧场所，既能满足她们的观剧需求，又能合理地遮蔽女子的身体。这一折中的特殊观剧方式，既是明清时戏曲演出风靡境况下对女性观剧吁求的有力呼应，也反映了一些有权势、重礼法之大家世族尊重、赞同和支持女性观剧的自觉意识。

　　关键词：女性观众；垂帘；观剧；良户村

　　女性观剧作为一种社会文化现象，是与戏曲史的发展演进相始终的，是戏曲学不可或缺的议题。探讨女性观剧，可以弥补戏曲史研究中观众研究之不足，同时对于深化古代女性史研究，特别是丰富日常生活史方面的研究具有非常重要的价值和意义。值得注意的是，女性观众作为观剧的主体，一直以来都受到官方、文人士大夫和民间力量的阻挠和禁止，"以观反禁"与禁止女性观剧的力量长期存在。^①笔者通过大量实地调查、文物考证和文献比对，以山西高平良户村田氏家族为中心，对世家大族女性的观剧形式进行系统梳理，发现在明清五百年间，世家贵族中普遍流行一种"垂帘观剧"现象，并且在全国各地广为流传。女性这种特殊的观剧

---

　　* ［项目基金］本文系 2017 年度山西师范大学博士研究生创新基金资助项目"清代女性观剧研究"阶段性成果。2017 年度国家社科基金重大项目"中国戏曲文物文献搜集、整理与研究"（项目编号：17ZDA244）阶段性成果，2017 年度国家社科青年基金项目"上党地区戏曲文物文献史料的搜集整理与研究"（项目编号：17CZS063）阶段性成果。

　　① 蒋小平：《"禁""观"较量：从明清史料笔记看女性观戏》，《戏曲研究》2012 年第 2 期。

方式,就是"以观反禁"的绝妙方式,既满足了自身观剧的需求,同时又顾及礼教的约束,可谓一举两得。目前学界对于这种现象研究甚少①,盖因传统社会作为失语者的女性,文献记录缺失;而男性对她们娱乐活动的记载多语焉不详,亦或干脆隐而不彰。故此项研究尚属空白。笔者就田宅女性垂帘观剧场所、明清女性垂帘观剧及帘之垂撤等方面进行考证分析。不妥之处,敬请方家指正。

一、田宅女性观剧场所考

田宅女性观剧场所位于山西省高平市良户村太平街。② 高平市属山西省晋东南地区,居上党腹地,相传是中华民族人文始祖炎帝神农氏的故里。历史上著名的长平之战便发生在此。良户村是中国历史文化名村,位于高平市西 17 公里处,现有居民 505 户,1530 人。前有双龙岭列其南,后有凤翅山守其北,中有原村河自西向东静静地流向许河、丹河,正如良户村玉虚观元宪宗五年(1255)《新修玉虚观记》所云"凤翅山之南,双龙岭之北,左有汤庙,右有吴神,护持福地。流水环其中,澄澈清冷,涤人烦襟"③。村落内外分布着大小 24 座神庙,现有 7 座神庙剧场遗存(皆为明清时建筑),可谓一方之特色景观,足见良户村明清以来演剧之频繁。受神庙演剧的影响,清代良户村田氏家族与王氏家族也建立了专门私宅剧场。遗憾的是,王宅剧场已毁,而田氏家族剧场得以保留,其中专设的女眷看楼,尤为罕见,为了解中国北方世家大族女性观剧提供了重要的实证参考。

明清时期,良户村郭、田两家势力最强。郭门在商业经营上风生水起,家大业大。田族书香门第,耕读传家,科第人才辈出,先后培养出田逢吉、田多眷、田光复、田长文四位进士和多位举人,是高平一带的名门望族④。如田逢吉(1629—1699)字凝只,号沛苍,清顺治乙未(公元 1655 年)进士,初选翰林编修,累官户部右侍郎、康熙帝经筵讲官、内阁史学士、浙江巡抚等职,为康熙时朝廷重臣。至今村内仍留有"名流翰院光留良户,德惠浙江史汇长平"的对联门匾,赞颂其功绩。

良户村目前仍存田家侍郎府、田家院、郭家院、双进士院、当铺院、书房院等多处宅院,见证着良户村注重文教的传统和过去的繁荣。其中,位于太平街北侧的田

---

① 目前仅有武翠娟:《男女有别:传统礼教视野下的中国古代女性观剧方式述论》,《艺术百家》2012 年第 1 期;李静:《明清堂会演剧史》,上海古籍出版社,2011 年,第 383 页,第六章第一节中"'闺阁中多有解人':女性观众的观戏与评戏"对垂帘观剧进行简单描述。

② 王潞伟《上党神庙剧场研究》曾对田宅剧场作简要考述。中国戏剧出版社,2016 年,第 387—389 页。

③ 元宪宗五年(1255)《新修玉虚观记》,碑存高平市良户村玉虚观,圭首方趺,碑高 111.5 厘米,宽 70.5 厘米,侧宽 18 厘米。

④ 田逢吉:顺治十二年乙未科有传;田多眷:康熙二十七年戊辰科;田光复:康熙三十六年丁丑科有传;田长文:康熙五十一年壬辰科镇海知县有传。乾隆《高平县志》,《中国地方志集成·山西府县志辑》(36),凤凰出版社,2005 年,第 121 页。

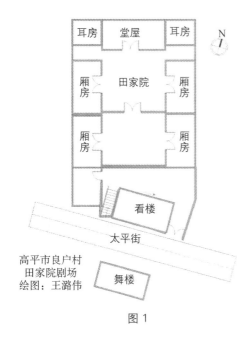

图1

高平市良户村
田家院剧场
绘图：王潞伟

家院独具特色(见图1)。此宅坐北面南,三进院,东西宽18米,南北通深36米,占地面积648平方米,体现了仕宦家族森严的等级秩序和严密的防卫设施。

田宅剧场位于一进院门楼西侧,为自家女眷专设之看楼三楹,悬山顶,灰脊板瓦盖顶。下层南向砌封,北向辟一门二窗,现有住户。上层北向青砖砌封,中间辟一窗,南向圆木柱,柱间砌一米余高青砖矮墙,为护栏。矮墙之上装木质方格槅扇。槅扇可灵活拆卸,演剧时将竹帘挂于窗前。看楼通面阔10.3米,通进深7.2米。上层柱高约2米。

看楼南侧为良户村太平街,街南侧建有戏台(2014年重修),悬山顶三楹,屋顶灰脊筒瓦覆布,鸱吻、宝珠、垂兽俱全。圆木柱,鼓镜础。柱上平板枋,枋下施由额。柱头科五踩单翘单下昂,耍头单福云。平身科,五踩单翘单下昂,明间四攒,次间一攒。明间开阔,次间窄小,次间设槛墙,高约1.5米。进深四椽,五架梁通达前后,后金檩下置金柱,用于装置槅扇区分前后台。戏台通面阔11.7米,通进深6.65米,基高1.1米。(见图2、3)[①]距对面看楼13.7米。

图2　高平市良户村田宅戏台

① 良户村原有两处私家戏台,都在太平街,分别是田家和王家的戏台,现仅田家剧场遗存;参见王金平等《良户古村》,中国建筑工业出版社,2013年,第41页。

图3　高平市良户村田宅专设女眷看楼

　　据良户村村民宁宇讲述,"旧时家中女眷不能到公共戏台看戏,田宅便有了专设看楼。唱戏时,夫人小姐们就在看楼上垂帘坐看。"①明清时期,随着堂会演出的盛行,自家宅邸修建戏台者比比皆是,如明祁彪佳寓园之"四负堂"、冒襄水绘园之"得全堂"、万历间上海潘允端豫园之"乐寿堂"等②。清雍正间江西乐平洪汝仪宅院戏台,面阔6米,进深4米,台基高约2米,右侧为艺人化妆住宿之楼式厢房,主人在正屋楼上观剧③;清光绪元年(1875)举人吴筱晴所建"凹凸山房"吴宅剧场,因其戏台为凸形,看楼为凹形而得名。戏台面阔11米,进深4.5米,台面高2米。看楼上下两层,宽9.9米,深4.2米。④ 私宅演剧,多为了娱亲和自娱。如潘允端为其父潘恩悉心营造的豫园,就取"豫悦老亲"之意。豫园的乐寿堂(三穗堂)更是"无日不开宴,无日不观剧"成了主人自娱自乐的重要场所。⑤ 看楼之设⑥,既是明清时戏

① 采访对象:宁宇,高平市良户村村民,文物收藏爱好者,高平市古建筑普查组组长。采访时间:2014年11月12日,采访地点:良户村皇王庙内。

② 2017年12月10日,笔者与姚师春敏到上海豫园进行实地调查。豫园现存戏台两座。一为点春堂对面之打唱台,戏台面积仅十余平方,距点春堂约3米,邻水而建;一为东南角还云楼对面之古戏台,台基高2.3米,单檐歇山顶,东西两侧为二层看楼,七开间。形成一个独立封闭的观剧空间。

③ 中国戏曲志编辑委员会:《中国戏曲志·江西卷》,中国ISBN中心出版社,1998年,第646页。

④ 薛林平:《中国传统剧场建筑》,中国建筑工业出版社,2009年,第352页。

⑤ [明]潘允端:《玉华堂日记》稿本,现藏上海博物馆。

⑥ 明清时期,为了增加观众席,同时遵循封建礼教之规范,在祠庙剧场庙院两侧兴建二层看楼的做法比比皆是。如山西高平市王何村五龙庙二层看楼、山西泽州陟椒三教堂《重修三教堂碑记序》云"东西看楼上下十□间"等,此不一一列举。"看楼则为妇女看戏的所在,创建意图是要严肃'男女之大防'的,无形中却成了'二等包厢'。客观上等于是对妇女的照顾。"参见冯俊杰:《山西戏曲碑刻辑考》前言,中华书局,2002年,第11页。建立二层看楼,进一步完善了剧场形制,这是"古代祠庙剧场发生的又一具有划时代意义的变化。这一变化对清代剧场布局有着广泛的影响。"参见车文明:《二十世纪戏曲文物的发现与曲学研究》,文化艺术出版社,2001年,第38页。

曲演出风靡境况下,对女性观剧吁求的有力呼应;也反映了一些有权势重礼法之大家士族尊重、赞同和支持女性观剧的自觉意识。对于书香门第颇重礼法的田家,亦不例外。《乾隆高平县志》载田逢吉五岁时,其父驭远"为流贼所执,以刃胁之,号泣父傍,若请代状,贼感动得无害"①。年幼的田逢吉不畏强暴,以身救父的故事至今一直被高平人传为"忠孝"之典范,濡染着后代子孙。② 由此,田宅剧场看楼专为田家女眷如祖母、母亲辈而设便不难理解,效斑衣戏彩,孝亲娱亲之用,方便了她们呼朋唤友邀请姐妹或本族女辈同观。

较之其他全封闭式私宅剧场,田宅剧场独特之处有二:

一是它的半封闭式剧场性质。说它封闭,是因为田氏女眷看楼从院内登楼,观剧时拆除隔扇,施以竹帘,只可内者观外,外者无法视内,起到了很好的遮蔽作用;说它开放,是因为田宅剧场之戏台建于田府大门外正南,不仅有太平街横穿,而且戏台前尚有百米见方的观剧广场。田府演剧时,街坊邻舍、十里八村的乡民皆来看戏,这样的格局,一石二鸟,不仅具有神庙广场演剧的红火、闹热性效果③,而且进一步规范了男女分群看戏的规矩和习俗,使田府内女眷严格遵守礼制之"严男女之大防"的目的。

二是创修了极其罕见的私宅正面看楼④。从女性观剧的位置看,正面看楼,观剧的舒适性更强,比起两侧看楼上的女性,她们已不再是男性观剧的陪衬(陪观者),而是戏曲观看的主体。正面看楼正是女性观剧主体意识的物化,也是田宅男主对女眷们观剧行为支持、认可和赞同的体现,是对女性的特殊照顾,反映了北方世家大族对女性观剧之态度。

二、明清女性垂帘观剧析类

帘是中国古代居室的重要生活物件。通常以布、竹、苇草、丝绸等编制而成,富贵仕宦府邸亦有用云母、水晶、琉璃等作材质的。生活中帘与人们的关系非常密切。最常见的,传统大门以里的内庭中,往往"以帘代门"。又如"晚逐香车入凤城,东风斜揭绣帘轻,漫回娇眼笑盈盈"⑤。张挂于床榻、门窗及车船之上的帘起到遮

① 乾隆《高平县志》《中国地方志集成·山西府县志辑》(36),凤凰出版社,2005年,第152—153页。
② "田光復丁丑进士,早孤,事母尽孝,下帷攻苦","田长文字近庭,逢吉孙,少好学,事祖若父,以孝闻"。乾隆《高平县志》,第154页。
③ 王奕祯:《从仪式到娱乐:戏曲闹热性的发生逻辑》《中华戏曲》2013年6月。
④ 正面看楼的设置,数量非常少,并没有在神庙剧场流行开来,究其原因在于不敢僭越。参见王潞伟:《上党神庙剧场研究》,中国戏剧出版社,2016年,第221页。而田氏家族正面看楼的遗存,尤属罕见。亦可看出私人府邸建立看楼存在很大随意性、主观性的特点,以主人观剧的舒适性为宗旨。
⑤ 张泌:《浣溪沙·晚逐香车入凤城》,王新霞选注:《花间词派选集》,北京师范学院出版社,1993年,第152页。

蔽、保温、隔热等作用。人们还把帘与农业生产联系在一起。《齐民要术》中提到"每饲蚕，卷窗帷，饲讫还下，蚕见明则食，食多则生长"①，可以利用帘的卷舒来调节光线的明暗，从而控制蚕的生长。又如帘与养生"天热时必撤去衣被，常令清凉，但谨门窗帷帐勿使邪风透入"②。中医认为，风是万病之根源，利用帘帷达到挡风之目的。所以，作为一种生活用品，"帘"的首要功能就是用来遮避风寒或遮挡调节光线，最初并没有任何潜在的内涵，渐渐才被赋予了更深的含义。由对空间的分隔、对风寒暑热的阻挡之居家功能，变成了对外物、功名和喧嚣的隔绝和阻挡。通过"帘"在空间上形成一种人为的阻隔，一个封闭的物理空间。因此，"帘"是室内生活、私人世界的表征。特别是对于女子，"帘"有了一种内外指向意义，女子所谓"内人"，不宜抛头露面；男子则称"官人"，是向家庭外部的。明清小说亦多处提到帘与女性生活的关系。如《金瓶梅》第二回"俏潘娘帘下勾情，老王婆茶坊说技"中，多处提到"帘儿""帘子"，"帘"更出现了 11 次之多。③《红楼梦》第十八回元妃省亲时"贾政至帘外问安，元妃垂帘行参"④；第五十一回胡庸医给宝玉的丫鬟晴雯瞧病垂帘。即使是贵为天尊的太后皇妃，她们虽有足够大的权力，但也只能"垂帘"听政。揭开帘子是容易的，揭开一种心灵的束缚却是不易的。"帘"的遮蔽，是社会对女子的控制和束缚，千百年来已内化为女子的自觉应从。可见"帘"作为一个蕴藉深厚的意象，有一个从物理的—心理的—文化意义的渐变。垂帘已不是一种孤立的存在，而是一种文化现象，已然是整个社会男女有别的标志。

明清之际，戏曲活动极其繁荣，举凡岁时节令、神灵寿诞、人生礼俗、晋升搬迁等都要演剧庆贺，在这种"全民聚观""举国若狂"的社会风潮的影响下，各阶层女性观剧活动亦非常频繁。宫廷剧场、神庙剧场、戏园茶楼、私宅剧场、舟船广场等到处都留下了她们靓丽的身影。与此同时，因为女性观剧与风化攸关，是对传统"男外女内"封建礼教的反叛，以及男女杂沓而偶发的奸淫、拐带等社会问题，女性观剧又屡遭官方和士人的禁止和阻挠。如清《示谕集录》"禁妇女看戏烧香"条载"近日城厢之民，竟有妇女群集戏场，艳妆观剧……为此示仰阖邑士庶军民保甲人等知悉：嗣后务各管教妻女，遵循礼法，深处闺中，毋许艳装出游，搭台看戏，……倘有故违，定将不行管教之父兄夫男，及纵放妇女进庙之僧尼道士，严拿究处"⑤。为阻止女性外出观剧，利用法律条文对其父兄夫男施加压力。家规族训亦经常出现劝妇女谨守闺门的记载，清人李仲麟《增订愿体集》卷一"闺门"条"主妇职在中馈，躬督纺

---

① 《齐民要术》自《授时通考》（上下）卷七十三·"蚕事　饲养"，中华书局，1956 年，第 1663 页。
② 谢观：《中华医学大辞典》，辽宁科学技术出版社，1994 年，第 1609 页。
③ ［明］兰陵笑笑生：《金瓶梅》（下），齐鲁书社，1991 年，第 38 页。
④ 曹雪芹：《红楼梦》，天津古籍出版社，2002 年，第 105 页。
⑤ 王利器：《元明清三代禁毁小说戏曲史料》（增订本），上海古籍出版社，1981 年，第 159—160 页。

织,至老勿逾中门,……看戏烧香,出露体面,即非士族家法。……余意妇女概不令其读书,尤不可容看戏文、听说唱也。闺门严肃之家,宜细防范①。所以,垂帘观剧,便是在无法阻挡女性狂热观剧的势头下,在公共空间中营造出的一种"内外防闲"的妥协通融的作法。这种方式作为一道独特的文化景观,在各类演剧场所中普遍使用,胪列如下:

(一)宫廷剧场中的垂帘观剧

英国使臣马戛尔尼在《乾隆英使觐见记》一书中,就记载了乾隆皇帝万寿节时内廷宫眷垂帘观剧的场景,"戏场之两旁则为厢位,群臣及吾辈坐之。厢位之后有较高之坐位,用纱帘障于其前者,乃是女席,宫眷等坐之"②;《红楼梦》中贾母八旬庆寿演剧,"宁国府中单请官客,荣国府单请堂客",座客中公主、郡主、王妃、国君太妃、夫人等与贾母在室内垂帘观剧,或可为宫廷演剧时女性垂帘的有力佐证。③

(二)神庙剧场中的垂帘观剧

《红楼梦》第二十九回中,清虚观打醮,贾家女眷上下赴观观剧,凤姐儿提前打发人去,"把楼打扫干净,挂起帘子来",一个闲人也不许进庙。④ 因为是男班演出,为了男女防闲,贾母、小姐们在楼上垂帘观看。清道光时贵州财神爷圣诞,也有妇女垂帘观戏之情形。"财神多寓过街楼,戏到生辰演不休。莫怪行人争觑看,红妆妇女倚帘钩"⑤。同治十二年杭州"某氏酱园者"有幸躲过火劫,因感火神之灵异,建台演剧"盖杭俗妇女出现庙台路台戏剧者皆有高台搭于戏台之侧,帷而观之"⑥。台北天后宫,福省某戏班"庙内开演三天。远近之人携老扶少来观,各大宪眷属亦皆命舆与往,从楼头垂帘而看,衣香鬓影,翠绕珠围"⑦,是仕宦女性楼头垂帘观剧的盛景。可见在神庙剧场中,无论是固定的看楼还是临时搭建的女台,女性观剧均垂帘。

(三)戏馆茶园中的垂帘观剧

晚清京师茶园"庆贺雅集,召宾客,则名堂会"开座卖剧"午后开场,至酉而散。……则右楼为女座,前垂竹帘"⑧。同治八年(1869)来华的美国传教士何天爵

---

① 王利器:《元明清三代禁毁小说戏曲史料》(增订本),第 179 页。

② 马戛尔尼:《乾隆英使觐见记》,傅谨主编:《京剧历史文献汇编·清代卷》(八),凤凰出版社,2011 年,第 7—8 页。

③ 曹雪芹:《红楼梦》第七十一回:"嫌隙人有心生嫌隙　鸳鸯女无意遇鸳鸯",第 465—466 页。

④ 曹雪芹:《红楼梦》,第 176 页。

⑤ 中国戏曲志编辑委员会:《中国戏曲志·贵州卷》,中国 ISBN 中心出版社,1999 年,第 569 页。

⑥ 《申报》同治十二年十二月初四日(1874 年 1 月 21 日),傅谨主编:《京剧历史文献汇编·清代卷》(四),凤凰出版社,2011 年,第 49—50 页。

⑦ 《申报》光绪十四年九月十八日(1888 年 10 月 22 日),傅谨主编:《京剧历史文献汇编·清代卷》(四),第 319 页。

⑧ 包世臣著、李星点校:《包世臣全集》,黄山社社,1997 年,第 27 页。

在《真正的中国佬》一书中云"女子有时会上剧院看戏,但存在一个永久不变的通行做法,即她们总是必须坐在为她们单独设置的、用帘子严密遮挡的包厢里"①。清末《总督堂札据(巡警、劝业)道会详举人徐炯等呈请禁止戏园女座文》云"查戏园初开,楼上女座本施有罗幔,拟仍规复旧章,不得再有除卸"②。其中提到戏园初开时,楼上女座施帘。戏馆茶园内女性观剧似乎有一个从垂帘到撤帘的过程,所以呼吁应该遵照旧章,不得拆卸。

(四) 私宅剧场中的垂帘观剧

(1) 室内厅堂剧场中垂帘

《梼杌闲评》中,王尚书为老太太祝寿演堂会,"戏子扮了八仙上来庆寿。……王奶奶便叫一娘出来接。一娘掀开帘子……将桃酒接进,送到老太太面前,复又拿着赏封,送到帘外,小旦接了去"③。另外《金瓶梅》及《歧路灯》中也有厅堂演剧女性垂帘观看的记载。④ 又如顺治十四年(1657),尚书龚芝麓絜夫人到金陵,值夫人生辰演剧,老梨园郭长春等"串《王母瑶池宴》,夫人垂珠帘,召旧日同居南曲呼姐妹行者与宴,李六娘、十娘、王节娘皆在焉"⑤。李渔《乔复生、王再来二姬合传》中云,范正家宴时,"二姬垂帘窃听"其中 13 岁北方乔姓少女,因颇解吴音,李渔奇之。⑥ 又如光绪时,杭州流行帽儿戏,富家巨族到处传呼,"虽女眷(眷)盈堂,垂帘平视,而此辈淫声浪语,绝无忌讳"。所演者皆生旦小戏,"是真风俗人心之大害也,安得贤有司尽驱而逐之!"⑦有的戏曲内容"诲淫",有关风化,正是官方和士人反对女性观剧的主要原因。

---

① 何天爵:《真正的中国佬》,鞠方安译,光明日报出版社,1998 年,第 78 页。

② 傅谨:《京剧历史文献汇编·清代卷·续编》(四),凤凰出版社,2013 年,第 583 页。

③ [明]李清:《梼杌闲评》(上),远方出版社,2007 年,第 24—25 页。

④ 《金瓶梅词话》第六十三回写李瓶儿"首七"过后,西门庆叫人在灵前为前来伴宿的亲朋演戏。"晚夕,亲朋伙计来伴宿,叫了一起海盐子弟搬演戏文。……点起十数枝高擎大烛来,厅上垂下帘。堂客便在灵前,围着围屏,放桌席,往外观戏。……这里厅内,左边吊帘子看戏的,是吴大妗子、二妗子、杨姑娘、潘妈妈、吴大姨、孟大姨、吴舜臣媳妇郑三姐、段大姐并本家月娘众姊妹;右边吊帘子看戏的,是春梅、玉箫、兰香、迎春、小玉,都挤着观看。"[明]兰陵笑笑生:《金瓶梅词话》(中),人民文学出版社,1985 年,第 872—873 页;《歧路灯》第二十一回:戏主点了几出酸鬼戏奉承谭绍闻。绍闻急欲起身,说道:"帘后有女眷看戏,恐不雅观。不如放我走吧。"[清]李绿园著、栾星校注:《歧路灯》,中州书画社出版,1980 年,第 166 页。

⑤ 蒋瑞藻著、蒋逸人整理:《小说考证》(上),浙江古籍出版社,2016 年,第 125 页。

⑥ [清]李渔:《李渔全集》第一卷,"二姬垂帘窃听。予以聱瞽目之。非惟词曲莫解,亦且宾白难辨。以吴越男子之言,投秦晋妇人之耳。何异裳之入中国,焉得译者在旁,逐字为之翻译乎? 次日诘之,曰:'昨夜之观乐乎?'曰:'乐。'予谓:'能解其中情事乎?'对曰:'解。'予莫之信。谓:'果能解,试以剧中情事,一一为我道之。'渠即自颠至末,详述一过,纤毫不遗。"浙江古籍出版社,1991 年,第 95 页。

⑦ 《申报》光绪十年三月二十五日(1884 年 4 月 20 日)"女戏盛行"条,傅谨主编:《京剧历史文献汇编·清代卷》(四),第 236 页。

（2）庭院剧场中垂帘

如扬州晚清观察使何藏舫的何园戏台，"戏亭利用水面的回音，增加音响效果；又利用回廊作为观剧的看台……女宾只能坐在宅内贴园的复道廊中，通过疏帘，从墙上的什锦空窗中观看。"①台湾台北一座私宅剧场"戏台建于正厅天井之内，……演剧时，男客坐在戏台对面的平地上隔水设宴观剧，女客坐在戏台两侧的看楼上垂帘看戏。"②

（五）其他场所中的垂帘观剧

清代江南水乡的苏、扬二州，以舟船为剧场的戏船，一度十分流行，"画舫有堂客官客之分"（专供女性观剧的称为堂客船），"妇女上船，四面垂帘"③，这一点在鲁迅先生的《社戏》中亦有记载。街头广场妇女垂帘观剧，如同治八年（1869）秋，湘潭城东石牛铺村"己巳秋，演目连剧于城东之石牛铺，彩楼高结，俯临人海，妇女垂帘聚观者不下千人"④。泱泱千人是乡村街道上目连戏的演出。

以上通过对文人笔记、小说、报刊、诗歌中记载的各种演剧场合女性垂帘观剧的文献爬梳，可见明清时期这一特殊观剧形式的盛行。重要的是，高平市良户村田氏家族女性观剧场所，为我们提供了一例罕见的实物依据。对我们了解北方世族女性观剧面貌大有裨益。可以想象"帘以内母女姑媳，姊妹妯娌，以及仆妇婢女"同观⑤。"罗袜弓鞋，隐隐露于屏下，浓妆艳服，嬉嬉立于帘前，指坐客以品评，聆歌声而击节"⑥，尤为一时之盛。与南方封闭式私宅剧场相比，北方田宅剧场的变通，更突显出一种豪放与接纳，表达了追求戏曲演出闹热性的审美观念。

三、帘之垂撤及影响因素

帘，作为分隔女性与外界的有效工具，"取其可以观剧，而不至为人所观也"⑦。垂帘观剧是对男女有别封建秩序的严格践行。但帘作为一种过渡空间中使用的装饰物，作为一个阻隔和交接内外的载体，本身的材质特征决定了这一物象若隐若现、飘忽绵邈、亦内亦外、虚实相间的特点。"帘"这一意象有其特殊的复杂性。"它固守一些东西，又吸引着某种力量不断冲破它。它构成一种封闭压抑的情势，可是它又不如门窗那样封闭得彻底，它显出一种欲拒还迎的姿态，形成暧昧、矛盾、张

---

① 陈从周：《扬州园林》，上海科学技术出版社，1983 年，第 6 页。

② 高琦华：《中国戏台》，浙江人民出版社，1996 年，第 86—87 页。

③ ［清］李斗撰，汪北平、涂雨公点校：《扬州画舫录》卷十一，中华书局，1960 年，第 252 页。

④ ［清］张应昌编：《清诗铎》卷二十五，中华书局，1960 年，第 950 页。

⑤ ［清］方大湜：《平平言》卷二·"勿演戏"条，王利器：《元明清三代禁毁小说戏曲史料》，第 278 页。

⑥ 王利器：《元明清三代禁毁小说戏曲史料》，上海古籍出版社，1981 年，第 258 页。

⑦ 马戛尔尼：《乾隆英使觐见记》，傅谨主编：《京剧历史文献汇编·清代卷》（八），第 7—8 页。

力、模糊"①。垂帘观剧正"体现着中国文化那'隔'与'不隔'界限模糊疲软的'中庸'精髓"②。

明清时期"垂帘观剧"多在皇家贵族、仕宦名媛中流行,下层女性神庙或广场观剧也时有垂帘。笔者通过文献检索、大量田野调查和走访,结合相关口述资料及神庙剧场看楼等实物遗存得知,在下层社会神庙演剧活动中,男女分群观剧、专设女座女台、围栏划线等女性观剧的特殊方式是真实存在的,所以不排除下层女性在经济条件允许、重视礼法的地区,亦有垂帘观剧之举。但这种现象并不多见,相对于世族大家和儒学门第深重的贵族女性们,社会下层小户人家的妇女,其生活方式和受教育的状况决定了他们受礼教束缚的程度要少,行动也较为自由,不垂帘的情况比较普遍。如上述材料中大宪眷属与乡村农妇混杂观剧,大家女眷所在之处垂帘,其他平民女性则不垂。又如同治十二年农历十月初一神庙剧场中,男子饿眼饱观靓妆炫服、容貌娟丽的看戏少女"腰如杨柳口樱桃,翠鬓轻松首屡搔……扇痕折叠手频探,隙里红颜分外酣。可笑轻狂年少子,腹饥眼饱两难堪"③,未见垂帘。又如康熙三十三年(1694),十岁女孩娇弟,在本村迎神赛会中观剧,深夜不归,为取暖靠近照明火源,引起火灾,不治身亡。④ 可见并未垂帘,而且还被允许外出看夜戏⑤,封建礼教对她的影响是有限的。

世家女性观剧亦有不垂帘的情况,如《红楼梦》第二十二回薛宝钗生日,在贾母院中临时搭了个小戏台,昆弋两腔并演,"无一个外客,只有薛姨妈、史湘云、宝钗是客,余者皆是自己人"⑥。此处属于女性专场,观剧就不必垂帘。

有材料显示,女性观剧"撤帘下帏"清初已有此风潮⑦,但实际上至清同治间还有垂帘观剧的现象⑧。就上述所见种种说明"从礼教实践的视角看,清代礼教有一

---

① 戴娜:《试论〈金瓶梅〉中的"帘子"意象》,《文教资料》2007 年 12 月号上旬刊。
② 刘心武:《大观园的帐幔帘子》https://tieba.baidu.com/p/6511993? red_tag=2530894733。
③ 《申报》"妇女看戏竹枝词用上下平韵",同治十二年十二月初九日(1874 年 1 月 26 日),傅谨主编:《京剧历史文献汇编·清代卷》(四),第 52—55 页。
④ 田仲一成:《清代地方剧资料集》,东京大学东洋文化研究所附属东洋学文献,1968 年,第 41 页。
⑤ "夜戏"顾名思义,为夜晚所唱之戏,既包含所搬演的戏剧,还引申为此类活动本身。转引自姚春敏:《控制与反控制:清代乡村社会的夜戏》,《文艺研究》2017 年第 7 期。
⑥ 曹雪芹:《红楼梦》第二十二回"听曲文宝玉悟禅机 制灯谜贾政悲谶语",第 129 页。
⑦ 女性观剧撤帘下帏始于何时? 目前所见材料,最早的是龚炜《巢林笔谈续编》中云"内室之施帘帏尚矣,移之厅事看戏,移之户前看张灯赛会,久已成俗,然犹不失障蔽之义。近闻吴趋有并此撤之者。"转引自龚炜:《巢林笔谈续编》,卷下"撤帘下帏",第 211 页。龚炜字巢林,自称巢林散人,晚号际隆老民。江苏昆山人,生活在清代康熙、乾隆年间。《巢林笔谈》六卷,乾隆三十年(1765)刊;《巢林笔谈续编》二卷乾隆三十四年(1769)样。
⑧ "女子有时会上剧院看戏,但存在一个永久不变的通行做法,即她们总是必须坐在为她们单独设置的、用帘子严密遮挡的包厢里"。何天爵:《真正的中国佬》,鞠方安译,光明日报出版社,1998 年,第 78 页。

个新的面相"①。理论上讲,清代礼教较前代更加严苛,出于男女有别的考虑,女性观剧都应垂帘的,但从实践过程来看,封建礼教对当时社会的影响有限。帘之垂撤与否可能有以下几方面因素的影响:

1. 不同地域对"男女有别"礼教观接受程度不同。女性之所以垂帘观剧,无怪乎因为女性的"身体不仅是生物躯体,更重要的是它承载着社会的意义"②。出于传统礼教下男女有别的原则,必须与男性身体之间进行严格的区隔,以维护当时的礼教制度。所以受儒家传统礼法影响深远与否,决定了该地域是否垂帘之习俗。

2. 阶层与身份区别。"在厅堂演出时,如是男班表演,有身份的女眷一般在厅堂帘后观看,如是女乐表演,女眷则不必躲在帘后,但如有家族外男宾在场,女眷仍需回避"③。在室外公共场合观剧时,出于身份等考虑,垂帘。如田氏家族女性在半封闭式剧场观剧就垂竹帘。

3. 神庙剧场帘之垂撤的临时性与便捷性。《红楼梦》清虚观打醮一节说明垂帘这一行为只要有观剧需要,随时可行的特点。即在观剧时垂,不观时撤。或许明清时期乡村神庙剧场演剧时,也是如此。这也是缘何多见看楼实物遗存,却不见帘之踪影的缘故。

4. 商业性戏园盈利需求。清末一城之内,戏园林立,竞争激烈的戏曲生态,日趋压低的戏价,使得许多戏园为了生存专设女座招徕宾客。尤其是光绪后职业女班的兴盛,女性大规模外出观剧,像决堤的洪水,已势不可挡,于是戏园茶楼等处便干脆撤去帘子,痛快地满足她们观剧的吁求。如清末《吴友如画宝·海上百艳图》中④,戏园二楼设女座,席座左下悬一木制戏牌,上书"夜戏",下方从右往左所书剧目分别为《一捧雪》《二度梅》《三疑计》《四杰村》《五雷阵》《六月雪》《七星灯》,有妇女五人携一个小孩正在目不转睛地看夜戏,并不设帘帷。这正是有些人痛心疾首呼吁重新给二层看楼垂帘的原因。

四、结论

"垂帘观剧"作为一种象征性的礼教防范,"帘"一垂,阻隔了内外空间,象征着壁垒和距离;"帘"一卷,又与外界形成了交接。明清时期,神庙剧场酬神演剧、私宅

① 张田生:《女性病者与男性医家:清代礼教文化中的女性隐疾应对》,《自然科学史研究》2014年第2期。
② 张田生:《女性病者与男性医家:清代礼教文化中的女性隐疾应对》,《自然科学史研究》2014年第2期。
③ 黄竹三、延保全:《中国戏曲文物通论》,山西出版传媒集团·山西教育出版社·三晋出版社,2017年,第233页。
④ 黄竹三、延保全:《中国戏曲文物通论》,第235页。

庭院娱亲悦内、生辰寿诞等演出,戏园茶楼公开卖女座等,闺阁女性已经获得了很多观剧机会。随着社会风气的变迁,西方民主思想的影响,人们思想观念的变化,民国以后,据《申报》《大公报》等记载,女性外出参与社会活动越来越频繁,女性观众最终堂而皇之地走出门户,公然买票入园与男性观众一起并肩看戏,"垂帘观剧"这一现象完全退出了历史的舞台。高平市良户村田氏女性垂帘观剧场所的遗存,为我们提供了一则极其珍贵的历史实证,同时为我们了解北方世家大族对女性观剧的态度提供了重要参考。

作者简介:

王姝,女,山西寿阳人,山西师范大学戏曲文物研究所博士研究生,研究方向为戏曲文献与民间戏剧。

理论与综述

华夏族父权制研究的再审视与
"内外有别"概念框架的新探索

杜芳琴

摘　要：该文在回顾三十年来父权制研究理论方法变化的基础上，再审视父权制元制度形成和变化的过程。重点聚焦于以"周礼"为滥觞的"家国一体"的父权制到秦汉以降的"家国同构"的父权性别制度转变的内在联系与结构、运行机制等进行系统探讨。在重审本土父权制研究理论与方法，在地化的性别视角和唯物史观的交互分析中，发现影响至今的华夏父权性别制度的核心概念，如何从"男女有别"到"内外有别"意义密码的转换、深化和拓展，形成至今仍活在民间的"复合父权制"。因此，"内外有别"作为中国本土有效的分析范畴和概念框架，对历史父权制和当代性别制度文化的创新性转换、推动性别平等具有多重意义。

关键词：华夏族父权制；父权性别制度；制度结构；运行机制；男女有别；内外有别；概念框架

该文在回顾三十年来父权制研究的议题、理论、概念、方法变化及有关发现的基础上，再审视华夏父权制元制度形成、变化的过程；重点放在对"周礼"为滥觞的从"家国一体"的父权制到秦汉以降"家国同构"的父权性别制度的结构、运行机制进行系统研究。发现父权性别制度的核心概念从"男女有别"到"内外有别"的深化和拓展，可以作为本土父权制研究的有效概念框架。限于篇幅，该文只能勾勒一个简明图景，进一步纵深探索还待大量的实证研究。

一、妇女/性别史视角的本土父权制研究
回顾：议题、理论和方法的变化

从 1985 年至今，华夏父权制研究走过了文化父权、制度父权和复合父权的三个阶段。鉴于至今研究者寥若晨星，主要从本人的经历和团队合作的成果为例

简述。

(一) 从唯物史观的文化妇女史研究转向父权制的探索

作为文史学科背景进入妇女史研究的笔者,未经妇女学基本专业训练,就匆忙受命写了一本《女性观念的衍变》①。我理解的唯物史观将"观念""文化"的定位置于上层建筑范畴的意识形态中,来勾勒女性观演变的历史背景;同时从文史知识储备中对儒、法、道、佛等典籍中的妇女观念的言说和民间世俗文本男女故事的描述,分别纳入到"人伦""人欲"的本土概念中,并对男性对女性的态度、行为和观念和女性的自我认知做了纵向勾勒。该书的基调沿袭了陈东原《中国妇女生活史》妇女地位每况愈下的判断,②也深受马克思主义理论与近代以来革命话语"压迫—解放"框架的影响。三年后,笔者提交了一个唯物史观妇女史研究框架,从社会基本矛盾的揭示到"两种生产"理论和阶级分析方法作为两性关系变化的观察分析工具,③并把政治、经济、社会、文化的四维框架纳入叙述分析中。④ 1993年,在"中国妇女与发展"研讨班上,我仍以"传统性别文化和中国妇女地位"的宏大叙事,沿袭"人伦"和"人欲"分析框架展开历史叙事,勾勒中国妇女地位的古今演变。⑤

从文化模式研究转向父权制度探索始于1994年。北京世妇会举办,笔者参与了《阳刚与阴柔的变奏》一书的写作,当时受王国维《殷周制度考》一文影响,发现"周礼"之兴是一个妇女地位的转变节点,于是我以"周礼的兴衰:两性关系模式的理性奠基"为题,将"周礼"界定为"阶级性别双轨等级制之圭臬",文中用"父权""父权家庭""父权社会",并未用"父权制"一词。⑥ 一年后修订版又把"父权制"概念开始作为制度系统来思考,如"作为家庭中的""父权制规范"、"父权制下的性别哲学""父权制作为……上层建筑和意识形态"等词语出现。⑦ 这一认识改变得益于世妇会前后妇女研究交流和亲历世妇会的视野拓展。尽管1992年出席哈佛大学"赋中国以社会性别"研讨会,首逢gender这个词,但真正理解并运用于本土父权"制度"系统研究历经五年之久。国际同行频繁的学术交流激发了思维灵感,仅1996年上

① 杜芳琴:《女性观念的衍变》,河南人民出版社,1988年,李小江主编"妇女研究丛书"之一。
② 陈东原:《中国妇女生活史》,商务印书馆,1937年。
③ 杜芳琴:《构建中国妇女史——关于中国妇女史研究的两个问题》,《发现妇女的历史》,天津社会科学院出版社,1996年,第5页。
④ 杜芳琴:《构建中国妇女史——关于中国妇女史研究的两个问题》,《发现妇女的历史》,天津社会科学院出版社,1996年,第3页。
⑤ 杜芳琴主编:《中国妇女与发展——地位、健康、就业》,河南人民出版社,1993年,第154—181页。
⑥ 闵家胤等著:《阳刚与阴柔的变奏——两性关系和社会模式》,中国社会科学出版社,1995年,第134—136页。
⑦ 杜芳琴:《发现妇女的历史》,天津社会科学院出版社,1996年,第60—61、67页。

半年就有三个有关父权制的国际会议在日、韩、美举行。① 韩国梨花女子大学的"亚洲父权制与女性主义意识提升"命题作文,促使我开始思考父权制模式,用"生存模式"(性别分工和男尊女卑的权力关系)、"制度模式"(婚姻家庭生育继承等制度),由此形成的"观念模式"(人伦与人欲的理念行为),进而提炼为形上的"哲学模式"(阴阳/乾坤二元一体的别体、重化、主和)的分析框架。②

1997 年,是我从文化模式向父权制模式过渡的又一拐点。应美国加州大学圣克鲁斯分校贺萧教授之邀,学术交流与访学中与美国东西部汉学家、港台同行有了频繁的接触,对妇女学、父权制、社会性别等概念的理解和研究现状、理论方法有了较系统的了解,开始用 gender 尝试用于本土父权制起源的史前期、夏、商、周性别制度的实证研究,并对本土妇女史学科理论建设进行思考。③

(二)妇女史学科背景下的父权制研究

世纪之交国内开启以项目为载体的妇女学科建设兴起,妇女性别史作为重点开始本土梳理和国外引进并举,出版了系列成果。④ 杰达·勒纳的《父权制的创立》和《一个多数群体发现她的过去》,琼·斯科特的《社会性别:一个有效的历史分析范畴》《经验的证据》,肯宁的《语言学的转向》,贝内特的《如何面对连续性》的引入阅读研讨,打开了另一扇窗;江苏人民出版社的海外汉学系列中译案例研究提供了直接的借鉴,如苏珊·曼、高彦颐的内/外有别的空间中女性的经济文化活动的研究,成为业界必读书。此时,国内学者在亚洲妇女学建制中的深度合作交流中,对亚洲特别是东亚父权制有着更多的共识,如韩国学者张必和"亚洲父权制"概念框架、李相华儒家传统东亚父权制"内/外"分析概念的有效性更有认同感。

得益于国内外学术资源滋养和交流碰撞,国内集体合作成果——《中国历史中的妇女与性别》出版,首次从性别视角看历史父权制起源和变化中的妇女与性别关系,略举数章看其新突破:第一章用考古学、民俗学、统计学、人口学等多学科方法

---

① "亚洲女性史国际研讨会"(日本东京,3 月);"面对父权制与亚洲女性主义意识的提升国际研讨会"(韩国汉城,5 月);"前近代儒家文化与中日韩妇女国际学术研讨会"(美国圣迭戈,6 月)。

② 杜芳琴:《妇女史研究:女性意识的"缺席"与"在场"》,《妇女研究论丛》1996 年第 4 期。

③ 《华夏性别制度的形成及其特点》,《浙江学刊》1998 年第 3 期;《商周性别制度与贵族妇女地位之比较》,香港浸会大学讲演,《历史与文化》1998 年创刊号;《妇女史学科建设的理论思考》(与鲍晓兰合作),《陕西师大学报》1998 年第 4 期。

④ 福特基金会支持天津师范大学牵头的"发展中国的妇女与社会性别学"(2000—2006)和后续项目妇女学全国网络(2007—2011),同时还支持了大连大学、北京大学和西北、西南、中南等高校妇女学学科建设。关于父权制研究有杜芳琴、王政主编:《中国历史中的妇女与性别》,天津人民出版社,2004 年;2012 年该书由出版社与京东改版翻印为指定的中小学生课外读物(16K 本)广为扩散;相关研讨成果还有:《赋历史研究以社会性别》(蔡一平、王政、杜芳琴编)、《引入社会性别:史学研究新趋势》(杜芳琴编)等内部发行出版物;蔡一平、杜芳琴主编:《妇女与社会性别史研究的理论与方法》,湖南大学出版社,2016 年。

和资料，以较充分地论证揭示中国原始时代母系向父系转变的原因和历程（赵宇共）；第二章文献与考古材料并重，论证了世系、姓氏、继承（血缘、权位、财产合一）的五帝、夏商的渐变到商周之际父系制向父权制的突变（杜芳琴）；第四章突显了本土特色的"内外有别"性别分析概念，为揭示宋代父权制在性别空间与分工的家国形态的特点作了创新性论述（邓小南）。

（三）从书斋到田野：民间活着的父权制研究带来的挑战和机遇

2008年，受邀介入治理出生性别比失衡的治本之策的国家项目组建性别平等团队，期间走访六省近20个县（市），参与登封市三年推动性别平等实验，并跟踪观察一个村民赋权——改变父权规则推动性别平等——开展新农村建设十年之久的村庄（登封市大冶镇周山村），累积了如下系列发现：

1. 发现

（1）家庭—村庄规则的同源同构性所致：这是团队与村民一起讨论发现的。（见表一）

表一　家庭、社区规则与父权制的同构性

家庭规则	父权传统	社区规则
男娶女嫁	婚姻规则	有男不得招婿（限招一个）
儿子是家内人，女儿是外人	身份认定	男性永久村民，女性流动村民
儿子继家产，女儿不能	资源分配	男性合法拥有，女性权利易损

该表是村民在修订村规民约的培训中集体讨论的结果，用简洁的话语破解社区—家庭与父权传统同构一致性，正是导致妇女政治参与、经济权利与身份认定的游移而易损害性状况和原因，应该改变。还值得重视另一端——"家—国同构"的父权传统当下另一表现——既同构又冲突，如公共政策往往忽略性别维度，在制定以家户为单位的土地、福利分配，妇女首当其冲受到伤害；而在人口和生育政策上，曾经有过50年计生少生政策与父权家庭传宗接代利益的严重冲突，造成妇女身体与心灵、健康与尊严的双重损伤。

（2）改变的可行性和动力来源：长期连续田野作业提供了观察研究活的父权制的最佳良机，可能听到来自农民和妇女的真正的声音，感受他/她们对传宗接代和养儿防老的期盼与失望并在的普遍焦虑，妇女为生育儿子未果承受的苦痛和压力，因婚姻流动失地无房的绝望和无助；即使儿女双全，也尽尝了婆媳、姑嫂、妯娌间"女性战争"硝烟弥漫的烦恼和无奈……更让团队惊喜与欣慰的是，农民和妇女求变的热忱和改变的智慧，一旦他们理解了性别平等理念为自己赋权的意义，就开始集体行动来解放自己，改变环境，开展家庭和社区的改善和重建。

（3）改善和重建家园：村民们 7 年内三次修订村规民约,改变村庄性别不平等的潜规则,重建新制度,建设新家园。这个过程就是课题组与村民一起讨论基于对传统父权制度文化反思过程中得到赋权和知识生产的结晶。如对父权制本质、根源和负面影响,一位男性骨干在最近演出自编民众剧的自我反省,将他 5 年前在党员会上的发言原封不动地搬上舞台:"老辈子说'婚嫁、婚嫁',就是男的娶女的嫁。闺女嫁出去了,就不能再回来争资源。男的是'根儿',女的不是'根儿',人要随'根儿'生活,根儿在哪儿,资源就在哪儿。提倡男女平等俺不反对,可也不能一下子退到母系社会呀!"[①]这种自我赋权、自我教育的的效果,远胜于说教,且影响更多的人,包括笔者在内。

2. 体验

这十年我的体验有三点:一是我的书斋父权制研究在农村还有用;二是村民特别是妇女给我更多的灵感,其源头活水就是村民丰富的经验知识;三是就本土父权制这个局部研究,豁然开朗地打通了古今分割,弥合了知行分离,重新定义研究者的位置和责任——不仅从经验实践转化为知识生产出学术成果,更重要的是要能理解、阐释、解决现实中的性别和社会问题,助推社会变革,服务基层大众。这就是十年来本土父权制行动研究的感悟与源头活水的动力源泉。

二、检省父权制研究的理论与方法：立足本土、广采博纳的整合与创新

研究梳理本身就是一个反思和前瞻的过程:做了什么,走到哪里,缺环何在,需要什么,今后何为⋯⋯这才能重新定位研究的目标和策略。立足本土、广采博纳,整合创新,向着古今对接,内外融贯,知而为行,促进改变。

（一）立足本土的理论拓展

检视本土父权制的研究史,已有的理论资源从唯物史观出发到借鉴拓展女性主义批判政治经济学的理论方法,可见两者的共同点都看重两种生产,其差异处在于社会性别敏感。恩格斯指出,唯物史观认为历史的决定性因素"归根结底是直接生活的生产和再生产。但是,生产本身又分为两种。一方面是生活资料即食物、衣服、住房以及为此所必需的工具的生产;另一方面是人类自身的生产,即种的繁衍"[②]。女性主义政治经济学发展了更关注被忽视的人的再生产——生育、照护主体的妇女的责任、贡献、风险和损害。吉塔·森[印度]如是说:"妇女处在生产和生育、经济活动和人类关怀的十字路口,因此也是位于经济增长和人类发展的交叉点

---

① 周山村民周西川在 2017 年扮演民众戏中反对出嫁丧偶离婚女儿回村享受村民待遇的角色,他的台词,就是他在 2012 年 5 月党员会上的发言。这位"反对派"目前是周山村老年协会骨干和合作经济的引领人。

② 恩格斯:《家庭、私有制和国家的起源》(第四版)"序言"。

上。她们存在于这两个领域里的工作中——她们最负责任,因此也最利害攸关;当两个领域存在冲突时,她们最受伤害,所以她们对更好地整合两者的需求也最为敏感。"①女性主义政治经济学批判视角对恩格斯两种生产理论做了重要补充和发展,也对中国父权制研究打开了新思路,在我的十年田野经验中,深切地理解森的分析和论断。

(二) 广采博纳与整合创新

1. 父权制的起源与结构:东西方学者的贡献

父权制研究须从起源和结构起步。杰达·勒纳的《父权制的建立》就是以美索不达米亚人为例论述"制度结构"的父权制起源。大约公元前 3000 年,地中海城邦国家苏米尔,从亲属共同体社会过渡到早期国家,为维持统治用意识形态的宗教仪式与政治结盟手段,规定社会秩序和分工,从而控制了"意义"生产所有权,包括国家的权力,通过关于婚姻的和性行为的法律条文促成了家庭以外的意义生产,并借军事体制强行实施并建立维持统治阶级利益的法律法典等一整套运作被制度化和强化。② 玛利亚·密斯(Maria Mies)还补充了父权制出现与战争和征服别的部落屈从并占有另外部落的土地和重要的有价值的资源有关。在这个过程中,首先占有外族妇女,然后本部落的妇女也被强迫驯化并置于年长的男性控制之下。③ 勒纳关于亲属共同体向国家的过渡、意识形态的宗教仪式、政治结盟和意义生产等概念和论述,特别是战争对父权制建立的催化作用的普遍性,对华夏上古时代世系、权力交接中男性统治对妇女的奴役和控制作用的研究也得到体现。④

张必和的亚洲父权制概念框架。她将父权制概念作了组织系统的家庭体系和扩展的社会系统的区分。家庭父权制纵向构成代际的父系、父居、父姓制与横向夫妻关系的夫权、夫系、夫居制,与华夏族家庭父权制别无二致。社会系统的父权制又作了社会组织、生产方式、价值体系及其运作的区分:社会组织对父权家庭/族更关注世系延承因而更看重妇女的生育能力,但妇女被限制在家庭领域,价值被贬低而公共领域的价值被提升,从而得到法律认可并巩固;在生产方式物的生产/人的生产中,前者的生产和服务被强调,而忽视了人的生产(生育、养育孩子,侍养与照顾病人和老人),在两种生产的劳动分工性别等级中妇女的工作被忽视、被贬低;

---

① 转引自卡比尔:《社会 性别,贫困与发展政策》"导论"前引文,陈澜燕等译,天津人民出版社,2010年。

② Gerda Lerner, *The Creation of Patriarchy*, Oxford Paperbacks, Oxford University Press, 1986.

③ 玛利亚·密斯:《世界范围的父权制和积累:国际劳动分工中的妇女》,伦敦泽德出版社,1986年,转引自谢丽斯·克拉马雷、戴尔·斯彭德主编:《国际妇女百科全书》,"国际妇女百科全书"课题组译,高等教育出版社,2007年。

④ 杜芳琴、王政主编:《中国历史中的妇女与性别》第一章、第二章,天津人民出版社,2004年。

在价值体系中除了男性中心的权力崇拜,还有儒教和基督教其中皆含有强烈的"厌女"成分;精心制作的男主女从、男优女劣的范式影响着每一个出自父权家庭的个人。① 李相华在父权制研究的东西比较研究中,发现"公/私"领域的分析概念运用于东亚时,远不如"内外有别"概念更有解释潜力。② 同为亚洲妇女学参与推动者中国台湾的林维红对"内外有别"的研究侧重在道德实践的区分,强调在家庭中关注适当合宜的人的情欲的控制,用贞洁道德作为规范来限定男女之间的"内外有别"。③

2. 社会性别(gender)概念框架的中外对接

作为女性主义学术的核心概念和历史分析有效范畴的 gender(中译"社会性别"),斯科特的界定和阐释具有广泛影响。但随着世界不同历史文化语境在研究和实践中深入展开,需要进入具体语境中进行再审视和再转化。如前述笔者较早接受了斯科特 gender 分析框架,二十年来,随着研究深入和实践体悟,开始了再审思,重返马恩政治经济学并接纳第三世界女性主义政治经济学批判视角的分析框架,笔者对斯科特性别权力关系的四个分析范畴的排序和内涵,包括(1)对象征符号及其意义——对符号规范,(2)在宗教、教育、科学、法律、文化等领域的解释,(3)规范社会组织机制与场所(家族、市场、教育、政治组织等)及其运行,(4)主体身份建构身份与认同,不敢轻易地搬到中国语境并套入本土研究框架中;于是,我首先对斯科特的后结构主义意义优先的位序做了调整,以适用中国历史与现实存在的性别分析。唯物史观和政治经济学告诉人们,首要是生活生存,这就要进行经济生产活动,并组建与之相匹配的组织制度;仅仅把经济活动归结为市场,也许适合仅有 200 年历史的美国,而对中国数千年文明史的父权制性别关系的复杂性难以想象;即使谈到资本市场,只有"组织"场所是不够的,对资源拥有、生产、分配和再分配的缺席,更未提及再生产的生育养育。回到中国语境对华夏族父权制追溯和性别关系分析中,对斯科特的"家庭"场域也需要复杂化,如世系、姓氏、亲属等组识形态与不同于核心家庭,何况组织系统与生产生活活动场域和分工是交织在一起的。至于历史变迁,纵横交错的时空关系则更加复杂化。仅从华夏父权制滥觞的"周礼"而言,其性别、阶级、族群关系呈多重等级构成,如族群的"华夷之辨",血缘贵族建立

① 张必和:《建立概念和框架的共识》,为 1998 年 3 月"建立亚洲妇女学"启动会上的主旨发言(英文);中文版:杜芳琴、崔鲜香主编:《全球地方化语境下的东亚妇女与社会性别研究》,湖南大学出版社,2016 年,第 11—22 页。

② 李相华:《父权制和儒家》(英文);中文版:杜芳琴、崔鲜香主编:《全球地方化语境下的东亚妇女与社会性别研究》,湖南大学出版社,2016 年,第 32 页。

③ Wei-hung Lin, "Gender, Culture & Society: Women's in Taiwan", in Wei-hung Lin and Hsiao-Chin Hsieh (eds.), *Chastity in Chinese Eyes: Nannv Youbie*, Ewha Womans University Press, 2005.

的"家国一体"的父权制与秦汉以降大地主建立的"家国同构"的一统帝国父权制的转变,性别权力关系也随之变化,这需要在华夏父权制的性别分析中得到检验。

三、华夏父权制的建立:世系转换与制度演变

如上所述,恩格斯受摩尔根启发,关注"世系"作为上古社会母权制向父权制转变的重要概念。当我们追溯华夏族父权制形成的漫长过程时,有更多的理论方法资源如唯物史观、政治经济学、社会性别分析等工具供我们跨界整合运用于研究中,就会发现华夏族父权制的形成与"自然"的"世系"转换和建构的制度衍变形成权力关系的互动关系:"世系"(血缘、姓氏传承)作为纵向代际传承和横向亲/族属系统延展主轴的组织系统,权力(军事、祭祀、管理)则是统治精英对资源(土地、人力、财富、地位、声望等)的占有、控制的政治经济文化结构系统,而生育控制则是保障世系族姓和权力传承得以成立、又能保证血统纯洁、兴旺、持久的婚姻亲属纽带的联结。所以,华夏父权制的建立,"权力"交接和"生育"占有就成为父权制生成结构和延续的轴心。纵观华夏族从"三皇""五帝"到西周血缘贵族父权制的形成,历经了女系向男系的世系转变—男系权力传承—父系制向父权制突变的三个历程,而推动父系制向父权制迈进的动因就是"父系—父权""传宗接代"的信仰式的价值观念至今"香火"不断。

(一)母系时代:女系向男系的世系转变

1. 母系社会的女系传承

上古神话中的女娲、伏羲、燧人氏被后人称为"三皇",可大致与中原仰韶文化前中期对应称作"母系时代"。女系—母系是初民组织的自然状况。神话时代传流下来的女娲、伏羲,后人追述是兄妹兼夫妻关系,其氏族图腾为蛇,考古发现河南、山东汉代墓葬中画像砖有两蛇交配的图像。神话叙事中的"女娲造人"、"女娲补天",就是赞颂造人拯世始祖的女先人。东汉许慎《说文解字》留下母系时代性别关系的文字语义阐释的印迹,解释由"土"和"也"合体的"地"分别这样说:"土,地之吐万物者也"[1],大地母亲生长万物供人们生存之需;"也,女阴也"[2],即"生民"出口处的生命之门;"地,元气初分,轻清阳为天,重浊阴为地,万物所陈列也。"[3]从考古发掘的仰韶文化聚落的墓地看农耕文明生产工具的随葬男女无大异、子女随母葬、幼女厚葬、村落布局西安半坡和临潼姜寨母系氏族的大中小房子的面积、次序、方位的格局就是女系维系的对偶婚家庭、家族和氏族联结与关系留迹。[4]

[1] 许慎:《说文解字》,第286页。
[2] 同上书,第265页。
[3] 同上书,第286页。
[4] 杜芳琴等:《中国历史中的妇女与性别》,第4—14、86页。

2. 母系社会末期男系传承的"得姓"与"传姓"

男系传承的自觉意识取代女系传承自然形态,可谓一次世系转换的突变。传说中的炎黄二帝就是在母系氏族的姜姓、姬姓的妻族中建功立业,因战争获胜受到尊崇,得到妻族的姓而雄起;得姓的男性英雄有了自己的后裔,开始"姓"与"氏"(如"有熊氏黄帝""高阳氏颛顼""高辛氏帝喾"等)的并用。但是,当时得姓难"传姓"也不易,像黄帝这样的英雄,25 支后裔中得姓者只有 14 支,而得姬姓传承的只有两支。[①] 华夏族后裔认同炎、黄二帝为祖先,取代了女娲时代女系的"蛇的传人",后来者居上,华夏族转称为"龙的传人"了。

(二) 父系社会:五帝时代的姓氏继承与权力传递

司马迁在《史记·五帝本纪》中将失败的英雄炎帝排除在外,树黄帝及其传人中的颛顼、帝喾、唐尧、虞舜、夏禹)为"五帝"。五帝时代大致相当于考古学的龙山文化,和当下史家所说的部族联盟共同体时代相当。尽管司马迁把英雄谱的五帝们一并视为黄帝后裔,但绝不是制度化、连续性的父子相承。

如前所说五帝时代被尊称为"帝"的所指,是部族联盟共同体的首领,是能同心同德,在治理天灾内乱,有所建树还建有武功者被推举为"帝",权力的传承不是父子而是传"贤",所谓"禅让制"。《五帝本纪》载黄帝之后,相继有后代成为盟主,前期的颛顼、帝喾多有功德贡献:颛顼是"绝地天通"开创者,是控制了祭天特权的宗教首领,以建立人间"帝"的合法性。帝喾创设了"高禖祭",就是通过仪式控制确保正妻生下血缘纯正儿子的生育权。其后,被孔子赞为有"至德"的尧,《史记》载他的胞兄因低能被轰下台让位于他,尧"则天"仁厚,治理有方,晚年不传长子丹朱而传舜,也是以"贤贤"为标准,不完全因为翁婿关系。舜至孝大德,继位后洪水滔天,举贤才大禹治水,建功立业,舜传位给禹,也是名正言顺,水到渠成。当大禹诚意按照传统传位给贤才伯益时,禹的儿子启受到部族首领拥戴,那个时代是部族联盟向国家体制转折点,传子也是大势所趋,终结了"禅让制"进入父子传承的文明时代。

(三) 从父系制到父权制:文明史叙事中的三代家—国制度与性别关系之变化

关于夏商周三代父系制向父权制转变,历史学家的解释为关键的因素在于邦国向王国的政治、军事、经济、组织体制的变化。性别视角还看到世系的变化与家国政治的关系。启主动争取到"传子"的结果,建立了"家天下"的华夏族第一王朝——夏朝,成为名副其实的血缘权位合一的"父系制"。但夏初的权力动荡持续了百年之久,启继位首先被主张传贤的有扈氏反对启大战于甘,启打败有扈氏。其后继位的子孙们太康、仲康、相……无休止地失国、奔逃、丧权,既有萧墙内讧淫逸,

---

① 《史记·五帝本纪》(卷一),中华书局,1959 年,第 9 页;又《国语·晋语四》,上海古籍出版社,1978 年,第 356 页。

又有外族侵入颠覆，如东夷的后羿、寒浞、浇相继夺权，因室灭国，直到少康得到母系姒姓舅家有虞氏出兵帮助，才恢复了父子相传的秩序。[①]

商王朝国之层面的政治、军事、经济和组织模式是由"内服"和"外服"两大部分构成的"内外服制"，"外服"就是受商王支配调遣进贡的外围的"侯、甸、男、卫、邦伯"的诸侯邦国；"内服"就是由商王直接控制的百僚、居邑所在的王畿之地和权力中心。[②] 考古发现也完全与文献互相印证。[③] 在内外服体制下的家国关系和家族内部层面，商代高度发展的父系制，从世系继承血统和王位已经健全了父系传承定制——前后期的父子相承、中期"世及"交错（父传子、子传幼弟如此往复）。祭祀先公先王先妣自有规则，儿王祭母妣也是常态。婚姻实行男婚女嫁一夫多妇族外婚，也有像武丁娶同族姓（商人为"子"姓）的妇好，但诸妇不分嫡妾一概称"妇"。父系家族亲属名分称谓粗疏，不分长幼亲属尊卑等级，父亲的兄弟皆称"父"，母亲的姒娣皆称"母"，同辈儿女可皆称"子"。在男女职事的空间和分工中男女混同，贵妇几乎涉足军事、祭祀、农事管理等事务中。而西周血缘贵族不同商贵族之处，将父子血统、权位、财富合一接力传递，通过男婚女嫁，一夫一妻多妾的婚姻中介，创建了"家国一体"的内外有别的家族之组织体系和王国之统治制度。

（四）商周之变：由高度发展的父系制到血缘贵族父权制建立

商周两代是华夏族文明奠基和转型的关键时期，公元前十一世纪华夏族的商周更迭之巨变完成了由父系制高级阶段向父权制的突变。如上所述，变的表征，一是西周血缘贵族共同体在颠覆中又部分因循商制，建立了世代父子血缘认同、权位交接嫡长子继承以奉祖敬宗、凝聚族人、分封建制的家国一体的父权制，颠覆了商代男系传统、父子血缘认同而权位接力则实行父子与兄弟交替世及制度。二是周贵族为此制度成立、延续和运转，又制定了严格的男内/女外有别的外婚制，精心设计了一夫一妻多妾的嫡妾制，满足男性贵族拥有枝繁叶茂、血统纯正、等级分明的儿子，纵向上以祭祖先下以继后世、横向的家族兴旺和谐之需求。

作为高度发展的父系制商王朝，与此相应配套的婚姻/家庭（族）制度是男本位、男娶女随、诸妇为族内外兼具的一夫"多妇"，众妇可居商王处也有自己领地，没有嫡妾之别制度。由此可见，其命维新的周之旧邦进行了空前深刻创新的制度革命。

究竟什么因素导致了商周之变？经历了怎样的过程？需从宏观高瞻角度看国

---

① 杜芳琴：《在家室与权力之间：夏代上层妇女》，《中国社会性别的历史文化寻踪》，天津社会科学院出版社，1998年，第53—63页。

②《尚书·商书·酒诰》。

③《大盂鼎》有"惟殷边侯甸与殷正百辟"的"殷边侯甸"即指外服诸侯，而"殷正百辟"就是商朝王邦内之地的百官臣工。

家层面的政治权力格局的变化到中观的权力分配和传递,再到微观婚姻家庭生育继承分工进行逐一审查,商周之巨变百年间怎样完成了因变的转型,"内"和"外"这对概念贯穿宏观中观微观的各层面,其内在的关联也会在分析中展现。

先看空间维度从宏观到微观的内在逻辑:从商代王制国族内外有别的服制到西周天下一统的封建,等级建构与权力分配传承的因变;导致家族的婚姻和家庭/族、代际传承、亲属关系的内外有别的调整,同时对公私场域、空间的经济、政治、日常活动和分工再界定,从而满足新政治集团价值目标实现的需要,于是新兴执政贵族精英在立国、治理理念与实践的路径策略必然策动商周之剧变。再从时间维度看商周之变的历程。从商周关系变化切入,可知周部族是继黄帝姬姓两支的一族,先祖后稷和公刘在陕甘交界处从事农耕;古公亶父时,被强悍部族逼迫迁移岐下,成为商王外服诸侯国之一。周人实行少子继承,亶父与太姜生有三子,长子太伯主动奔吴,次子虞仲避地于越,少子季历继父位,娶妻商外服之一的挚国任姓女太任,生了儿子姬昌,改旧规一变为长子继承,就是身后尊为周文王的姬昌,他积善思德,内治有方,外服诸侯渐次归服,连商之内服亲族也来投奔。商王帝乙为笼络影响越来越大的西伯姬昌,将小女儿下嫁给文王。① 两国日益交恶,反目为仇,商王帝乙拘姬昌于羑里,婚姻解体。周人以美女骏马赂商王使姬昌获释,后迎娶有莘氏女为太姒,生子姬发、姬旦等。帝乙死后帝辛(纣王)继位,多行不义,众叛亲离,而周更加强盛。周武王姬发继位,为发扬文王功业,联合原商外服诸侯讨伐商纣王,两次征伐前的《泰誓》、《牧誓》中历数商王罪状。《泰誓》指控纣王"用妇人之言,自绝于天;毁坏其三正,离逖其王父母弟";"断弃先祖之乐,……为淫声……怡悦妇人……故共行天罚!"②随后武王在商都附近的牧野决战前的《牧誓》,更激烈地声讨,首条罪状仍是抨击纣王"听妇言",并引古语"牝鸡司晨,惟家之索",历数前已述罪状并更加激昂:"维妇人言是用,自弃其先祖肆祀不答,昏弃其家国;遗其王父母弟不用,乃维四方之多罪逋逃,是崇是长,是信是使,俾暴虐于百姓,以奸轨于商国……"。③总括起来,周人对宗主国商王指控涉三大罪状:首恶是"用妇人之言",任其牝鸡司晨,干预军政公事;次恶是昏聩淫乐,放弃家国根本利益,不祭祀先祖,废弃先祖雅乐而为淫声怡悦妇人;三恶是不用先父母所生亲兄弟,而重用方国异族姓通辑中逃犯。与之针逢相对的,周人的目标是颠覆商代的内外服制而建立"普天之下,莫非王土;四海之滨,莫非王臣"的主导"天下"的周王国,不允许外族人成为辅政大臣,只信任本族姓赋以重任。周武王说过"予有乱臣十人,同心同德。"④

---

① 《周易·归妹》:"帝乙归妹,其君之袂不如其娣之袂良。"
② 《尚书·周书·泰誓》。
③ 《尚书·周书·牧誓》。
④ 《尚书·周书·泰誓》。

"乱"反训为"治",十名治世英才助武王灭商成功,十人中除了弟兄,还有他母亲太姒。周贵族对国事的内外界限十分清醒。不但任官以亲亲中选贤,而且颠覆了商代的内外服制,灭商后以封同姓诸候建立王国藩屏,分疆裂土按尊尊、亲亲、贤贤定公侯伯子男之贵族等级。少数异姓分封属于姻亲功臣,如姜尚封齐,前代帝王后裔——商封于宋,夏封于祀等等。

国家制度变革必然要求家庭规制的改变,婚姻、家庭/族的变革势在必行。在家国一体建构国与家的内外秩序中,周人持实用主义的二元论——在国之层面任用异姓,其理论根据是"异姓则异德,异德则异类","同姓则同德,同德则同心,同心则同志"。在家的层面则需要婚姻联结以繁衍扩展却反其道而行之,谓"同姓不婚","异类虽近,男女相及,以生民也";"同志虽远,男女不相及,畏黩敬也。黩则生怨,怨乱毓灾,灾毓灭姓。是故娶妻避其同姓,畏乱灾也。故异德合姓,同德合义"。①

纵上所述,这里用表格揭示华夏父权制形成的过程中世系传承和制度演变逻辑:

表二　从母系到父权的社会形态、世系与权力传承变化一览

社会形态	女系中心原始氏族三皇时代	邦国林立的部族联盟五帝时代	王国更迭的文明时代			始于秦汉的帝国时代
			夏	商	周	
命名	母系社会	男系—父系社会	父系制社会		父权制	父权制
世系	女系传承	男性英雄得姓	传子	传子/弟	传嫡子	传子
权力传承	—	传男(贤或婿)不传子	传子	世及并用	传嫡子	传子

四、周礼:家国一体的血缘贵族父权制的构成与运行

(一) 周礼父权制度的"道"、"制"、"治"

"周公制礼"的"周礼"是华夏族父权制元制度之渊薮。"礼",一是统治者(君)统治/治理的制度安排(制)和运行策略(治),即"治政安君"之"大柄";二是适应制度的礼节仪式和对人的身体、行为、日常生活的教化和约束,即对个人/群体规范之"大端""大宝"。《礼记·礼运》说:

① 《国语·晋语四》,上海古籍出版社,1978年,第356页。

> 礼者君之大柄也,所以别嫌明微、傧鬼神、考制度、别仁义,所以治政安君也。①

> 礼义(仪)也者,人之大端也。所以讲信修睦而固人之肌肤之会、筋骸之束也,所以养生送死事鬼神之大端也,所以达天道、顺人情之大宝也。②

1. 儒家经典论说中的"周礼"之"道"、"制"、"治"

周礼是华夏族进入文明时代第一个完整的父权制制度系统。500 年之后,儒学奠基者孔子"述而不作"地整理记载保存"周礼"的"道"、"制"、"治"于《诗经》、《尚书》、"礼"、《易经》和《春秋》"五经"之中。前引《尚书》、《诗经》、《周易》中商周之变周人对商制批判例证不再重复,这里着重引述儒学"十三经"之"三礼"对"周礼"制度结构的论述进行分析。关于"礼","五经"中的"礼古经"早已不存,今见"十三经"中的"三礼"——《礼记》、《仪礼》、《周礼》,其中《礼记》有较多保存,但零散而缺乏系统。《礼记·大传》作为周礼制定的总纲,在家/国制/治一体的"五要道"——"治亲"、"报功"、"举贤"、"使能"、"存爱"中,延续了文王"刑于寡妻,至于兄弟,以御于家邦""家国一体"的立国宗旨,从治家的"治亲"开始,体现了以"周道"的"亲亲,尊尊,长长,男女有别"的基本价值理念确立周制:

> 圣人南面治天下,必自人道始矣。立权度衡,考文章,改正朔,易服色,殊徽号,异器械——此其与民变革者也。其不可变者则有矣:亲亲也,尊尊也,长长也,男女有别。——此其不可得与民变革者也。③

周贵族认为,制度的表层建构和工具形式可以与民变革,唯深层的价值理念不可与民变革,那就是尊尊、亲亲、长长、男女有别。接着对四者解释如下:

> 上治祖祢,尊尊也;下治子孙,亲亲也;旁治昆弟,合族以食;考昭穆,别以礼义。——人道竭矣。④
> 同姓从宗,合族属;异姓主名,治际会,名著而男女有别。其夫属父道者,妻皆母道也;其夫属子道者,妻皆妇道也……名者,人治之大者也……⑤

---

① 《礼记·礼运》,《黄侃手批白文十三经·礼记》,第 81 页。
② 同上书,第 84 页。
③ 《礼记·大传》,第 122 页。
④ 同上。
⑤ 同上。

这里道出了周礼的结构是从家推及国的"人道"、"人治"的"道""制""治"的统一：用"尊尊"之道祭祖先考昭穆行庙祭制；用"亲亲"之道实现父子血统、财富、权力传承的继承制；用同姓昆弟的"合族"的"人道"的宗族制度和"男女有别"的异姓婚姻形成的"从宗/主名"的"父/母""夫/妻"的"人治"的婚姻/家庭/亲属制度做出了规定。

2. 王国维周礼制度研究贡献

鉴于"三礼"文献中对周礼"道""制""治"的具体论述散乱缺乏系统，为避免行文繁琐借用了王国维《殷周制度考》周制框架系统。先引王氏如何定义互相关联的民彝(人伦法理准则)的四个基本原则：

> 尊尊、亲亲、贤贤、男女有别，四者之结体也。此之为民彝。[1]

这里，王国维延续了《礼记·大传》"尊尊"、"亲亲"、"男女有别"，却将"贤贤"置换了"长长"。王氏的根据"贤贤"是周人延续五帝时代传统作为治官用人选材的标准，与"尊尊"、"亲亲"都具"治天下"的普遍价值，"贤贤"还是比局限于"长长"更接近治天下的境界。沿着两个系统再看王氏如何论证基本原则(道)指导下相应的基本制度(制)：

> 尊尊亲亲贤贤，此三者治天下之通义也。周人以尊尊亲亲之义，上治祖祢，下治子孙，旁治昆弟，而以贤贤之义治官。[2]
>
> 周人以尊尊之义经亲亲之义而立嫡庶之制，又以亲亲之义经尊尊之义而立庙制，此其所以为文也。[3]

这里可见王国维对周礼体系建构研究的贡献，除了指出商周基本制度差异外[4]，还发现了：(1)纵向的立嫡制和立庙制的首要位置，并指出"以尊尊经亲亲"突出嫡长子的尊贵地位，还特别补充了具体操作策略——"立子以贵不以长，立嫡以长不以贤"[5]；而对"以亲亲经尊尊"的立庙制，用祖辈愈高远则愈尊，反之，代愈近则愈亲，用来调节昭穆位序、祖庙毁迁增添而保持定数；且二者交互为文，达到上以继祖下以传世的平衡一致性。(2)在制度落实的治理方面，王国维厘清了关键性的

---

[1] 王国维：《殷周制度考》，《观堂集林》(第二册)，中华书局，1959年，第477页。

[2] 同上书，第472页。

[3] 同上书，第468页。

[4] 因篇幅限制此不赘述，详见《观堂集林》(第二册)第451—477页。

[5] 王国维：《殷周制度考》，《观堂集林》(第二册)，中华书局，1959年，第457页。

纵轴基本建制所派生的次级以及三级制度,构成了一个完整自洽的周礼制度结构系统:

> 周人制度大异于商者:一曰立子立嫡制度,由是而生宗法及丧服之制,并由是而有封建子弟之制,君天下臣诸侯之制。二曰庙数之制。三曰同姓不婚之制。此数者,皆周之所以纲纪天下,其旨则在纳上下于道德,而合天子诸侯卿大夫士庶民以成一道德之团体。周公制作之本意,实在于此。①

但是,王国维这次把"贤贤以治官"忽略了。看来,王氏的关注点主要在家国一体的组织制度;在组织制度中更看重纵横交错的男系主轴系统,看他的"男女有别"原则下的制度只是非常狭义地界定在"同姓不婚",这是需要今天扩充的,重新定位"男女有别"之道与周礼父权制的交缠关系和意义所在。(下详)

(二)周礼父权制元制度的结构

综合儒家原典和王国维对周礼的道制治的陈述与分析,笔者将从妇女/性别史角度梳理周礼父权制元制度系统中四项基本原则("道"即价值理念)指导下的四项基本制度(制)的架构。

作为基本原则的"道",笔者将《礼记·大传》"尊尊,亲亲,长长,男女有别"与王国维的"贤贤以治官"之道和"大传"的"长长"以治家之道并列为一,理由是各有"家""国"语境之侧重。对四项基本原则指导下的四项基本制度,笔者认同"大传"和王氏的共识——庙祭制、立嫡制、婚姻制,我还加添了男女有别的同姓不婚的婚姻制度外的男女分域/分工制度。关于制度及其运行机制,笔者认为制度运转离不开"道"的人为运筹能动性:如以"尊尊经亲亲"保证立子立嫡制,以"亲亲经尊尊"实现尊老敬宗、奉祀先祖的庙祭制,且使二者交互为文以求平衡;而"男女有别"基本原则向"内外有别"意义转换与拓展,与另三个原则(尊尊,亲亲,长长)构成的制度也是联结互动的。

从制度建构方面来看,最基本的制度嫡长子继承和庙祭制度是世系、权位、财富纵向传递的中轴(心),而横向广深的支撑稳定、助推拓展的组织保证,都需要"男女有别"原则的同姓不婚来建立家/族内/外的亲属制度,而该原则又区分了空间场域及劳作职事的位置性别分域和分工。四项基本制度进一步推衍,还派生(设计)支持四项基本制度的相关分制度;制度本身和它们之间依赖存在的制度及其运转的机制具有统一性,也会出现断裂和不谐。(见表三)

---

① 王国维:《殷周制度考》,《观堂集林》(第二册),中华书局,1959年,第453—454页。

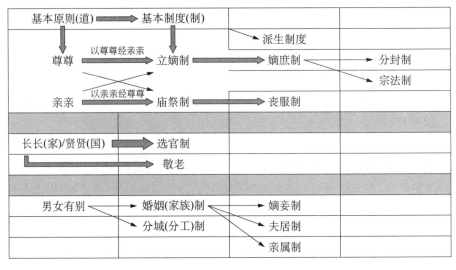

表三　周礼父权制元制度结构框架

表三具有总结承上的作用,是笔者据儒学经典记录和近代学者研究成果加上私意改造补充而成,该表揭示周礼父权制的结构体系——四项基本原则指导的四项基本制度及其派生制度,也起到启下的作用——以周礼为滥觞的父权性别制度结构和变化元制度是怎样的。

五、"内外有别":父权性别制度的结构、运行、效果

(一) 先周到周初的"内外有别"三阶段:转换过程和结构分析

当我们就性别制度的父权制内部结构和运转方式进行考察时,就是从周礼的"男女有别"的基本原则的婚姻制度的引申与扩展;也是再审视周代父权制严谨密致的结构、内容、策略机制中,发现"内外有别"悄然楔入其中使父权性别制纳入其中成为核心概念。下面对"男女有别"转换为"内外有别"的过程和构成进行探讨。

1."内外有别"的三个阶段

(1) 在百年商周之变到周人讨伐商王罪状,周贵族批判性地将商代的"内""外"服制度的国族之辨,转换并楔入到国家内部公私事务的概念中。国内政治之"公事"在选官用人以"贤贤"任用族人,排斥外服之国族人员从政。

(2) 武王灭纣在讨伐商王听妇言乱政建立周王朝过程中,男外(公)事和女内(私)务之辨已杜绝了妇人从政。

(3) 以周公为首的贵族集团辅佐成王制度设计:武王死后,周公一度听政,不久还政于成王,更多的制度设计和治理策略,逐渐全面渗透到国—族—家之事务及日常生活的分域分工中。在《尚书·周书》《国语》的"周语"和"晋语"等文献中对元制度和执行、违背都有着丰富的记录。

2. 父权性别制度与治理策略

(1) 以人事正位为目的外(公)/内(私)有别的定制

无论国家政治、军事、祭典、外交、经济、日常生活与活动实践的,在空间界阈和职事分工中都进行了以"人""事"为中心的标准与规则(准则)的界定——男公/外、女私/内不可越界与违规。这里的"公"不同于古希腊、古罗马的贵族公共领域,而是以"家国一体"的同血缘男性王公贵族精英所从事的国家军政、外交、宗教、经济等事务为"公",也称"王事"、"公事"、"官事"等;也指高级贵族及其所占有财产和事务,被所属下级或平民、奴隶称为"公",如"雨我公田,遂及我私"①,"言私其豵,献豜于公"②。可见,这里的公私对举是有语境性和相对性的,有时所指为贵族内部的公/外与私/内事务的区别,有时是指贵族与平民的等级关系之差异。这是就阶级关系而言,对性别的公/外与私/内的区分,是自上而下的国/家男女有别的内外有别的通则,没有阶级的分野。需要说明的是,在"家"的场域,又有大家族的宗族、家族和"五口之家,树之以桑"的小家庭之别,小家为私,而大家族和宗族事务为公。如元代的郑氏家族百代延承的族规是女人劳作必须集中,避免私藏和怠工。韩非子所谓"自环而为厶,背厶为公"则是专指伦理道德的背反。

周贵族对"男女有别"基本原则具体落实的性别分野的"内外有别",不仅是婚姻家庭的组织制度的区别,而是贯穿在公/私、内/外的政治、经济、家居、日常的空间场域、职事分工无所不在的区分。

(2) 以人伦为中心的内外有别的组织制度安排

以往人们对等级制度设计只是在上下垂直关系,而在"周礼",平行关系的男女区分,如夫妇之间、父母之间、子女之间均被划分为亲属关系的内亲外疏,地位确认的内尊外卑,决策拥有的内主外从,私密的夫妇关系也概莫能外的主从关系。婚姻作为家庭组识制度的成立的前提,关键的枢机,内外有别更加严格地偏袒于定位于内的男方利益,不惜让女方的外受损。正如春秋时代周襄王大夫富辰劝阻襄王勿娶狄人之女为后所言:

> 夫婚姻,祸福之阶也。由之利内则福,利外则取祸。今王外利矣,其无乃阶祸乎?

富辰苦口婆心地陈明利害劝阻襄王,列举周先人从古公亶父到武王的成功婚姻如大姜、大任、大姒、邑姜……皆为"内利亲亲者也",并举"外利离亲者也"的

---

① 《诗经·小雅·大田》。
② 《诗经·豳风·七月》。

反例,甚至批评襄王违背内外之别的"七德"(尊贵、明贤、庸(用)勋、长老、爱亲、礼新、亲旧),会导致人心离散、上下异志利外损内的严重恶果。襄王不听立狄女,引起内乱外患。① 可见"同姓不婚"的男女有别的婚姻制度演化为更复杂的"内外有别"的婚姻、家庭、家族、国家层面的相关利益之中,"内外有别"成为父权性别制度的核心价值,渗透并嵌入上述的所有场域、空间和组织制度系统中。(见表四)

表四 "内外有别":父权性别制度的结构系统

制度分类与结构系统				男	女	界　说
性别制度系统	分域分工	空间场域	界定	公	私	以天下国家为公,家庭个人为私;大家族为公,小家为私
			分域	男		政治:庙堂、郊社、战场;经济:农桑、生计
					女	居家,妇无公事
		职事分工	界定	外	内	以家门为界,男兼公事与家之外事;女居家内
			分工	男		治国、军旅、外交、农桑、经商……
					女	中馈、孝亲(舅姑)、蚕织、生育、相夫、教子……
	组织机制与运行	婚姻	界定	内	外	从同姓不婚到男婚女嫁从夫居,决定婚姻结构性关系和价值
			居所	内	外	居所—男固定女移动,位置—男主女客、男主女从
			关系	内	外	一夫一妻多妾,夫妇间和妻妾关系分等
			价值	内	外	婚姻必须有利于男方:"利内则福,利外则取祸。"
		家庭/族	生育	内	外	从父姓,重男轻女
			继承	内	外	父子继承:权位传嫡长子,财产诸子平分;女儿不能继承
			祭祀	内	外	受祭者男主女祔,祭祀者男主女辅或被排除
			丧服	内	外	男主女从:丧—男主仪女主情,服—女随夫主名
		亲属		内	外	凡同族姓男子皆为内,亲属关系是自家人;凡本族出嫁女(女系)、入族主名之妻妇(妻系)、以至母亲的亲属(母系)皆为外亲(戚)
	性制度			内	外	男在家中为生育的性工具妻妾婢为内,男在青楼愉悦之性对象为外(表)

---

① 《国语·周语·中》,第48—50页。

（二）男女有别的"内外有别"父权性别制度结构系统

如上所述，自"周礼"建立血缘贵族"家国一体"父权制，逐渐演化为内外有别为核心价值原则的父权性别制度。秦汉以来，大一统帝国血缘贵族政治被颠覆，"封建子弟之制，君天下臣诸侯"的分封建制不再，新的大地主阶级的皇室与大官僚统治的"家国同构"的父权体制得到新的整合与巩固。性别关系的"男女有别"的"内外有别"经汉代儒学经学家做了更细致的阐释。这里出示的父权性别制度的结构系统，仅仅是一个框架。（表四）该结构系统重点放在性别制度（gender system），该制度既延续了周礼，又参之以秦汉以来的变化与发展。

（三）"内外有别"的性别制度的运行及对女性生存的影响

承接表四，再回到对周礼滥觞的传统性别制度结构系统、运行机制及其效果进行梳理剖析，进一步理解"内外有别"父权性别制度如何影响中国以及东亚的历史和今天女性的生存环境、状况和主体构建的；同时，思考"内外有别"又怎样成为有效的分析范畴的利器和"管钥"且得到有力的证据。在这个意义上，笔者认同李相华所说"在东亚的语境中'内''外'的概念必须被重新考虑。"在这里不能展开详细的论证，只能提供分析当下和历史上的父权性别制度的构成、功能、简略界定，且侧重在社会性别指标，而对性制度（sex/sexuality system）暂付阙如，或可参考笔者的有关研究。①

1. 父权制的偏私：中国特色的"内外有别"性别论述

以"男女有别"的基本原则设计周血缘贵族的家国一体的父权制度的婚姻制度，其实远远超越同姓不婚的婚姻制度，以男系的父系—父权—夫权的利益为重倾斜制定规则，用双重标准建立等级中的合和的价值理念建构制度，该制度的组织结构以婚姻的"利内则福，利外取祸"价值倾斜来安排男（内）家庭/族的性别位置、身份、关系、功用的"内/外有别"确定尊卑高下、亲疏远近；而在家国场域的边界和活动空间的定位分工时，则粗暴地颠倒内外、重置价值。"内外有别"的"家国一体"有"有别"的实用主义性别区分策略，对女性采取为"避祸""利内"而排斥贬损；为"利内"则对妇女进行限制、操控和利用。按照这一逻辑，在性别区分的空间/分工（男外公/女内私）和亲属关系（男内/女外）上也是前者呈高/低、贵/贱、广/狭、重/轻之分，后者有亲/疏、远/近、主/辅之别了。秦汉以降，帝国的皇室与官僚统治的"家国同构"的父系/父权/夫权制，完全继承了周代价值、制度、运行、治理的规则，且变本加厉的父权制性别制度，在其运行机制中原则性的经内核不变，而通过灵活的权变维持其制度运行。

---

① 杜芳琴：《女性主义视阈下的中国性文化史研究路径》，《中华女子学院》2013 年第 4 期。

2. 父权性别制度的运行机制

(1)"经""权"、"因""变"的自身调节机制

笔者在 90 年代提出,"经""权"、"因""变"及其交织的本土概念,为用在"内外有别"父权性别制度形成对妇女压迫性歧视情境中的主体能动的解释提供了有用的分析工具(见表五):

表五 "内外有别"的"经""权"、"因""变"

无条件的"经"与"因"	有条件的"权"与"变"
总体性的男尊女卑	女性因阶级、性别、年辈等交叉而随机运而变通
限制性的男公外女私内女不干政	女主政治从周代战国后期到清末 2200 年间贯穿始终
先秦儒家孔子治道涉君臣父子二伦,孟子的"五伦""五常"中有"夫妇有义"	两汉儒助推确立"三纲六纪"之"夫为妻纲"官方制度
内外隔离的深闺制度	打破内外的"跨越闺门"
压迫性的"三从","七出"	相夫教子的贤妻良母受尊重表彰,"三不去"
儒典"妇学":"德言容功"的"四德"规范与"内言不出"的限制	明清"女学":"德色才情"的"佳人期待"与扬名显才的家学、拜师、书写出版成为风尚

(2) 文化再生产系统

再看其文化再生产的运行机制及其效果。父权制性别制度在男女/内外有别的基本价值理念作为理据前提下,还有支持该制度运转的从宏观到微观的复合价值意义系统,从日用道德、伦理规范、教化规训到语言文字符号象征系统至哲学、美学、信仰精神,尤其最具中国特色"天人合一"、"阴阳乾坤"的话语在建构男女有别的尊卑、贵贱、外内、刚柔、强弱、主从等级关系的合理性的同时,也制造"阴阳和谐""互补"、"夫妻一体"的"神话",更浸透在民众意识观念、行为规范、风俗惯习和日常生活中的文化再生产中(见表六)。

表六 "天人合一"的性别等级秩序及其意义系统

自然(天)		社会(人)				(名)		定位(1)					定位(2)			
天	日	男	夫	父(君)		阳	乾	内	尊	亲	主	刚 强	外	男	公	主
地	月	女	妇	母(臣)		坤	阴	外	卑	疏	从	柔 弱	内	女	私	辅
天人关系		认 知						伦 理				气 质	空间职事			

2. 用事实说话：被"别"的女性生存状况、主体认同与能动

"别"就是"区分"，区分就是所有建构等级从而统而治之的策略，也是"歧视"的根源。当今世界妇女运动的成果"消歧公约"就以"区分"、"排斥"、"限制"定义对妇女的歧视。对照以上论述，父权性别制度结构系统中，无论"男女有别"还是"内外有别"，区分、排斥、限制的压迫女性与有空间缝隙施展才能贡献并存；女性处于受支配屈从的地位与有抵抗和主体能动同在。这里用举证的方法回应表四、表五和第五节文字表述的内容。

（1）从三个数据看三类妇女生存状况的趋向走势，包括公/私、内/外越界权变的

女主政治，跨越闺门打破"内言不出"的才女书写和"内"空间遵规训教化的节烈女性受到国家表彰的数量变化（见表七）。

表七　从女主政治、才女写作、表彰节烈看女性生存状况

事件＼朝代		周秦	两汉	三国—南北朝	隋唐	宋辽金	元	明	清
女主	人		11	8	4	10	6	3	3
	年		113	118	76	33	88	28	68
才女写作				33	22	46	16	250	4000
表彰	节	7	22	29	32	152	359	27141	9482
	烈	7	19	35	29	155	383	8688	2841

表七中三个例证都是运用笔者以往研究的数据统计，[①]女主政治可以看到父权制性别制度的经权、因变：在家国同构的公/私、内/外有别的性别格局下，以排斥女性从政为经，但战国后期开启秦、赵、齐、燕"太后用事"，从汉初到清末，女主政治在延续 2078 年间，出现 45 名以太后权代模式主持朝政约 524 年，约占 1/4 的时段。在"内言不出，外言不入"限制女性显才扬名，然而随着帝国专制控制严苛，而女性写作日益繁盛，不但家族为她们出版，还走出闺门拜师结社。如果说，男子世界崇尚的"三不朽"——立德、立言、立功在女子那里女主的"立功"、"立言"多受诟病的话，而国家到地方对妇女的贞节殉烈道德愈演愈烈恰恰形成鲜明对照。

---

① 关于女主政治的数据见杜芳琴《历代女主与女主政治略论》一文中蔡一平制作的"历代女主政治一览表"，见《发现妇女的历史》，天津社会科学院出版社，1996 年，第 125—134 页。"才女写作"的数据来源于笔者对胡文楷编著、张宏生等增补《历代妇女著作考》的"总目"统计而成，见上海古籍出版社，2008 年版"总目"第 1—50 页。表彰节烈的数据来源转引自笔者 2002—2003 年应邀为香港中国文化研究院《灿烂的中国文明》网络教程撰写的《三从四德与七出之条》之"趋势与数字"条目中。

（2）从男女孝经比较看性别分工

表八　从男女孝经比较看性别分工

类别	总则	对象	依据	具体要求和行为
《孝经》六章	德之本,教所生。始事亲,中事君,终立身(一章)	事父母(五章)	分地之利,以养父母(一章)	"事亲"：居敬、养乐、病忧、丧哀、祭严;"扬名";"谏父";丧亲哀戚,守孝三年、按时祭祀。
《女孝经》十三章	广天地,厚人伦。和柔贞顺,仁明孝慈(一章)	事舅姑(三章)	分义之利,以事舅姑;敬爱同父母	纺绩裳衣,社赋烝献,晨省昏定。
		孝事丈夫(六章)	天经地义	为夫进宠妾,事夫如君父兄友且善理家,和柔不妒,守信专贞,净言谏夫。
		生育(二章)	必不可少,生男孩	懂胎教生优种,善教子。
		和夫家亲友(一章)	—	—

　　表八以儒家"十三经"之一《孝经》和唐代《女孝经》①进行比较分析,在男女孝道标准相对应的十八章中,对男女之孝德孝行分别对照,可以看出男性各级精英——君王、诸侯、大夫、士做了齐家治国平天下获得功绩名声为主,在涉及到家庭领域的男性孝行只有六章,一章是总论理据,其他五章是笼统的孝的对象和责任。而《女孝经》除了笼统的总则和等级相对丈夫对应的空泛要求外,涉及具体孝行的条款共十三章,其中一章是道德态度要求的和柔贞顺、仁明孝慈,另十二章是规范女性行孝的对象和事项：其中事舅姑三章却没有孝出生父母的条款。从中不但看出在尽孝责任的男女分工的不平衡——女性担负繁苛的责任和对女家父母尽孝的缺席,即使是上层的太子妃也未能幸免。

结语

　　该文从父权制本土研究历程的议题、理论、方法的梳理反思中,探索适用本土父权制性别制度的理论方法工具和探索路径,对周礼发端的父权制及其性别制度进行再审视再探讨,发现两个值得关注议题：其一,父权制是一个长期的由女系—男系—父系—父系/父权/夫权为纵线、以世系—姓氏为纽带的从家国一体到家国

---

① 《孝经》为儒家十三经之一,据传为曾参所作;《女孝经》是唐朝散郎侯莫陈邈之妻郑氏所作。为其夫侄女策为永王妃作此以戒,《女孝经》在《宋史·艺文志》始载。

同构的演变历程,形成了华夏族父权制特别注重父系传承的传宗接代的价值追求,至今并没有根本改变。其二,父权性别制度的核心是"男女有别"中的"内外有别",用以建构家国一体和家国同构的空间场域的位置和职事分工的男外女内的区分,又在家的组织系统中用男内女外的利内损外的价值取向建构婚姻、家庭、家族和亲属系统,二者互为支撑,并用经权策略、意识形态的再生产维持父权性别制度的运转。今天需要深入研究普遍的父权压迫导致性别歧视的结构性原因,又要发掘妇女生存空间的能动;至于如何把研究与行动结合起来改变父权制的压迫性和发现可用的理论资源,推动性别平等和社会公正,则是妇女研究者的新使命和新承担。

作者简介:

杜芳琴,女,天津师范大学教授。主要研究方向为中国妇女与性别史、农村妇女与发展研究等。

西方新妇女传记史学的
理论视野和研究取径①

陈茂华

摘　要：自 20 世纪 90 年代以来，西方妇女史研究领域发生了"日常生活"和"全球"转向，涌现出一批由杰出的女性学者所书写的新妇女传记史著作。相较于传统的妇女传记史研究，新妇女传记史在理论层面上大大突破和超越了女权主义理论和结构主义方法的框架，表现出对法国著名哲学家、思想家亨利·列斐伏尔日常生活批判理论的接受，承认日常生活是个体生产和再生产的实践活动领域，意识到妇女个体或者群体的经历可能是最为真实但却常常被忽略的历史证据。因为她或者她们的经历正是在日常生活当中"被发现"和"被创造"的，所以在研究取径上一方面引入全球史、性存在史和概念史的研究视角，另一方面以综合叙事策略来讲述妇女个体或群体经历的故事。通过揭示妇女个体或者群体是如何理解自我、建构自我的，是如何理解她或她们自身的生活及其所处社会的，阐释她或者她们在表述个体经历时所选取和运用的概念是如何被历史地建构的，从而实现在探索她或者她们的生存状况和命运的同时，恢复妇女自我的主体性诉求，并达到整体史的学术目标。

关键词：新妇女传记史；日常生活经验；文化唯物主义；整体主义

自 20 世纪 90 年代以来，西方传记史研究进入了一个崭新的时代。相较于以往的传记史研究范式，新近面世的一系列西方传记史著作由于在问题意识、研究对象、分析方法、叙事模式等方面均呈现出崭新的特征，不仅成为新史学领域的一个重要分支，补充和丰富了新史学思想，而且赢得了普通读者的青睐，承担起了历史

---

① 本文是 2017 年国家社科基金项目"西方新传记史学研究"（项目编号：17BSS005）阶段性成果之一，得到了东华大学"马克思主义理论与当代实践研究基地"的资助。

学的大众教育功能。从西方新传记史文本的角度来看,这些有别于旧传记史学的新特征尤为显著地体现在妇女传记史的书写上,开创了妇女传记史的全新典范。

从史学理论和方法论的角度看,西方新妇女传记史的书写大大突破和超越了由女权主义理论和后结构主义方法主导的叙述架构。不仅接受了法国当代著名哲学家、思想家、新马克思主义代表亨利·列斐伏尔(Henri Lefebvre)阐释的日常生活批判理论和由英国当代著名文化理论家、文化批评家雷蒙德·威廉斯(Raymond Williams)等学者提出的文化唯物主义方法,而且在呼唤"大历史"回归和全球史编纂的学术语境中,尝试将个体时间与长时段结合起来建构女性传主的身份意识及其认同,由此彰显女性主体性史观及整体史叙事诉求。

一、日常生活经验问题意识

20 世纪 70 年代,在西方新女权主义运动和后现代思潮的刺激下,妇女史(women history)成为历史学领域的一个独立分支。这一时期的妇女史研究者秉持男女社会地位和权利平等的价值理念,以反抗已有的男性意识历史研究范式为学术目标,故而将研究对象定为精英妇女个体,通过阐述她们在公共生活中的体验,来弥补历史编纂中妇女的缺位。这一时期著述的妇女史文本,阐明并丰富了已有的历史知识,但并未从根本上颠覆已有的历史观念和带给人们新的历史知识。因此,初期的西方妇女史研究并未逃脱传统史学的藩篱,而此时分析的、批判的历史哲学刚刚转向后现代主义,叙事史学复兴,倡导"自下而上"历史观和跨学科研究的新史学兴起。在这一新的史学思想氛围中,妇女史研究引入了社会性别(gender)理论,主要将妇女作为一个社会群体来进行研究,关注家庭组织、两性关系、姐妹情谊等主题,着力展现妇女在公共生活中发挥的作用。女哲学家波伏娃在其名著《第二性》中喊出的那句名言——"女人是被塑造的"——为西方妇女史研究提供了问题意识基础。这一新的妇女史研究范式,被称为妇女—社会性别史(women-gender history)。它预设妇女的生活经验即为活生生的历史,试图透过"性别政治"的视角和对史料范畴的拓展,先后以新社会史和新文化史的进路来考察处于国家管理机制"正式权力"之外各种社会关系中女性的地位和权利,由此探究社会和文化是如何建构妇女身份认同的。进入 90 年代,在福柯的性存在观念——性是一种历史构造而非自然事实——的影响下,一个新的研究领域——性存在史(history of sexuality)①——出现了。性存在史将一切与性相关的情感、想象都作为研究对象,强调性的存在是历史建构的产物,其产生具有偶然性,可是在历史变迁的过程具有了某种结构性,受到了某种法则的支配。另一方面,性存在作

———————————————

① 由 1991 年美国创办《性存在史杂志》(*Journal of the History of Sexuality*)而正式确立。

为一种生活常态，兼具个体特性和社会属性，时时影响乃至塑造着人们的行为模式和思维方式。对于妇女——性别史或性存在史而言，只有世界被区分为被指称的和未被标记的，它们才是可观察的、可言说的。因此，或许历史上那些默默无闻的女性的人生故事才是表现或者展示这两个史学分支的最适合的主体。巧合的是，西方人文和社会科学领域出现的"传记的转向"（biographical turn）就发生于 90 年代。于是，作为西方新传记史学研究重要组成部分的新妇女传记史文本不断面世。

　　呈现在读者面前的西方新妇女传记史研究文本，在深化"自下而上"历史观念的基础上，其问题意识和研究旨趣更加显著。这些文本在女性主体史观的主导下，大多将历史上处于"默默无闻"状态的边缘女性个体和群体作为传主，选择追随传主的视角讲述其生命故事（life story），通过叙述传主自身的日常生活经验，特别是她们与所处生活世界的相处方式，从而建构传主的主体性身份认同，旨在帮助我们理解个体经验与总体结构之间的关系，并由此为现实的变革提供某种可能性路径。也就是说，在致力于书写新妇女传记史的妇女史家看来，如果说发生在公共生活领域的行为或事件对历史的演变产生了显性影响，从而被认为是生成历史的要素，那么市井小民的日常生活虽然看似平淡无奇，但实际上却表达了某个时代的集体心态，因而同样具有历史重要性。作为在历史上处于"沉默或者失语"状态的那些妇女个体或者群体，其日常生活经历不仅是她或她们的社会实践本身，而且还是我们理解某个具体历史时段最为权威、最为真实，但却常常被忽略的历史证据。因为人不可能跳出自身的视角，只能从自身的境域（私领域）出发去认识周遭世界这个普遍境域。故此，有必要将日常生活经验问题化，即考察日常生活经验何以成为日常生活经验。另一方面，作为小人物的妇女，她或她们往往具有透视层层权力关系的独特视角，因此对她或她们的日常生活经验的考察正是理解各种权力交织运作的一个重要窗口，不仅可以揭示某个具体历史环境的复杂性和多样性，而且还可以解决新社会史学一直未能解决的一个重要问题——如何理解个体经验与总体结构之间的关系。例如，1991 年荣获普利策奖的《一位助产士的故事：1785—1812 年玛莎·巴拉德日记下的生活》（*A Midwife's Tale：The Life of Martha Ballard，Based on Her Diary，1785 - 1812*）一书，正是哈佛大学历史系教授劳雷尔·撒切尔·乌尔里奇（Laurel Thatcher Ulrich）利用 18 世纪末 19 世纪初新英格兰地区"一位沉默的女助产士"——巴拉德（Martha Ballard）——书写了 27 年的日记，并在探究她的日常生活及所思所为的基础上完成的一部新妇女传记史。该著的学术价值不仅仅在于让读者了解了 18 世纪末北美新英格兰地区一名拥有专业技术的女性在一个城镇医学实践领域的成就，认识到了普通女性在某种程度上独立的自我意识和历史重要性，而且还在于通过这位助产士的日常生活实践阐明了在宏大的社会情境下，那个时代具体社会生活中诸多方面。包括妇女在家政和当地市场经济中的地位、婚姻和性关系的本质，以及医疗实践的许多细节，从而让我们得以审查那个历史时期的医疗保健体系和社会控制机制的运作方式。乌尔里奇对传主巴拉德作为一个城镇助产士的公共活动的描写，不可避免地涉及到了医疗体系内的男性职业活动的描写，由此包含了对两性关系的历史作用的思考。在这位女性历史学家看来，塑造了巴拉德的女性主体意识及其身份认同的日常生活实践，本身就是长期以来性别观念塑造的一个结果，是一种社会实在，具有客观性。

西方新妇女传记史文本之"新"，关键在于它聚焦于某时某地具体的妇女个体或者群体的日常生活经验。通过讲述女性传主的人生故事，强化了将与普通女性密切相连的日常生活经验问题化的意识，认为是日常生活经验确立了女性的自我意识和主体性，并由此建构起女性的生命史观。将日常生活经验问题化的意识，为妇女传记史的研究提供了新的内容、思维和方向，从而在思想架构和研究取向上呈现出了新的探讨。它启示妇女史家认识到阐述传主的"生活经验"和"生活方式"是重建女性生命史的重要路径。然而，女性在"私领域"内的"生活经验"和"生活方式"基本上都是与具有符号和象征意义的物质及其机制联系在一起的，因此，唯有重新思考并建构这些生成和再生产与作为个体或者群体的妇女之间的关系，才可能更好地理解作为普通女性的传主的生活模式，从而进一步探明各种体现或者象征男性统治意识的（权力）机制的运作，并提高女性在现实社会生活中对权力运作机制的敏感度。正是在这种带有文化唯物主义色彩的思考方式下，新妇女传记史家选择从文化演进的视角阐释传主的"生活经验"和"生活方式"。换言之，新妇女传记史家希望通过对每一普通女性个体生命故事的叙述，增进对其所处时代的整体了解。

从根本上说，西方新妇女传记史文本中彰显的日常生活经验问题化意识，得益于现代存在主义哲学和文化人类学的洞见。自20世纪以来，越来越多的西方哲学家如现象学大师胡塞尔和海德格尔、马克思主义的继承者卢卡奇和列斐伏尔等都对日常生活这一经验现象进行了理性思考和价值评判，强调"个体的即政治的"（personal is political）。在他们的日常生活批判理论视野下，日常生活不仅是一个有意义的经验性领域，更重要的是，日常生活是一个被我们对象化了的客观世界，它凸显了个体与存在主义的问题视域。在这些哲学家当中，被西方公认为"日常生活批判理论之父"的法国现代著名哲学家、思想家亨利·列斐伏尔（Henri Lefebvre）对历史学研究影响最大。列斐伏尔认为日常生活所呈现的个体相关性、平凡性和重复性（再现），揭示了人是在日常生活当中"被发现"和"被创造"的这一事实。也就是说，日常生活在本质上是个体生产和再生产的实践活动领域，个体恢复自我的主体性，也是在日常生活实践的过程中完成的。"日常生活是生产方式的'基础'，生产方式通过计划日常生活这个基础，努力把自己构造成一个系统。这样,我们不是面对一个封闭整体的自我控制。日常生活的计划有强有力的手段供其支配:日常生活的计划包含了机遇的元素,也包含了能动性;日常生活计划对日常生活的发展具有推动作用。无论发生什么,日常生活的变更始终会是变化的衡量标准。"①正是在列斐伏尔阐释的日常生活批判理论这里,有妇女史家意识到要阐明历史上长期被排斥在"公领域"之外的妇女处境,就必须揭示隐藏在日常生活领域背后的权力(结构性法则)运作机制。在"人何以为人"的这个问题上,文化人类学跟日常生活批判理论一样,都坚持认为是日常生活"创造"了人,但前者更强调以文化演化的视角进行阐释。"文化人类学(cultural anthropology,也称为社会或社会文化人类学)是对人类行为、思想及情感模式的研究,它关注作为文化生产及文化再生产产物的人类。"在文化人类学的视域下,文化传统乃社会的符号表征,一经形成便对人们的日常生活起到规范的作用。对于个体而言,其日常生活经验便是规范的结果,而文化中的世界观即为根本性的规范力量。"文化中的世界观帮助个体理解自身在世界中所处的位置,以及面对重大变化和挑战:每一种文化都为其成员提供某些使其能够对生与死的意义进行创造性思考的传统观念和仪式,许多文化甚至带给成员想象来生的可能,人们因此找到了治愈丧亲之痛的方法,即停止疑惑不解并进入想象状态。"②新妇女传记史研究范式中人的动因、身份认同、女性何以成为女性的论述,从根本上说正是受到了文化中的世界观的主导。那么,应该如何界定文化? 或者说,文化究竟以何种形态体现出来?

二、文化唯物主义方法论

一直以来,妇女—性别史研究中面对的一个难题是如何解决理论与史料稀少之间的紧张关系,而新妇女传记文本的研究对象——作为小人物的女性——留下的私人档案材料和公共资料基本上都呈片断式的,因而如何在"碎片式的证据"基础上建构她或她们的人生故事,是一个关乎史学方法论的根本问题。

梳理西方妇女—性别史的研究成果,我们不难发现在研究进路上有一条从新社会史到新文化史的方法论主线。但值得指出的是,当新妇女传记史家转向新文化史学领域中的物质文化研究时,她们很快就超越了"物的转向"(material turn),在西方新马克思主义者提出"文化唯物主义"(cultural materialism)概念的理论逻辑那里获得了启示,找到了史料稀缺难题的解决方法。法国著名社会学家布尔迪厄在阐释男性是如何在历史变迁过程中确立起统治地位的时候,就曾经建议妇

① 亨利·列斐伏尔:《日常生活批判》第三卷《从现代性到现代主义》,叶齐茂、倪晓辉译,"引言",社会科学文献出版社,2018 年,第 579 页。
② 威廉·哈维兰等:《文化人类学:人类的挑战》,陈相超、冯然等译,机械工业出版社,2014 年,第 11、35页。

女一性别史研究应该以阐明作为个体或者群体的行动者与表现为各种物质形态的机制之间的动态关系为主旨:"历史研究不能仅限于描写妇女处境在时间进程中的变化,也不能限于某些不同时代的性别关系,而应该致力于确定每个阶段的行动者和制度系统的状况,这些行动者和机制包括家庭、教会、国家、学校等,它们在不同时期的影响力和手段各不相同,都促使男性统治关系或多或少地脱离历史。一部性别关系史的真正目标是结构机制(比如确保劳动的性别分工的再生产机制)和策略的联系组合的(这在中世纪和 18 世纪,贝当治下的 20 世纪 40 年代初和戴高乐治下的 1945 年之后,都是不同的)历史。"①具有强烈现实批判意识的新妇女传记史研究者在接受布尔迪厄上述建议的基础上,积极吸收了西方新马克思主义者为反抗将唯物主义简单化、庸俗化的"经济决定论"而提出的文化唯物主义方法论。她们充分认识到,文化唯物主义概念指向的是特定人群和阶级所共有的集体无意识,是普通人的"生活经历",这里的文化是"一种整体的生活方式",具有物质性和生产性。

　　"文化唯物主义"(cultural materialism)概念出自英国新左派理论家雷蒙德·威廉斯(Raymond Williams)于 1977 年发表的《马克思主义与文学》(*Marxism and Literature*)一书。作为一名新马克思主义学者,雷蒙德·威廉斯在历史唯物主义的视域中,主张从人的存在论角度来考察文化,将文化视为人们存在的方式,指出"文化是寻常的"(Culture is Ordinary)②。换言之,文化和经济一样,是一种社会实践活动,是社会的基础,而非"上层建筑"。威廉斯的文化唯物主义观突显了文化活动的物质实践形态,从而把精英主义者所秉持的那种高高在上的、静止的精神性或者观念性存在转化为普通人的生活方式,强调了文化是一种随着生活方式的变化而变化的实践性存在。"文化唯物主义坚持认为文化无法(也不可能)超越物质力量和生产关系。文化不是对经济政治制度的一种简单的反映,但也不能独立于经济政治制度之外。"③显然,这种以一定的生产方式解释文化的思考理路,不仅将人之为人的总体性思维与日常生活经验领域联系在一起,而且揭示出文化的特性是一种生产性和物质性的力量,它总是处于不断生产之中,对个体和社会具有基础性的塑造作用,与社会之间的关系是一种相互构成的总体性关系。文化代表了一种"整体的生活方式",是"集体的经验","对文化的思考,只能是对人类的共同经验的

---

① 皮埃尔·布尔迪厄:《男性统治》,刘晖译,中国人民大学出版社,2012 年,第 123 页。

② 这句话出自威廉斯的著作 *Culture is Ordinary*,后来成为他的文化唯物主义思想的座右铭。

③ Jonathan Dollimore and Alan Sinfield, *Political Shakespeare*: *New Essays in Cultural Materialism*, Manchester: Manchester University Press, p. viii, 1992, 转引自欧阳谦:《"文化唯物主义"的理论建构及其意义》,《教学与研究》2010 年第 12 期,第 72—79 页。

思考"。① 正是在文化唯物主义方法论思想指向的经验性和日常性这里,著名的英国马克思主义史学家 E. P. 汤普森获得了重建英国工人阶级和英国社会主义运动领导人威廉·莫里斯的主体性的动力,从而以经验主义和大众主义的进路,书写了对学界影响巨大的历史学专著《英国工人阶级的形成》和《威廉·莫里斯:从浪漫主义到革命》。从书名来看,后者的个人传记特征很明显。其实,前者也是一部传记,不过是一部书写英国工人阶级的集体传记,其中充满了丰富的细节描写。"这本书可以看做是英国工人阶级从步入青春到早期成熟的一本传记,1780 至 1832年间,多数英国工人开始意识到他们之间有共同利益,他们的利益与统治者和雇主们对立。"②在本质上,汤普森研究的方向是社会史,但他是在文化唯物主义方法论的视野下,以传记的叙述形式来阐明英国 18、19 世纪的社会状况。1963 年,《英国工人阶级的形成》一出版就得到了史学界的一片好评。从 20 世纪 70 年代兴起的西方妇女史研究来看,汤普森这部力作起到的影响是非常大的。妇女—女性史研究专家、后来的新文化史研究的领军人物——娜塔莉·戴维斯(Natalie Zemon Davis),在汤普森的工人阶级传记研究的鼓舞下,从探讨 17 世纪三位女性的自传文学作品入手,书写了妇女—性别史领域的重要著作《边缘女人》(Women On the Margins:Three Seventeenth-Century Lives)。戴维斯在此书中将这三位犹太妇女的自传文学作品视作建构其自我身份的媒介,认为这种物质形态的媒介本身不只是工具、手段,更是事物本身,对史料及其范畴有了新的认识。后来的新妇女传记史研究在"文化的转向"的学术语境中,深化了对文化唯物主义方法论思想的理解和运用。《船长的妻子:19 世纪一个关于爱情、种族和战争的真实故事》(The Sea Captain's Wife:A True Story of Love,Race,and War in the Nineteenth Century)就是一部贯彻文化唯物主义方法论思想的新妇女传记文本。

2006 年,《船长的妻子》出版,随后荣获林肯奖。该传记的作者是纽约大学历史系教授玛莎·赫德(Martha Hodes),她专注于 19 世纪美国社会史研究。③《船长的妻子》透过一位名叫尤妮斯·康纳利(Eunice Connolly)的白人女工的 500 封家书(藏于杜克大学,时间跨度约为 30 年),再现了 19 世纪中后期北美洲普通人的日常生活(daily life)世界。作为一名专注于性别史研究的女性历史学家,玛莎·赫德坦言选择尤妮斯作为研究对象,是因为个体的生活经历作为一种客观存在,可以真正起到见微知著的效果,"她的生活细节就是 19 世纪许多其他女工的生活细节",尤为适合探讨美国历史的宏大主题——机会、种族主义、战争和自由。尤妮斯

---

① Raymond Williams, *Culture and Society*, New York:Harper and Row,1966,p. 273 and p. 162.

② E. P. 汤普森:《英国工人阶级的形成》(上),"前言",钱乘旦等译,译林出版社,2001 年,第 4 页。

③ Martha Hodes 在性别史领域的代表作是 *White Women*,*Black Men*:*Illicit Sex in the Ninetheenth-Century South*,出版于 1999 年。

于1831年出生于新英格兰一个白人工人阶级家庭,是被历史所忽略的一位普通女工,成年后在当地的一个纺织厂工作。在19世纪中叶的美国资本主义制度下,尤妮斯向上一个阶层流动的机会微乎其微。1849年,她与处于同一社会阶层的一名木匠结婚了,并在婚后跟随丈夫到南方腹地谋生。内战爆发后,尤妮斯的弟弟和丈夫分别加入联邦和南部同盟作战。也就是说,无论这场战争的最终结果是什么,她都要承受痛苦。不幸时刻终于来到:她的丈夫阵亡了。于是,尤妮斯被迫带领两个孩子回到新英格兰,以帮人洗衣服为生。四年后,为了摆脱极端贫困的境况,她"选择"与一位拥有自由身份的非裔加勒比船长再婚了,并"选择"跟随这位船长搬迁到他的家乡英属西印度群岛生活。尤妮斯在千里之外的异乡很孤独,十分想念家人,因而书写了500封家书给新英格兰的亲人,信中反复出现的内容基本上来自她在日常生活中的感知(feeling),她在家书里尽情地"袒露着平凡生活的爱与恨"。令人遗憾的是,有几年的书信不知何故缺失了。如何弥补这几年的生活经历呢?玛莎·赫德将这些厚厚的书信视作文本,并在考察"将收集到的重要记录、城市目录,乡村地图与市政记录、新闻报道及各种军团史构成的语境"的基础上,去理解尤妮斯的"生活经验"和"生活方式",①以重建这位普通白人女性的日常生活世界,并揭示19世纪中后期北美洲的资本主义生产机制。玛莎·赫德不仅收集了与传主相关的一切官方资料和文学作品、图像等物质形态资料,更重要的是,她在解读这些厚厚的家书和对尤妮斯后人的访谈之时,为了消除其固有的主观性,有意阐释私人资料与公共资料在叙述形式上的差异性,并着力在这两种不同类型资料生成的具体时代语境中建构书信文本和口述访谈文本的客观性。

可以说,文化唯物主义作为一种方法论,不仅大大拓展了新妇女传记史家在史料范畴上的研究视野,而且推进了对历史研究中主客体关系的认识。虽说由于男性对女性及两性关系的文本解读,是另一个了解女性的通道,即可以观察到社会机制是如何在文化偏见的影响下运动的,但由男性书写的妇女传记文本,不仅消除了女性的主体地位,而且还构成了人们对某个历史时期女性形象及其知识的集体记忆,从而不利于现实社会情景中对女性歧视或污名化的认识和反抗,这却是不争的事实。然而,女性史学家运用文化唯物主义方法论阐释的新妇女传记史文本摆脱了男性和女性无意识中的男性统治,重构了人们对某个具体历史时期某个具体地方的妇女形象及其知识的集体记忆,理解了历史的复杂性和多样性。

三、整体主义视角

事实上,关于日常生活经验重要性的历史认识是二战后西方新史学不断深化

---

① Martha Hodes, *The Sea Captain's Wife: A True Story of Love, Race, and War in the Nineteenth Century*, W. W. Norton & Company, 2007, p. 18.

其史学思想的一个必然结果,它促使历史学家以经验主义和大众主义的进路来阐释历史的变迁,并由此围绕不同的研究对象形成了新的新史学(New New Hisotry)领域。在以"作为个体或者群体,甚至集体为研究对象"的新传记史研究领域,新妇女传记史家愈来愈有意识地综合运用新的新史学领域的研究成果,强调一种整体主义的视角,即以跨世纪的世界(全球)性视野,从主体间性的角度来建构女性的主体性。普林斯顿大学历史系教授琳达·柯莉(Linda Colley)于 2007 年出版的专著《伊丽莎白·玛茜的磨难:世界历史上的一位妇女》(*The Ordeal of Elizabeth Marsh:A woman in the world History*)集中体现了这一特色。

西方性别史的研究经过近二十年的发展后,逐渐走向与世界史融合,但关于妇女史的世界(全球)史转向却鲜有论述,因此导致关于这种融合的历史叙述存在诸多问题。"关于性别及其影响的历史研究已经拓展到了超越西方世界的越来越广泛的社会领域,使性别历史与世界历史之间的联系越来越密切。人们比较过各种性别模式,以考察男性和女性在定义自身及生活职责方面所具有的重要区别和相似之处,也探讨过其主要发展趋势。……这种动态过程推动了历史与世界历史的融合,尽管直到近期大多数世界历史对于性别问题轻描淡写,仍主要关注那些以男性为主的政治精英、知识分子的活动。诚然,性别问题的确主要是存在于个别社会群体中的问题,而非跨社会群体的问题,这也是有时难以将性别历史与世界历史融合的一个原因。"[1]当琳达·柯莉将全球史视作一种方法,以一种整体主义的视角,利用多重史料,详细地描述 18 世纪中后期"一位非凡但却不为人所知的妇女"玛茜(1735—1785)的人生经历时,这个关于融合的问题得到了解决。《伊丽莎白·玛茜的磨难》出版于 2007 年,并入选该年度《纽约时报》十大畅销书。"这是一部非凡之作,不仅因为其内容,还因为它是一种崭新的传记类型……琳达·柯莉书写了一个地域极广的全面的经济传奇故事……作为一名历史学家和研究者,她充分利用一切技巧讲述她的故事。该书取得了重大的成就,叙述引人入胜。"[2]琳达·柯莉开篇就说:"这是一部跨越边界的传记,它讲述了三个相关的故事。"确实,这是一部将一位名叫玛茜的混血女性的个人传记及其家庭故事(family stories)(包括大小家庭)、小家庭故事与一个全球故事(a global story)结合为一体的历史著作。在这部历史著作里,琳达·柯莉跟随玛茜辗转于几个大洲的行程,试图通过详细地讲述当时的世界历史事件是如何改变她的生活的,即 history and her story,展示"一个人的世界和世界中的一个人",重建全球化进程中的女性主体性,"深化我们对全球史

---

① 彼得·N.斯特恩斯:《世界历史上的性别》,谷雨、李雪译,商务印书馆,2016 年,第 3—4 页。
② Claire Tomalin, *The Guardian* (London),2007.

的理解"。①

　　一般而言,妇女—性别史家都强调以一种平等主义的视角来看待自己的研究对象。然而,在近年来备受学界关注的全球史(global history)书写的启示下,新妇女传记史家认识到把世界看作一个整体对于展现历史上不同阶段不同地方的女性生活境遇的重要性。因为全球史的书写强调各个社区、地域,以及各个社会群体、各种文明等之间的互动和联系(参与、共同点),并认为这些互动和联系正是历史发展的动力。在全球史的视野下,无论是作为个体的人,还是作为群体的人,其行动都是历史过程的基本要素。从根本上说,《伊丽莎白·玛茜的磨难》体现了琳达·柯莉平等主义和整体主义的视角,当她将玛茜的苦难经历放置在跨越几大洲的世界环境中去叙述时,不仅解决了个体性与总体性之间的主客体关系,而且大大消除了60年代末以来"历史研究中必然具备愈演愈烈的共时性和短期主义特征"②。琳达·柯莉以还原具体历史情境的整体联系来叙述玛茜的个体生活经历的叙事策略,反映了新妇女传记史家的一个历史研究信念:对鲜活的妇女个体人生故事的叙述必然通向一致性和整体性。

　　当新妇女传记史家将研究对象定位于历史上某个具体时代的某个默默无闻的妇女个体或群体,并尝试地以文化唯物主义方法论和整体主义视角来阐释她或者她们的日常生活经验是如何建构其主体性意识及其身份(认同)时,她们促使学界愈来愈清醒地认识到:日常生活经验不仅是历史学的重要课题,而且还是一个具有广泛性和普遍性的问题。更重要的是,她们的研究实践为我们提供了一个解决史学理论中个体性与总体性(整体性)、共时性与历时性关系的范例。"我们希望复兴的是这样一种历史,它既要延续微观史的档案研究优势,又须将自身嵌入到更大的宏观叙事,后者要采信多种文献数据。这样,历史上实实在在的个体生命所经历的事件依旧会为我们提供令人震撼的、丰富的历史信息,依旧值得史学家去反思、回味、分析和评述,但此时的历史背景却被大大拓宽了。……微观史档案研究与宏观史框架的完美结合将为历史研究展现一种新的境界,研究者可以从中砥砺自己把握历史流转和制度变迁的能力,可以习得跨越世纪、放眼全球的视野。"③

作者简介:

　　陈茂华,女,云南昆明人,东华大学马克思主义学院副教授、硕导,主要从事史学理论及西方史学史研究。

---

① Linda Colley, *The Ordeal of Elizabeth Marsh*: *A woman in the world History*, Anchor Books, A Division of Random House, Inc. New York, 2008. Introduction, p. xix.

② 乔·古尔迪、大卫·阿米蒂奇:《历史学宣言》,孙岳译,上海人民出版社,2017年,第61页。

③ 乔·古尔迪、大卫·阿米蒂奇:《历史学宣言》,孙岳译,上海人民出版社,2017年,第151页。

被誉为女性史"教母"的
美国学人格尔达·勒纳①

郑爱敏

摘　要：近数十年来性别研究愈趋蓬勃,中外学者试图从性别视角进行跨学科讨论的范围极为广泛,成果有目共睹。如果说,今天性别史研究已逐渐开花结果,那么前人勤耕细耘之功,委实不容抹煞。在一众开山劈石的前辈学人之中,美国学者格尔达·勒纳(Gerda Lerner)享有女性史"教母"之美誉。在学术研究方面,她开风气之先,提出"女性史的挑战",对传统史学做出有力的质询,强调历史不可能遗忘构成总人口一半的女性。时至今日,她所倡议的理论对女性史研究仍有莫大的影响和启发。在教学方面,她成功创设美国首项女性史研究硕士和博士课程。勒纳亦致力于推动女性史知识的普及,于 1980 年得到美国总统的支持,举办美国首个"女性史周",并于 1987 年改为"女性史月"。勒纳屡获学术界殊荣,无疑是印证了她在女性史研究的"教母"地位。本文尝试从格尔达·勒纳早年的经历、学术见解,以及在学术界的影响和荣誉,论述这位女性史"教母"的贡献,并期通过对她的介绍,侧面观察女性史研究的传承和发展。

关键词：格尔达·勒纳;教母;女性史

一、导论

近几十年来,在前辈学人的努力耕耘下,性别史研究成果愈见丰硕。显然,今天性别史研究的蓬勃发展、中外学者对性别视角引入历史研究的强调,皆令人无法

---

① 本文初稿曾宣读于"妇女史研究的理论与实践"国际研讨会,上海师范大学,2010 年 11 月 5—6 日。本文承蒙业师刘咏聪教授启发及指导得以完成,特此致谢。此外,衣昭印老师提点有加,卢嘉琪学姐给予意见,以及外子世文的长期鼓励,谨此一并致谢。

想象女性曾成为历史大舞台的缺席者。因此,对于前贤开山劈石之功,致力挑战既有的历史叙述,重申历史是两性共存的高瞻远见,学术界向来都深存敬意。

在众多前辈中,美国女性史学者格尔达·勒纳(Gerda Lerner,婚前姓名: Gerda Kronstein, 1920 - 2013)即为女性史研究先锋之一。她开创风气之先,积极推动女性史研究走向学术化,引起了学界的广泛关注,逐渐走向主流。至于她对女性史的多番肯定,除了使以往被掩盖的女性痕迹得以浮出历史地表外,她提倡的"女性史"的挑战更是对传统史学作出有力的质询,迫使学术界重新审视过往所谓的"客观性"。勒纳又提出不少女性史撰述方法的具体理论和研究例子,藉以呼吁学人重视女性的多样化,抛弃只视她们为历史受害者的狭猛史观,促使女性史研究脱离片面的"补充式""添加式"的治史模式,展开重写女性史的研究路向。

勒纳所倡议的理论具体而扎实,确为女性史研究奠下了稳固基石。是故近数十年来西方学界,不断有学人撰写专文分析和评论她的研究成果,例如凯瑟琳·斯戴斯(Kathleen Xydis)认为《美国史中的女性》(*The Women in American History*)不仅加深了读者对美国女性史的认识,亦为社会史乃至史学研究提供了典范。[①] 埃伦·卡洛·杜布瓦(Ellen DuBois)及卡洛尔·特宾(Carole Turbin)就分别评论过《女性主义意识的缔造:从中世纪到 1870》(*The Creation of Feminist Consciousness:From the Middle Ages to Eighteen-seventy*),他们均称勒纳切实地展示了女性对女权主义的挑战,能够刺激社会学、人类学和历史学家对女性主义的关注。卡洛尔·特宾还特别指出,虽然在今天的历史研究看来,该书的讨论和分析似乎很简单,但在女性史仍位处边缘的 70 年代,该书具有开创性的成果。[②]《父权制的缔造》(*The Creation of Patriarchy*)更是备受赞誉,学者认为勒纳不仅提供了一个以性别角度来演绎历史进程的方法,更详细追溯父权制的建立,阐释了女性处于从属地位的历史,为古代西方世界、女性史和家庭史研究注入大量素材。[③] 南·伊丽莎白·伍德拉夫(Nan Elizabeth Woodruff)对《人类多数寻找其历史:将女性置于历史之中》(*The Majority Finds Its Past:Placing Women in History*)作出评介时,强调尽管勒纳提出的女性史理论并未得到所有人的认同,但她对女性史的

---

① 参其"Review of Gerda Lerner, *The Women in American History*", *The History Teacher*, vol. 8, no. 1 (November, 1974), pp. 124 - 125。

② 以上评论分别参"Review of Gerda Lerner, *The Creation of Feminist Consciousness:From the Middle Ages to Eighteen-Seventy*", *The Journal of American History*, vol. 80, no. 4 (March, 1994), pp. 1422 - 1423;*Contemporary Sociology*, vol. 23, no. 4 (July, 1994), pp. 529 - 530。

③ 以上评论分别参"Review of Gerda Lerner, *The Creation of Patriarchy*",*The History Teacher*, vol. 21, no. 2 (February, 1988), p. 256;*American Ethnologist*, vol. 15, no. 3 (August, 1988), pp. 595 - 596; *American Ethnologist*, vol. 15, no. 3 (August, 1988), pp. 595 - 596。

贡献是毋庸置疑的。①

　　此外,2002 年美国纽约时报(*The New York Times*)更以"女性史教母"(a godmother of women's history)来形容勒纳在学术界付出的努力。② 莱妮·马歇尔(Leni Marshall)在 2004 年美国女性研究学会(National Women's Studies Association)的会议报告中,也以女性史开拓者和"教母"来形容她;③奥地利议长阿尔弗雷德·古森鲍尔(Alfred Gusenbauer)在布鲁诺·克赖斯基奖(the Bruno Kreisky Prize)颁奖礼的演说,赞扬勒纳不但是女性史的"教母"和先驱,亦是为女性史走向学术化付出最多的学者;④美国威斯康辛大学(University of Wisconsin)在 2008 年周年报告中,也与古森鲍尔作出相同的评价。⑤ 诚然,学术界一直以来都给予勒纳极高的评价,故本文尝试透过对这位"教母"的介绍,综合其研究重点,讨论她的学术成就,并借其治学足迹窥探女性史研究发展历程的一些侧面。⑥

---

① 参其"Review of Gerda Lerner, *The Majority Finds Its Past: Placing Women in History*", *The Journal of Southern History*, vol. 46, no. 3 (August, 1980), pp. 454 – 455。

② Felicia R. Lee, "Making History Her Story, Too", *The New York Times* (Late Edition〔East Coast〕), July 20,2002, p. B. 7.

③ Leni Marshall, "Generating Feminism: Barbara Smith, Gerda Lerner, Ellen Bravo, and Lisa Jarvis", *NWSAction*, vol. 16, no. 1 (Fall 2004), p. 28.

④ 见"2008 University of Wisconsin Foundation Annual Report on Stewardship"(http://www. uwfoundation. wisc. edu/annualreport/stories/history/Lerner/)。

⑤ 有关此周年报告,详参上注的网页。

⑥ 学术界对勒纳的评价,主要集中在英文资料,例子如下: Catherine Clinton, "Gerda Lerner", in Robert Allen Rutland, *Clio's Favorites: Leading Historians of the United States*, *1945 –2000*, University of Missouri Press, 2000, pp. 98 – 110。琳达·科尔伯(Linda Kerber)、爱丽丝·凯斯勒-哈里斯(Alice Kessler-Harris)和凯瑟琳·斯克拉尔(Kathryn Kish Sklar)等人也曾以致谢勒纳的学术贡献之名,编著一部美国女性史论文集。在导言部分即有对勒纳作出简单介绍,并在结尾罗列其著作。参 *U. S. History as Women's History: New Feminist Essays*, University of North Carolina Press, 1995。此外,在勒纳逝世后的第三年(2016 年),电影《为什么女性要爬山:一个探索格尔达·勒纳的生命和著作的历程》(*Why Women Need to Climb Mountains —— A journey through the life and work of Dr. Gerda Lerner*)上映,借以表扬勒纳的贡献。电影内容除了收录勒纳在 2013 年逝世前唯一接受的最后访问,也访问了她的学生是如何受到勒纳的影响,从而讲述勒纳作为社会改革者、作家、历史学家的生命历程。在中文数据方面,则主要集中在书评讨论,例如王宏维曾简述勒纳在《女性史的挑战》("The Challenge of Women's History")一文中的观点,参《发现妇女的历史》,《南方日报》,2004 年 12 月 02 日(http://www. southcn. com/nflr/nydkt/nygd/200412020319. htm);又见陈其:《对男性垄断历史的抗争——读勒娜的〈父权制的创造〉》(http://czls. yimingjiaoyu. com/Article. aspx? ItemId=82448)。翻译文章则有杰达·勒纳:《妇女史的挑战》,原载《世界史研究动态》1991 年第 4 期;收入蔡一平、王政、杜芳琴主编:《赋历史研究以社会性别: 妇女史学科建设首届读书研讨班专辑》,妇女史学科建设首届读书研讨班 2000 年,第 189—199 页;陈建元译:《为妇女喉舌——葛尔达·勒纳(Gerda Lerner)》,收入陈建守编:《时代的先行者——改变历史观念的十种视野》,独立作家出版社,2014 年,第 286—315 页。有关勒纳较详细的研究,见金利杰:《性别视角下的集体记忆——格尔达·勒纳女性主义历史记忆理论探究》,东北师范大学博士论文,2011 年;金利杰、周巩固:《性别视角下的集体记忆——格尔达·勒纳女性主义历史记忆理论探究》,《东北师大学报》2011 年第 3 期,第 108—112 页;金(转下页)

二、"他者"的经历与女性史的探求

勒纳出生于奥地利首都维也纳的犹太人家庭。有别于常人所想象的成长阶段,她年青时不但体验了极权主义国家的势力扩展,而且在母亲的鼓励下,参与了秘密政治活动。[1] 1938 年纳粹党成功攻占维也纳,勒纳更因此而被监禁,最后强迫流放,于 1939 年的 4 月来到美国。

勒纳与其第一任丈夫离婚后,她在 1941 年与从事歌剧导演的卡尔·勒纳(Carl Lerner,1912－1973)结婚。受到这位丈夫的影响,她不仅成为了共产主义者,参与了女权运动以及反对种族歧视、支持裁减核武等运动,还加入了文艺创作的行列,写过短篇故事和小说,也从事了翻译以及音乐剧和电影的脚本编辑等工作。直到 1958 年,勒纳重新返回校园,开展她的学习历程,在 1963 年取得新学院(The New School)社会研究的学士学位,并于 1963 至 1966 年先后取得了哥伦比亚大学(Columbia University)的硕士、博士学位。勒纳形容这短短的三年是她一生中最快乐的日子,而在接受严格史学研究训练的过程中,亦为她日后推动女性史研究奠下了稳健的基础。[2]

优良的教育环境有助勒纳的学术发展,但她对女性史研究的热诚,实源自其身份的"他者性"(Otherness)——犹太人、流亡者和女性。因此,勒纳在其代表性著作中,曾花上一章篇幅,讲述自己走向女性史路途与"他者"的关系;[3]至于在 2005

(接上页)利杰:《从"填补史"到"普遍史"——勒纳的女性史学分期理论》,《河北大学学报》2011 年第 6 期,第 50—55 页;金利杰、韩毅:《女性史研究的独特方法——格尔达·勒纳的社会性别解释方法探析》,《史学理论研究》2016 年第 1 期,第 83—91,159—160 页。

[1] 勒纳曾在自传中提及母亲对她的影响,见 *Fireweed：A Political Autobiography*,Temple University Press,2002。又在 2005 年的"查尔斯·霍默·哈斯金斯学会"(Charles Homer Haskins Lecture)中,她对母亲的忆述,更充分显示出她是如何受到这位表现前卫的母亲所影响。勒纳形容她的母亲是一个女权主义者,深受亨利克·约翰·易卜生(Henrik Johan Ibsen)、斯堪的纳维亚小说家(Scandinavian novelists)、法国前卫思想家(French avant-garde thinkers)的影响。勒纳的母亲自我定义为放荡不羁的波希米亚人,视反对资产阶级为标准,又提倡性自由,甚至积极体验从素食到瑜珈的各种新尝试。此外,她对其婚姻不但感到不满,还对传统女性的家庭角色表现得极为反感。因此在勒纳眼中,她的母亲不仅象征着 19 世纪以来解放女性思潮的涌现,她对传统女性角色的不安分更是打破了过往只视女性为"被动"的狭隘观念,清楚地呈现了女性是如何积极摆脱父权社会下"被定义""被边缘化"的情况。由此可见,即使勒纳从没有直接指出母亲对她专研女性史的影响,但她对母亲的描述确能为她投身于女性史的原因,落一脚注。参 Gerda Lerner, "A Life of Learning：Charles Haskins Lecture for 2005", American Council of Learned Societies Occasional Paper, p. 3。

[2] *Ibid.*, p. 9.

[3] Gerda Lerner, *Why History Matters：Life and Thought*, Oxford University Press, 1997, pp. 3－50.

年的得奖演讲里,她更以"我对女性史的热情是源于我的生活"一句,[1]来总结她投身女性史的原因。显然,要了解勒纳的学术背景和见解,这必须要从"他者"说起。

(一)"他者"的身份:犹太人、流亡者

勒纳认为在平等世界中是没有"他者"这个类别的,是故这种身份的出现实际上是见证着压迫。当作出这种分类的人将自己放置于标准之上的时候(定义的主体),被分类的人则成为异常的准则(被定义的客体)。[2] 换句话说,"他者"是一种享有优势的一方迫使对方接受的概念;它既不是客观存在,也不是自然形成。成长于犹太人家庭的背景,便使勒纳被归类为这种被边缘化的身分。正如勒纳在2009年出版的自传式著作里,曾形容自己作为一个犹太女孩,并成长在奉信天主教为国教和视反犹太主义为政治传统的国家,即注定从小都被视为异类(different)。[3]

在悠久的西方历史里,犹太人被视为出卖耶稣的民族。再者,他们流亡国外,没有自己土地和国家的特性,更进一步令他们被标志为"他者"。[4] 不过,最令勒纳感到不满的不是拥有这种被排斥的身份,而是犹太人欣然接受"他者"的态度。他们深信作为上帝的"选民",即意味着他们与其他民族之间必定存在差异。为了维持这种独特性,犹太人除了要求自己凡事都要表现优秀外,还要以独特的宗教、行为方式和文化特征来把他们与其他民族进行区别。[5] 因此,勒纳刻意强调他们之所以被归类为"他者",不仅是源别人对他们的界定,更重要的是,犹太人在心理因素影响下,还"内化"了自身的"差异",甘愿接受各种加之在他们身上的约束和压制。[6] 虽然在"被他化"和"自我他化"的环境下,勒纳自小被父亲反对与非犹太人来往,被灌输"犹太人只会拿甲等,而不会拿乙等成绩"的自我优越感,[7]但她显然没有一般犹太人那样接受"他者"的心态。尤其当她童年时,听闻中世纪时期犹太籍德国人被强迫坐上一艘漏水的小船,以致溺毙在莱茵河流域的故事,勒纳便不禁提出了强烈的疑问:"难道他们从不作出反抗吗?难道他们是如此懦弱吗?"而且,对于犹太人这种毫不反抗,甘愿成为受害者的行为,她更坦言自己耻于与他们同属

---

① Gerda Lerner, "A Life of Learning: Charles Haskins Lecture for 2005", p. v.

② Gerda Lerner, *Why History Matters: Life and Thought*, p. 3.

③ Gerda Lerner, *Living with History/Making Social Change*, University of North Carolina Press, 2009, p. 24.

④ 有关犹太人的历史,主要参考:阿巴·埃班:《犹太史》,阎瑞松译,中国社会科学出版社,1986年;彭滂沱:《天择:犹太人的故事》,台湾商务印书馆,2001年;Joseph Alpher, ed., *Encyclopedia of Jewish Historeplacery: Events and Eras of the Jewish People*, Facts on File Publications, 1986; Paul Johnson, *A history of the Jews*, Phoenix, 1987。

⑤ Gerda Lerner, *Why History Matters: Life and Thought*, p. 6.

⑥ *Ibid.*, p. 15.

⑦ *Ibid.*, p. 4.

一个民族。① 正是厌恶"他者"这种感受,当勒纳以"流亡者"的身份来到美国以后,她努力地学习英文、与美国人交往、穿着美式的衣服,并选择美国史作为她的研究范畴。她的目的就是要把自己由别人眼中的局外人(outsider)成为令美国人接受的局内人(insider)。可惜,尽管勒纳尝试掩饰"他者"的身份,但犹太人血统、四十多岁才入读研究院,以及坚持方兴未艾的女性史专业等种种经历,皆突显了她的"差异性"。② 又尽管她在威斯康辛大学首次得到别人对其工作表现的认同和支持,但当办公室门口被涂上反犹太的标记和收到反犹太主义者的恐吓电话时,都即暗示她必须要回归到起点。③ 勒纳也尝承认犹太人仍然是"他者"的事实无法改变。④ 不过,这种体验反犹太主义和法西斯主义的经历,亲身体会"他者"身份的感受,却使她更肯定自己要投身于女性史研究。⑤ 因此,当别人问道:"犹太人的身份是如何影响你在女性史的工作?"勒纳都会回答她成为历史学家是源于她的犹太人经验。⑥

(二)"他者"的身份:女性

除了来自犹太人、流亡者的背景外,勒纳还进一步指出了另一种"他者"身份——女性与其专业的联系。法国女性主义者西蒙·波伏娃(Simone de Beauvoir, 1908 - 1986)认为,"一个人之为女人,与其说是'天生'的,不如说是'形成'的。没有任何生理上、心理上或经济上的定论能决断女人在社会中的地位,而是人类文化之整体产生出所谓的'女性'。"⑦对于上述的观点,勒纳不但表现认同,指出女性之所以成为"女性"并不是她们的生理特征,而是历史经验,并强调在四千多年以来的父权制社会里,女性被定义成"他者"的历史都较其他群体为长。⑧ 此外,她们无论是在教育、对自身历史的认识和资源分配等方面,皆被剥削而偏处不利位置。⑨

勒纳的鲜明立论实不只源自她早年对女权运动的参与,更是她的亲身体验。她形容在早年的求学阶段,她所获得的教育都是在性别限定之内,而她学习的就更是一种充满压抑的声音和湮没英雄存在的知识。⑩ 受到性别差异的影响,勒纳直

① Gerda Lerner, *Why History Matters*:*Life and Thought*, p. 7.
② 勒纳回忆她在报读研究院时曾考虑了许多学校,但由于她希望学校能够接受她以格林姆凯姐妹(Grimke sisters)——唯一两位担任美国反奴隶协会会员与讲师的南方女性——作为论文题目,最后就只有哥伦比亚大学愿意修改论文题目的规定,接受她的申请。参 Gerda Lerner, *Living with History/Making Social Change*, p. 28。
③ *Ibid.*, p. 13.
④ Gerda Lerner, *Living with History/Making Social Change*, p. 13.
⑤ *Ibid.*, p. 54.
⑥ *Ibid.*, p. 5.
⑦ 西蒙·波伏娃:《第二性:女人》,陶铁柱译,猫头鹰出版有限公司,2000 年,第 1 页。
⑧ Gerda Lerner, *Why History Matters*:*Life and Thought*, p. 15.
⑨ *Ibid.*, p. 3.
⑩ Gerda Lerner, *Why History Matters*:*Life and Thought*, p. 7.

言如果她是男孩,便可以学习犹太法典,学习正面的犹太人历史、研究具有智慧的犹太法学家和伟大的领袖、探讨神秘的精神构建,但无奈的是,作为女孩,那些属于犹太人的知识命脉,如塔木德(Talmud)、米书拿(Mishna)和米德拉西(Midrash)都超出了她的学习范围。① 至于在宗教仪式里所受到的种种对待,诸如妇女和女孩都要坐在犹太教堂楼上的阳台,而男人和男孩就坐在下面;男人在崇拜期间可以说话和活动、阅读《圣经》,甚至是引人注目地摇动祈祷书,而女性只可以沉默地坐在楼上,或至多能够用手指来阅读希伯来文;男人可以触摸和亲吻摩西五书(Torah),但女性只能隔着空气来"触碰"它等等,② 皆令勒纳真切感受到性别上的差异是如何将她列为"他者"。虽然她曾为此而提出疑问,但别人往往只以犹太教几千年的传统来回应。在勒纳看来,这所谓的"传统"实际是社会分配给女性的角色,表现出女性在父权社会里被定义成"他者"的现象。最终,为了对"他者"的身份作出反抗,勒纳决定拒绝再相信神,又放弃过去所学会的宗教教育和参与犹太女孩的成人仪式,在往后的五十年亦再没有踏足教堂。显然,勒纳的第一种女权主义行为源自身为犹太女性的经验。③ 亲身经历"被定义"的角色固然为勒纳带来极大的震撼。不过,"他者"身份使女性在历史记载中被隐藏、埋没的事实,也是引发她把女性史成为其研究领域的重要因素。因此,每当勒纳提及女性在历史场所的缺席,她都显得十分遗憾。例如在 2007 年的访问里,她便一边摇头表示失望,一边忆述她在研究院的学习生活,强调当时的教授虽然介绍了不少伟大的著名人物,但同时亦使她认识了一个没有女性"存在"的世界。而且,当她提出"女性在哪里?"的疑问时,他们都回答:"不幸的是,大多数女性都是文盲"。④ 对于忽略一半人口——女性——的历史,甚至是将女性定义成负面形象的见解,勒纳作出了强烈的反驳,大力指出女性史是使我们能够看到完整过去的工具。⑤ 是故尽管她深知在当时的历史研究环境里,她对女性史的热情只会更加突显其"他者"的角色,又尽管在 1966 年,埃里克·麦克基特里克(Eric McKitrick)教授以奇特的专业(exotic specialty)来形容女性史研究,忠告她如果往后还想在学术界继续发展,便不要告诉任何人她是研究女性史,但勒纳始终没有想过放弃她的专业。因为她坚决地认为女性从来都是建构、存在和改变历史的成员,历史不可能遗忘她们。⑥ 更何况,当女性过去

---

① Gerda Lerner, *Why History Matters: Life and Thought*, p. 7.

② *Ibid.*, pp. 7 - 8.

③ *Ibid.*, p. 8.

④ Felicia R. Lee, "Making History Her Story, Too", p. B. 7.

⑤ Gerda Lerner, *Why History Matters: Life and Thought*, p. 121.

⑥ Gerda Lerner, "The Majority Finds Its Past", in *The Majority Finds Its Past: Placing Women in History*, University of North Carolina Press, 2005, p. 160.

的积极形象——组织建设、文学传播、示威和营救奴隶——都一一被掩盖，[①]其所带来的结果除了是不完整的历史画面之外，女性长期对自身历史的不认知、对英雌和模范的不熟悉，都会使她们的自我观念、态度和集体行为也随之变得薄弱。即使是她们受到欺压，也没有任何反抗意识，到最后更"内化"父权制的思想体系，接受"他者"的身份，甚至把这个规则灌输至下一代；[②]另一方面，男性在充满历史英雄的熏陶下会产生强烈的优越感，并对女性作出各种支配。[③] 因此，勒纳强调历史不仅是回忆，它更是人们寻找自我身份的来源。[④] 而且，她还注意到"他者"、女性和历史三者之间更存在复杂的因果关系，指出"他者"的身份导致女性失去了历史；同时，女性在历史的缺场又使她们接受"他者"的身份。由此可见，勒纳各方面的生活体验，皆令她深切明白到无论是对历史完整性，或是让女性从历史中重新建立自我，不再盲目接受"他者"观念来说，致力推动女性史发展是她日后的工作。

　　勒纳指出，她曾尝试理解过去三十五年她所体验和作为"他者"——犹太人、女性、流亡者——的经历。[⑤] 或许在旁人眼中，这三个截然不同的身份只是分别代表着民族、性别、国籍，但对她来说，这种"他者"的身份象征却日益加强其性别意识，令勒纳深信历史属于所有人，任何排除某一性别、种族或是阶层的历史都远离真实。就这样，勒纳将"他者"的强烈体会投放在女性史研究上，展开她对传统史学的强烈抗议。

三、女性史研究：传承与开拓

（一）先驱者的足迹

　　勒纳的学术见解对女性史研究有着重大的影响，然而，一门学术的诞生实在不能依靠一人的努力。因此，无论是今天的女性史研究，或是勒纳所提出的女性史理论，均是经过时日的积累、前人的努力和反思而成的。美国的女性史研究随着美国女性运动而催生，并在 20 世纪 60 年代开始走上轨道。早期女性主义者认为由于过往的历史皆由男性撰写，并只视涉及政治、经济、军事和外交等事件为真正的历史。故此，当女性的实际生活环境被男性视为仅限于家庭范围之内，她们同时亦被排除在历史以外，成为被忽略的群体。的确，这种所谓"客观"的历史是不完整的，因为它只记载了总人口的一半，因此为了寻求失落了的女性声音，在 1848 年第一波美国女性运动开始后，学术界便渐渐出现了一些有关女性在社会改革和投票权

① Gerda Lerner, *Why History Matters: Life and Thought*, p. 120.

② *Ibid.*

③ *Ibid.*, pp. 120 – 121.

④ *Ibid.*, p. 116.

⑤ *Ibid.*, p. 15.

运动史的研究书籍。在19世纪末到20世纪60年代初,学人已把女性史研究逐步推向"补充史"的撰述模式,主要关注杰出女性的历史和贡献,借以补充传统史学对女性记载的忽略,把女性回归应有的历史位置。① 然而,正如琼·贺芙(Joan Hoff)所言这时期的女性史研究方法明显存有狭隘,一方面学人仍然以男性的价值观来评价、厘定女性的贡献,并无详细阐释这些"杰出女性"为何能够摆脱压迫,而不同于大多数的受害女性;另一方面,只集中论述少数名女人的经验,无疑是忽视了普遍女性的生活体验。②

不过,这些缺陷并不代表早期的女性史研究开拓者,完全没有带动女性史的发展。其中玛丽·比尔德(Mary Beard, 1976-1958)在1946年著名中所提出的理论,便成功打破了只视女性为受害者的传统观点。比尔德强调女性的社会地位远不是照顾家庭而已;相反,她们向来就是缔造社会、文化和历史的主要力量。虽然从女性在政治、经济等各方面的积极参与来看,她们显然是积极的能动者,然而比尔德提醒了我们,女性是受害者的事实仍然存在。换句话说,她认为女性的社会角色具有二元性,她们既处于从属地位,但又活跃于中心;她们既受迫害,但又有主动性,而且,当阶级和性别利益发生冲突,女性之间更会出现施压者与受压者。再言,比尔德认为不同时期、阶级的女性都有着不同的地位,是故女性史必须反映出女性的地位是如何依据阶级而产生差异。③ 事实上,除了在她的著作中,阐明其对女性史研究的观点外,比尔德更是于不同的场合作出多次的重申,如在1950年3月的NBC电台节目中,她便指出:"在漫长的历史里,仅把女性看作是男性的隶属者,实无助我们深入认识过往历史。"④由此观之,如吉娜·哈姆斯(Gina Hames)所言,比尔德提出的理论确实是深化了当时以至后期学术界对研治女性史的整体理解。⑤

就此,深受比尔德所启发的勒纳便经常强调这位先锋的功劳。如在1975年的文章中,她强调比尔德是第一个提出,只把女性对待为受害者是掩盖了她们对人类文化的发展的贡献。⑥ 又在2005年的得奖讲座里,勒纳更直言比尔德对她的影

---

① 有关这时期的代表性学者和研究,参 Joan Hoff, "Introduction: An Overview of Women's History in the United States", in. Gayle V. Fisher, ed., *Journal of Women's History*: *Guide to Periodical Literature*, Indiana University Press, 1992, p. 18。

② *Ibid.*

③ Mary Beard, *Woman as Force in History*: *A Study in Traditions and Realities*, Persea Books, 1946.

④ Ann J. Lane, Making *Women's History*: *The Essential Mary Ritter Beard*, Feminist Press, 2000, p. 197.

⑤ 参 Elizabeth Kowaleski-Wallace, *Encyclopedia of Feminist Literary Theory*, Garland, 1997, p. 39。

⑥ Gerda Lerner, "Placing Women in History: Definitions and Challenges", *The Majority Finds Its Past*: *Placing Women in History*, pp. 147-148.

响,忆述自己是在大学本科时期,已阅读过比尔德的《历史中女性的力量》(*Woman as Force in History*),并认为其著作尽管是有些缺陷,但她一再强调女性是存在于历史中心的真知灼见,不仅使勒纳感到非常震惊,同时亦启发了她的女性主义意识。因此,当勒纳在哥伦比亚大学接受博士课程面试时,她被问及研究历史的原因,便毫无保留地表示自己对比尔德的敬意,声言要延续比尔德的工作,重新发现那些早已活在历史的女性,使女性史能具有正当地位,并进入不同年级的课程当中,以及希望人们在修读女性史博士学位时,不需再声称自己是研究其他主题。勒纳坦言尽管她从来没有见过比尔德,但在她心目中早已视比尔德为导师。[1]

从添加式延伸至比尔德的崭新理论,女性史研究在 20 世纪 70 年代逐渐呈现新趋势。学人已不如往日般只关注杰出女性,而是利用宏观眼光来陈述大多数女性的生活;同时亦注意到治研女性史方法的重要性,期以寻找新史料和理论来建构更完整的女性史。[2] 至于本文的主角勒纳便是这时期的重要推动者,而且无论是对女性史研究的创立、实践和理论,都被公认为最具影响力的学者。爱荷华大学(University of Iowa)和美国历史协会(American Historical Association)主席琳达·科尔伯指出,虽然勒纳不是二十世纪首位以女性史为研究路向的历史学家,也不是在她的年代唯一的女性史学者,但她的付出不但较大部分人为多,还更努力地把女性史建设成专业研究领域。[3] 爱丽丝·凯斯勒-哈里斯也认为没有人像勒纳那样能够向其他历史学家和广泛大众清楚地阐明女性史的重要性。[4]

琳达·科尔伯和爱丽丝·凯斯勒-哈里斯对勒纳的评价极为中肯。早在四十六岁的时候,勒纳已为她未来二十年的学术生涯定下了一连串的目标和计划。她认为女性史的目的不仅要把历史归还给女性,更要令女性史成为主流历史,[5]广泛被学术界接受,成为各种不同程度的课程一部分。[6] 勒纳深明要成功实现上述的目标实非易事,但源于她对女权运动和女性史研究的热情,她决意要与时间竞赛,着力女性史撰述、证明女性史史料的来源和学生对女性史学科的需求、筹备有关女性史研究课程,以及提升女性专业地位。[7] 所幸的是,勒纳的努力并没有白费。在

---

[1] Gerda Lerner, "A Life of Learning: Charles Haskins Lecture for 2005", p. 12.

[2] 关于这时期较著名的学者和研究,参 Joan Hoff, "Introduction: An Overview of Women's History in the United States", pp. 18 – 19。

[3] Linda Kerber, "Forword", in Gerda Lerner, *The Majority Finds its past: Placing Women in History*, ix.

[4] 此语出自爱丽丝·凯斯勒-哈里斯与凯瑟琳·柯林顿(Catherine Clinton)在 2000 年 1 月 12 日的访问,参"Gerda Lerner", in Robert Allen Rutland, *Clio's Favorites: Leading Historians of the United States, 1945 –2000*, p. 103。

[5] Gerda Lerner, "A Life of Learning: Charles Haskins Lecture for 2005", p. 9.

[6] *Ibid.*, p. 12.

[7] *Ibid.*

1969 年美国历史协会会议上,勒纳与贝伦妮丝·卡罗尔(Berenice Carroll)共同主持的"史学界女性协调会"(Coordinating Committee on Women in the Historical Profession),便成功提高女性的专业地位、广泛宣传反歧视意识,以及促进女性史研究和教学;又在 20 世纪 70 年代初期,勒纳参与了档案馆和图书馆的整理工作,彻底改变了传统以来记有女性数据的档案分类和编目模式,大力证明历史是大量记载了女性的数据;至于在 1972 和 1981 年,勒纳更分别在索劳伦斯学院(Sarah Lawrence College)及美国威斯康辛大学麦迪逊分校(University of Wisconsin-Madison),成立了美国首个研究女性史的硕士和博士课程,使女性史学不再被排除在学术研究之外。不过,勒纳认为真正的历史绝不能只局限于学术范畴,同时要成为大众文化的一部分。终于,勒纳在 1980 年得到美国总统吉米·卡特(Jimmy Carter)的支持和认同:"女性史是女性的权利。它不仅是一个重要的而又不可缺少的遗产,我们从中更可以获得骄傲、舒适感觉、勇气和长远的眼光。"①继而,她成功地在美国组织了由 3 月 2 日至 8 日的"女性史周",促使社会各界认识到了女性史的重要性。1987 年,女性史周更随着女性的历史愈受重视,遂改为"女性史月"。②

(二) 学术见解

在学术研究方面,勒纳更可谓不遗余力。迄至 2009 年,其成果仍然不断。再言,她多年以来所提出的方法和理论,非但揭露和强烈挑战了传统历史的不足,大大刺激学术界反思过往的史学观点,亦补充了早期女性史研究的不缺陷,奠定女性史稳固的理论基础,为学术界提供了重要的参考平台。以下从勒纳若干学术观点,进一步说明她对女性史研究的贡献。

(1) 女性史史料的丰富性

在过往研究里,勒纳经常重申女性史的重要性,强调女性作为总人口的一半,甚至是大多数,③她们不可能被历史所遗忘。对此,她扬言:"有关女性历史学最令人触目惊心的事实就是一般历史学者对女性的忽视。"④此外,她还嘲讽传统史家竟然声称他们所撰写少数人——属于精英分子的白人——的生活经验是全人类的历史,不仅如此,她更对这些缺乏完整的传统历史作出猛烈的抨击。她强调女性史学

---

① 关于当时所签署的文件,见犹太女性档案(Jewish Women's Archive)的网页(http://jwa.org/discover/throughtheyear/march/lerner/)。

② 参上注网页。

③ 在检阅勒纳的论著过程中,笔者发现此语最为勒纳所强调。由此实可反映出她对女性历史的重视,并以此作为最有力的论据。然而,由于引录之处尚多,笔者只摘数处,以作参考,主要见其 Gerda Lerner, *Why History Matters*:*Life and Thought*, pp. 122,132,205,208,211;Gerda Lerner, *The Majority Finds Its Past*:*Placing Women in History*, pp. 158,160,166,169。

④ Gerda Lerner, "New Approaches to the study of women in American History", in *The Majority Finds Its Past*:*Placing Women in History*, p. 3.

者挑战传统历史不仅是因为它完全忽略了占人类总数一半甚至更多的女性经历、活动和思想,它亦遗忘了那些非白色皮肤、来自不同种族及属于下层阶级的男人,将他们被定义成是没有意义和重要性。勒纳还指出在现实生活里两性是积极共同参与各事,除了男性外,女性是生存在历史、生活在历史,创建历史的成员,[1]但传统历史却不断迫使我们否认上述真实的生活经验,告诉我们男人是主动的,女性是被动的;男人是历史中心,而女性却不值一提。至于面对传统史家以史料缺乏为借口来忽视女性史研究的必要性及可行性,勒纳直言:"这一说法根本是无法站稳阵脚的。"[2]她指出人口数字、教区和出生记录、财产和纳税记录、遗嘱的人口统计资料等等素材、探研,皆能为学术界提供两性生命周期、出生率及结婚行为模式。又例如教堂和教育机构记录、组织的会议记录、警察和犯罪记录、医院和医疗记录、日记、家庭成员间往来的信件、自传和地方史都一一有力地印证女性史料的丰富性。[3] 除此之外,勒纳提出尽管女性长期以来处于附属地位,令她们无法浮出历史地面,但这并不代表她们是不存在和没有自身的历史的。事实上,寻找女性史料的工作之所以予人一种甚为艰巨的感觉,只是由于大部分的历史记载都是由男性来撰述和收集,并依照他们的观点来进行分类,再加上女性在结婚以后改用丈夫的姓氏的社会文化,最终使得大量女性的史料失去系统、变得零散及匿藏在男性的历史之中。[4]

勒纳明白再有力的论点,也必须要完备的理据来支持。所以,为了推倒传统史家所谓"缺乏女性史料"的借口,她除了参与上文曾提及的资料整理,借以解决女性史料过于紊乱的情况,她亦埋首于研究工作。其中《黑人女性在白人美国:历史纪录》(*Black Women in White America:A Documentary History*)一书,便为学术界带来无比的震撼。哥伦比亚大学历史系教授爱丽丝·凯斯勒-哈里斯便曾就书作一评介:"这本书的出版具有相当重大的影响力,因为它证明了我们所拥有的数据,是能够让我们探讨女性历史的。"[5]由此可见,尽然过往的传统史料是掩盖了女性史料的丰富性,但勒纳提醒我们这些反映的女性经验资料始终都是由男性所撰写的,当中渗透着他们的观点与立场,所以,女性史学家在阅读及取用的时候,不仅要质疑固有数据的可信性,以避免跌回男性中心的论述框架之中,也要努力去寻找那

---

① Gerda Lerner, *Why History Matters:Life and Thought*, p. 53.
② Gerda Lerner, "The Challenges of Women's History", in *The Majority Finds Its Past:Placing Women in History*, p. 172.
③ *Ibid.*, p. 173.
④ Gerda Lerner, "The Majority Finds Its Past", in *The Majority Finds Its Past:Placing Women in History*, p. 166.
⑤ Felicia R. Lee, "Making History Her Story, Too", p. B. 7.

些直接反映女性所思所想的原始数据,如女性亲手著述的日记、信、自传和口述史料,让女性得以在历史中直接发声,使我们看清两性共存的历史画面。①

印证女性史史料的丰富性,无疑有助于女性史学者重新构建属于两性的历史。然而,勒纳强调女性史的工作远只是简单地把女性的历史放回传统历史的空隙里;相反,女性史是一种利用新角度、新立场,以及一种带着新问题来重新观察传统材料的研究。② 因此,即使她认为"添加式"虽能弥补女性在过去历史画面的缺席,但只单纯地把女性史看作是一种收集女性史料、然后添加到传统历史的工作,不仅是将女性史放置到男性定义下的历史分类与内容,使之成为增添传统历史光彩的附属品,同时也阻止了我们全面呈现女性对社会所发挥的作用。更何况,当学者以为把历史已还给女性的时候,他们却在不知不觉间,将女性重新放在由男性所定义的价值系统里。

(2)"贡献史"的不足

勒纳认为"贡献史"也存在着相同的缺陷。她指出虽然"贡献史"是女性史发展的重要阶段,但她形容这样的女性史是一种不够深入的研究,并只属于"传统女性史"的接口。勒纳强调由于旧有的女性史研究都是依据男性的价值观作为标准,由是其所呈现的女性历史都只是以男性角度作出解释和衡量女性的贡献。这显然是男人对女性行为和思想的要求,而非是女人自身的看法与体会。因此,这种治史方法实际上仍是局限在传统历史的概念框架之中。③ 再言,勒纳认为女性在历史的意义并不只是"曾作出贡献"而已。在她眼中,女性与男性一样,皆是创建历史的一分子,④她们的历史反映了不同社会阶层、种族、宗教背景及道德规范。更重要的是,勒纳强调"贡献史"的治史模式存在着"以偏概全"的局限。关注杰出女性的生活经验,无疑是能够突显女性过去在各方面的贡献,证明女性与男性一样,都是在历史发展里扮演着重要的角色。然而,勒纳指出这种撰述方式显然是欠缺客观,尽管女性是属于同一个性别群体,但不容忽视的是她们所来自的不同阶级、民族、种族、地区、宗教信仰等其他因素,却又使她们存有"差异"。换句话说,著名女性的历史所诉说的只代表着少数女性的经历,它既与普遍女性存有差异,也不能代表大部分女性的生活体验。可是勒纳同时强调这并不代表学者要将他们的视线全转移至下层女性,因为这样的考察也是过于褊狭。因此,她一方面批评名女人的历史并没

---

① Gerda Lerner, "Placing Women in History: Definitions and Challenges", in *The Majority Finds Its Past: Placing Women in History*, p. 153.

② *Ibid.*, p. 174.

③ *Ibid.*

④ Gerda Lerner, "The Majority Finds Its Past", in *The Majority Finds Its Past: Placing Women in History*, p. 166.

有告诉我们更多关于女性的活动,以及她们对整个社会的意义;另一方面,她呼吁学术界要全面理解女性与社会的复杂发展关系,就必须要意识到不同阶级的女性是有着不同的历史经验。① 其中在 1969 年所发表的文章里,勒纳便以身现法,透过 1800 至 1840 年的美国作为论述背景,分别讲述了在这急剧转变的社会下,来自低下阶层的劳动女性(the mill girls)和上流社会女性(the lady)是如何在经济、政治及社会地位方面有着截然不同的影响及体验,从而对学术界视女性为整体的误解和笼统的说法,作出有力的挑战。② 至于在 2005 年的演讲中,她更再次重申其观点,指出:"除非阶级、种族、文化背景都被列入考虑范围,否则任何将女性概括化的研究都不能成立。"③对此,她特别提及早在非洲裔美国学者抨击女性主义学者只专注白人女性之前,她已关注到女性之间所存有的"差异性",而这种观察的来源乃来自她多年来生活在一个多种族的社会,以及与黑人女性工作的经验。④ 史蒂芬妮·科尔(Stephanie Cole)曾赞扬勒纳的高超的见识,指出当一些其他人意识到不同阶级和种族之间女性间差异的重要性之前,勒纳早已集中于此。⑤ 综括来说,勒纳之所以否定"贡献史"的治史概念,原因并非她不认同女性对历史所付出的贡献,而在于带领学术界利用宏观、多元的眼光来重构女性史研究的新方向与新定位,提醒学人必须要跳出既定的史学研究框架,全面关注女性对历史的作用,以及女性之间所存在的差异性。

(3)女性的多元化面貌

实际上,勒纳对早期女性史研究的讨论,不只限于以上观点,其中亦围绕着女性的受害者形象、主体性和能动性的表现。勒纳认为在过去的历史里,某些女性的确是在性别体系下受到父亲和丈夫的压迫,而且这些经验不但是构成女性史的一部分,也能引发我们作出一连串的思考,诸如"为什么女性会受害?"、"她们如何受压迫?"和"她们又作出怎样的回应呢"?,借以加深我们对女性历史的了解,认识到社会、个人、阶级是如何对待女性,以及她们在男性所施加的压力或父权社会所给予限制下是如何以及作出怎样的回应的。⑥ 不过,诚如前文所述,勒纳再次提醒我们必须要注意"差异性"的存在是会导致不同背景的女性有着不同的经历,切勿犯

① Gerda Lerner, *Why History Matters*: *Life and Thought*, p. 132.

② Gerda Lerner, "The Lady and the Mill Girl: Changes in the Status of Women in the Age of Jackson, 1800 – 1840", *The Majority Finds*. *Its Past*: *Placing Women in History*, pp. 15 – 30.

③ Gerda Lerner, "A Life of Learning: Charles Haskins Lecture for 2005", p. 16.

④ *Ibid*.

⑤ Stephanie Cole, "Review of Gerda Lerner, The Feminist Thought of Sarah Grimke", *the Journal of Southern History*, vol. 66, no. 2 (May, 2000), p. 401.

⑥ Gerda Lerner, "Placing Women in History: Definitions and Challenges", *The Majority Finds Its Past*: *Placing Women in History*, p. 147.

上"一概而论"的错误。她认为在过往历史里,受压迫的女性固然是大有人在,但同时也不能漠视那些具有主体性和能动性的女性。再言,女性是一个错综复杂的群体,她们在同性之间的文化扩展和联系正好表现出她们所具有的双重角色(duality),即"既是大文化的成员,又是女性文化的参与者",证明她们从来都是历史中的活跃行动者,而非单一的受害者角色。[①] 是故在勒纳的眼中,真正的女性史是要揭露女性如何在男性所定义的世界里利用自己的生存方式来生活的。至于研究女性被压制的体验,无疑是为女性史带来一定的进展,但学人绝对不能把它放置在女性史的论述中心,因为这样的研究方法最终只会将女性再次放回由男性所定义的概念框架之中:被压迫,受害的标准和价值观。所以,就女性史研究而言,它只是有限度地帮助我们了解女性史的其中一件工具。[②] 从这种重视女性多样化的观察可见,勒纳并没有全盘否定过往,以至当时学术界对女性受压迫的重视。她所主张的是学者绝不可能以此作为女性史研究的中心,并呼吁他们应把研究焦点转向较积极的方向来达致女性史的真正目的。显然,勒纳对女性形象的重塑和理论,正正是深化了后学对研治女性史的整体理解,并为我们提供有利的诠释方法。

(4) 女性史研究的新模式

强烈挑战传统史学的狭隘和揭露早期女性史研究的不足,固然是勒纳所重视的工作。但我们必须注意,除了对过去狭隘的史学概念作出有力的控诉外,她还着重寻找与探求治研女性史的新模式。勒纳认为女性的特点在于性别,而不是阶层、种族或少数分子,任何阶层、种族等理论都不能够全面表现女性的复杂性。[③] 再言,女性史也不能只被规范或简化为家庭史、婚姻史或风俗史。这些主题所涉及的内容都不能够全面反映女性的历史,例如婚姻史就把单身、寡妇排除在外。[④] 因此,要全面地透视女性的历史,所谓的新方法就是要把女性成为历史分析的中心,不再视之为传统历史的陪衬品。然而,即使勒纳经常强调女性史的重要性,指出学界必须重新发现女性的过去经验,从而展示全新的历史面貌,但是她所提倡的并不是把女性史孤立起来的研究模式。相反,由于女性的经验、生活,都离不开社会各方面的发展,因此勒纳主张女性史研究与社会史、经济史和地域史的结合除了是有着必然性外,两者共同补足的效果更能丰富双方的研究内容,使过去只用来描述男性活动的材料,能在女性史学者的运用下呈现出不一样的画面。例如,人类学和心

---

① Gerda Lerner, *The Creation of Patriarchy*, p. 242.
② Gerda Lerner, "Placing Women in History: Definitions and Challenges", *The Majority Finds Its Past: Placing Women in History*, p. 148.
③ *Ibid.*, p. 146.
④ *Ibid.*, p. 151.

理学的解释便为女性的生活研究提供了概念框架;至于文学材料,包括女性的日记、家庭书信、小说、诗歌,不仅描述了女性的实际生活,也表现出社会批判、性别角色定义对女性生活的限制;教会纪录、宗教秩序和教会的附属团体即提供了有关女性在心灵、宗教虔诚和福利方面的丰富资料。①

此外,勒纳指出由于在两性共同创建人类文明历史的前提下,女性的经历是与总人口的另一半——男性(如父亲、兄弟、丈夫、儿子)相联系,所以,要使长久以来被遗忘的女性历史能够浮出地表,过去由两性共同构建的历史得以被反映出来,男性的历史不可能脱离女性,同样地女性的历史也不能排除男性。② 其中,她便在1986年实践理论,透过《父权制的缔造》(*The Creation of Patriarch*)一书从新石器时代、美索不达米亚、基督教等方面进行追溯,讨论女性是如何在社会性别界定下形成,揭露男性是如何把两性共同建立人类文明的事实,扭曲成唯他们独有的历史。③ 这样的治史方法,已不只是将女性放置在历史的中心,而是以性别重新探索两性在历史进程中的关系和差异,加强女性史研究的学术性。对于勒纳的创新研究,琳达·戈登(Linda Gordon)曾就此作出高度的评介,指出现时学术界并不会有第二人能像她般详述父权制的历史。④

不过,尽管勒纳经常强调女性史的重要性,但她早已注意到女性在宗教、种族和阶级的差异使她们无法成为统一的整体,因而研究者是无法利用任何一种单独的概念和方法对"性别"进行有效的分析。要还原历史的本来面貌,诸如种族、阶级、价值观和宗教等类别也必须被列入历史研究的焦点。⑤ 由此观之,就女性史而言,勒纳对女性史学理论的重新建构与论述,确为女性史寻找了清晰的研究路向;至于就整体历史研究而言,她那种重视各个领域共同构建历史画面的概念,表现出其学术眼光实不只限于"性别"而已,促使学界走向多元的论述新方向。因此,成令方指出日后女权主义运动和理论都见证了勒纳的前瞻性。⑥

(5) 传统历史分期概念的缺陷

诚然,将女性回归到历史的中心,是突破传统史学褊狭的男性视角,改变了过往既定的历史内容。然而,勒纳告诉我们,这样的历史观察是不容受到低估的,它同时也迫使我们对历史进程、传统史学的历史分期概念,作出全面的反思和质疑。

---

① Gerda Lerner, *Living with History/Making Social Change*, p. 166.

② Gerda Lerner, *Why History Matters: Life and Thought*, p. 109.

③ Gerda Lerner, *The Creation of Patriarchy*, Oxford University Press, 1986.

④ Felicia R. Lee, "Making History Her Story, Too", p. B. 7.

⑤ Gerda Lerner, "The Majority Finds Its Past", in *The Majority Finds Its Past: Placing Women in History*, p. 158.

⑥ 成令方:《女性主义历史的挑战:概念和理论——二十年来英美女性历史学者关注的议题》,《近代中国妇女史研究》1993年第1期,第220页。

勒纳指出早在 1970 年前，她便与其他女性史学者对向来被视为能够适用于两性的传统历史分期，作出探讨和强烈的质询。[①] 在整个探索的过程中，她发现由于过去的历史分期都只依据与男性有关的历史，如政治、军事来作出划分，这些都是与女性的生活无关。故此，女性的历史便往往因为她们的生命史和男性大有不同，所参与的公共活动也有别于男性，而没有被载入传统历史之中。她认为男性学家有着这样的划分，并不是故意要把女性排除在历史领域之外，只是在他们的价值观看来，诸如战争、革命、经济发展等才是划分历史时期的重要标志。[②]

然而，无论是刻意或无意，勒纳提出这种依据男性活动来划分的传统历史时期，是扭曲了我们对女性史以至整体历史的理解。其中，她透过文艺复兴、美国革命前后，以及美国总统安德鲁·杰克逊（Andrew Jackson，1767－1845）社会和经济发展时期为例，强调过往许多重大的历史进程和转折点虽为两性带来重大的影响，但两者所得到的结果却是截然不同。例如在文艺复兴时期，男性由此获得了知识、生活等方面的发展；相反，女性所受到的限制却较过去为严厉。[③] 这样的论述，目的是要揭示过去备受歌颂和重视的历史时期，实际上是出自单一的男性视角，而忽略了女性的经验，并自以为是地认为女性是与他们一样共同享受成果。勒纳又大胆指出，一个标志着属于女性的"文艺复兴"实出现在 18 世纪的欧洲、19 世纪的美国、20 世纪的低下阶层社会。她指出三个时期的中层阶级、白人中层阶级和黑人女性，非但如琳达·戈登所言："女性的欲望是如此强烈，纵使她们要采取十分危险和残酷的行为，如杀婴和堕胎，但她们甘愿为此而赢得一点的空间和得以控制她们生活的权利。"[④]社会所经历的生育率低潮也表达了她们对自由的渴求及象征着女性解放运动开始的前奏。[⑤] 此外，勒纳更在 1977 年出版了学术界首本以女性为中心架构的原始数据集《女性的经验》（*The Female Experience*）。[⑥] 此书的重要性

---

① Gerda Lerner，"A Life of Learning: Charles Haskins Lecture for 2005"，p. 16. 虽然勒纳在演说中未有指出她与哪几位学者讨论有关传统历史分期传的概念，但从其过去文章里可得知当中应包括：雷娜特（Renate Bridenthal）和琼·凯利-加多（Joan Kelly-Gadol，1928－1982），参 Gerda Lerner，"Placing Women in History: Definitions and Challenges"，in *The Majority Finds Its Past: Placing Women in History*，p. 122。

② Gerda Lerner，ed.，*The Female Experience: An American Documentary*，Oxford University Press，1992，p. xxxvii.

③ Gerda Lerner，"The Challenges of Women's History"，in *The Majority Finds Its Past: Placing Women in History*，p. 175.

④ Linda Gordon，*Woman's Body, Woman's Right: Birth Control in America*，Penguin Books，1976，p. 70.

⑤ Gerda Lerner，"The Challenges of Women's History"，in *The Majority Finds Its Past: Placing Women in History*，p. 176.

⑥ Gerda Lerner，ed.，*The Female Experience: An American Documentary*，pp. 201－388.

首先在于以女性的生命阶段和女性意识的增强阶段,作为全书编排的划分,这样的安排亦使旧有史料在性别广角的照射下,提供了新解,打破了传统历史分期长期置女性于外的僵局,为其他学者提供治研女性史的模范。[①] 由是观之,勒纳的例子不但具体示范了一个有别于过往由男性所定义的历史分期,同时也再次引发其他学者的思考,促使他们突破传统史学褊狭的男性视角,利用女性角度来对过往以为既定的史学概念作出重新评估。[②]

无论是透过实际行动,或是利用学术研究来表现女性史研究的重要性,勒纳始终坚持历史由两性共同创建,失去任何一方的历史都欠缺完备、脱离真实。诚如她所作的比喻那样:"当我们用一只眼睛去看,我们看到的范围很有限;当我们用另一只眼睛去看,我们的视野就会变得广阔,但仍然缺乏深度。要得到全方位的视野和准确的观察,我们就必须要利用两只眼睛去看。"[③]显然,勒纳对女性史研究理论的重塑和深化,不仅确立了女性史研究的学术地位,亦为学术界带来强烈的"脑震荡",促使学人走向多元的治史模式。而且从今天看来,勒纳这些早在 20 世纪 70 年代已提出的理论,确证实她高超的见识。

---

① *Gerda Lerner*, *ed.*, The Female Experience：An American Documentary，*pp.* 201 - 388.，p. xxxvii.

② 除了勒纳外,与她同时期的琼·凯利-加多也是对传统历史分期作出强烈挑战的重要学者。她指出只要我们将女性的角度加入过去由男性传统史家所定义的历史分期里,就会赫然发现"我们对所谓进步发展的认识,如古典的希腊文明、文艺复兴和法国大革命,将会得到令人震惊的重要评价"。再者,为了更有力地抨击传统史学研究的概念基础,琼·凯利-加多对女性是否经历过文艺复兴时期提出了强烈的质询,利用四方面的考察,分别两性在性行为的限制比较、女性的经济和政治地位、女性的文化角色如何塑造社会面貌及取得教育机会和政府职位、有关女性的意识形态,特别是能够显示和主张性别角色体系的艺术、文学和哲学,来展现一个有别于传统眼光下的文艺复兴,阐述男性是如何压制女性的自由,而女性又是如何渐渐失去地位。另外,琼·凯利-加多甚至驳斥杰克伯·布克哈特(Jacob Burckhardt)及认同其说法的历史学家错误地认为 1890 年的女性地位是与男性站在同一位置上,并形容他们的判断是狭隘和未作考据。因为相对于普遍女性在各方面所受到的严厉束缚,那仅仅二十几位符合文艺复兴时期,懂得自我标榜的女性根本就不能支持他们的论点。是故她提醒学术界在划分或评价传统历史分期进时,必须要考虑到女性和男性在这时期所受到的不同影响,避免再把两性的经验看作等同,并找出使他们有着差异的原因。参 Joan Kelly, "The Social Relation of the Sexes：Methodological Implications of Women's History", in *Women*, *History*, *and Theory*：*The Essays of Joan Kelly*, University of Chicago Press, 1986, p. 3;中译本参王政、杜芳琴主编:《社会性别研究选译》,生活·读书·新知三联书店,1998 年,第 84—85 页。值得一提,虽然勒纳与琼·凯利-加多各自对传统历史分期提出见解,但两人都曾互相讨论。例如,琼·凯利-加多在一篇论文的脚注中,便提及到她有很多想法都是与勒纳等一众学人经过"脑震荡"而得来。由此可见,今天女性史成为学术研究的显学,实是前人共同合作的成果。参 Joan Kelly, "The Social Relation of the Sexes：Methodological Implications of Women's History", in *Women*, *History*, *and Theory*：*The Essays of Joan Kelly*, p. 15, footnote 1。

③ Gerda Lerner，*The Creation of Patriarchy*，p. 12.

四、学术成就：荣誉与影响

(一) 薪火相传

自 1963 年开始,勒纳便曾任教于社会研究新学院(1963—1965)、纽约长岛大学(Long Island University，1965 - 1968)、劳伦斯学院(1968—1980),以及威斯康辛大学麦迪逊校区(1980—1991)。现时她虽已成为威斯康辛大学的荣休教授(Professor Emerita),但于杏坛教学长达 28 年之久,自是桃李满门。由于勒纳在劳伦斯学院及威斯康辛大学麦迪逊校区执教的时间较长,并前后分别创办了美国第一个女性史的研究生课程,以及第一个女性史博士课程,因此她的学生也大部分源自于此,其中更有不少门生继承其志业,投身女性史研究。例如艾米·斯威德罗(Amy Swerdlow)在劳伦斯学院读书时期,便是受到勒纳的启发和鼓励下,决以女性史为专业。从 1973 年以来,在女权主义出版社(Feminist Press)担任董事会成员;又于 1977 年,成为全国妇女大会(The National Women's Conference)委员;从1976 至 1979 年,她在美国历史协会负责中学的女性史教育。在 1981 年,她更被劳伦斯学院任命为美国史和女性史教授,并继承了勒纳的位置,成为学院内女性史研究课程的名誉院长。对于勒纳的教导,斯威德罗曾言:"时至今日,她对女性史的热诚仍然影响着我的工作和生活。"[1]另外,佩吉·帕斯科(Peggy Pascoe，1954 - 2010)成为了俄勒冈大学(University of Oregon)历史系教授,并曾获取了不少女性(the History of Women in the Trans-Mississippi West);[2]她 2009 年的著作,更在同年分别获得了五个国际性的奖项提名。[3]

至于在威斯康辛大学麦迪逊校区时期,勒纳更是不少博士生的指导教授。例如凯斯琳·布朗(Kathleen Brown),她现在于美国宾夕法尼亚大学(University of Pennsylvania)历史系担任教授一职,并以美国早期及大西洋世界的性别与种族为主要研究。在 1998 年,她获得了美国历史协会最佳书籍之荣誉(The Dunning Prize of the American Historical Association for Best Book);[4]此外,勒纳曾指导的南希·伊森贝格(Nancy Senberg),便先后在塔尔萨大学(University of Tulsa)、刘易斯维尔大学(University of Louisville)任教,现于路易斯安那州立大学

---

[1] 此语出自斯威德罗与凯瑟琳·柯林顿在 2000 年 1 月 12 日的访问,见"Gerda Lerner"，in Robert Allen Rutland，*Clio's Favorites：Leading Historians of the United States*，1945 - 2000，p. 107。

[2] 得奖论文为"Race, Gender, and Intercultural Relations：The Case of Interracial Marriage"，*Frontiers：A Journal of Women Studies*，vol. 12, no. 1(1991)，pp. 5 - 18。

[3] Peggy Pascoe，*What Comes Naturally：Miscegenation Law and the Making of Race in America*，Oxford University Press，2009.

[4] *Kathleen Brown，Good Wives，Nasty Wenches，and Anxious Patriarchs：Gender，Race，and Power in Colonial Virginia*，University of North Carolina Press，1996.

(Louisiana State University)担任历史系教授,专研性别史和美国史。其著作曾在2007年获得《洛杉矶时报》好书奖"(Los Angeles Times Book Prize)提名;①又如玛丽·拉波格(Marie Laberge)则在特拉华大学(University of Delaware)任教,研究范畴包括美国女性史、女性主义者理论,以及女性在政治活动、社会运动、工作和家庭中的探讨,并开设了女性史研究介绍、女性主义者理论、女性与暴力和女性与工作课程,以持续发展女性史研究。

昔日是师生关系,但今日已是共同为女性史努力的合作伙伴。勒纳在2009年出版的论文集里,便声明要感谢她们的帮助和一直以来的支持。② 诚然,女性史研究能够得以薪火相传,无疑是勒纳在学术界的一大成就。

(二)屡获殊荣

勒纳对女性史的热情与贡献是备受肯定。因此在其学术生涯里,勒纳屡获殊荣。第一,她得到不少研究奖助,资助机构包括社会科学研究会(The Social Science Research Council,1970和1971年)、洛克菲勒基金会(The Rockefeller Foundation,1972年)、国家人文基金会(The National Endowment for the Humanities,1976及1987年)、福特基金会(The Ford Foundation,1978及1979年)及礼来基金会(The Lily Foundation,1979年)等。第二,勒纳更荣获不少国际性奖项,例如,1992年取得美国历史协会的杰出学术贡献奖(The Award for Scholarly Distinction)、1996年维也纳颁发奥地利科学与艺术十字勋章(The Austrian Cross of Honor for Science and Art)、2002年更成为首位女性夺得美国历史学家协会(The Society of American Historians)的布鲁斯·凯通终身成就奖(The Bruce Catton Prize for Lifetime Achievement in Historical Writing)、2006年的布鲁诺·克赖斯基政治读物奖(The Bruno Kreisky Prize for the Political Book);在荣衔方面,勒纳除了在1981年成为首位女性担任美国历史学家组织的主席外,为表扬她对女性史的贡献,劳伦斯学院、美国历史协会和威斯康辛大学更以勒纳之名设立奖学金。③

(三) 对女性史研究的推进

如前文所言,勒纳绝不是女性史研究的唯一推动者,本文亦无意只强调她的重要性而淡化其他学人的努力。然而,无可否认的是,勒纳对女性史研究的前瞻性,不但使到20世纪60、70年代美国的女性史研究,进入了全新的阶段,也为日后的发展打下稳健的基础,具有承先启后的贡献。到20世纪80年代,过去那种只将女

---

① Nancy G. Isenberg, *Fallen Founder: A Life of Aaron Burr*, Viking, 2007.

② Gerda Lerner, *Living with History/Making Social Change*, pp. 218 - 219.

③ Pauline Yu, "A Life of Learning: Charles Haskins Lecture for 2005," p. iv.

性一概视为父权牺牲品的论述方式更是渐渐淡出历史舞台,取而代之是考察女性的多元化社会角色。例如娜塔莉·泽蒙·戴维斯(Natalie Zemon Davis)因一部改编自真人真事的法国电影《马丁·盖尔归来》(*The Return of Martin Guerre*)欠缺历史背景与真实,于是利用大量文献,如婚约、遗嘱、土地契约、教堂与法庭记录、当地居民的访谈,以及地理实查,重新撰述这件事情的经过,并在 1983 年出版。[1] 戴维斯运用她对历史的认识,不仅使这部著作更加忠于史实,最重要的是,在她笔下的女主角甚至脱离了电影中那个刻板、被动的模样,而成为一个具有自我思想的女性。戴维斯认为女主角之所以甘愿接受丈夫在性能力方面的缺陷而放弃离婚改嫁的权利,并不是因为她是个逆来顺受的传统女性,而是她希望利用这段关系来阻止父母在她离婚后,有可能为她所安排的第二段婚姻。[2] 另外,不少学者撰写文章强调女性之间的差异性,如南希·赫维特(Nancy Hewitt)即透过劳工女性和中产阶级女性参加社会改革运动的历史,来阐述女性之间有些时候能够跨越种族、阶级的领域,建立深厚姊妹情谊。可是赫维特强调这并不是必然的,她们亦在很多时候会互相排斥,以维护自己的利益。因此,女性之间不一定存在所谓的姊妹情谊(sisterhood),女性文化会因为种族、阶级等现实因素而造成差异。[3]

1986 年琼·斯科特(Joan Scott)主张学术界应把"性别"(gender)作为历史分析的一种有用类别(A Useful Category of Historical Analysis),[4]以性别思维重新审视既有的历史叙述和解释。琼·斯科特提出"性别"的定义是有着两个层面:它的组成是以性别差异为基础的社会关系;它是区分权力关系的基本方式。[5] 由此"性别"一词的意义不但意味着其"后天"而成的特征,是由社会约定俗成,文化构建的两性关系,它更是代表权力关系的主要方式,可用来透视两性与权力、统治者和被统治者、国与国之间的联系。[6] 时至今日,琼·斯科特的论点在学术界仍然引起极大关注,[7]但成令方对琼·斯科特表示佩服的同时,提醒我们过去许多女性主义学者已在研究中展现了她们对"性别"的重视,并把它运用在历史分析上,只是她们

---

[1] Natalie Zemon Davis, *The return of Martin Guerre*, Harvard University Press, 1983.

[2] *Ibid.*, p. 33.

[3] Nancy A. Hewitt, "Beyond the Search for Sisterhood: American Women's History in the 1980s", *Social History*, vol. 10, no. 3 (October 1985), pp. 299 – 321.

[4] Joan Wallach Scott, "Gender: A Useful Category of Historical Analysis", *The American Historical Review*, vol. 91, no. 5 (December 1986), pp. 1053 – 1075.

[5] *Ibid.*, pp. 42 – 43.

[6] *Ibid.*, pp. 44 – 45.

[7] 琼·斯科特的文章在出版的二十年后,仍广泛被应用,截至 2007 年 12 月 27 日,已有 38093 次浏览、25180 次打印的纪录,见 Joanne Meyerowitz, "A History of 'Gender'", *The American Historical Review*, vol. 113, no. 5 (December 2008), p. 1346。

没有像琼·斯科特一样把"性别"理论化,或转移到哲学层面来讨论。[①] 而且,如果没有众多学者累积的学术资源和长期的探索争辩,她的理论可能产生不出来。[②] 因此,当琼·斯科特的性别理论开启了历史研究分析问题的新视角,我们似乎也不应忽视勒纳早期对女性史研究的推动。

美国的女性史研究理论如此扎实,也刺激了中国女性史学者重新思考过去有关女性的研究。自 20 世纪初以来,中国面临着政治、经济等各方面的困扰,女性受压迫的形象往往与国家存亡联系在一起,并成为国家被列强欺凌的象征。1919 年五四运动后,知识界普遍认为要中国能够摆脱帝国主义的压制,女性启蒙是先决条件,女性就无可置疑地被视为历史上的受害者。从陈东原(1902—1978)起,这种看法更被推至高峰,并影响了中国女性史研究走向"压迫史"的论述。[③] 来到 20 世纪80 年代,这种视女性为受害者的根深柢固观念在美国第二波妇女运动浪潮的影响下,开始在美国汉学界受到挑战。例如卢蕙馨(Margery Wolf)透过台湾农村女性研究,提出"子宫家庭"的概念来反驳女性家庭地位低下的传统观念。[④]

直至 90 年代后期以来,中国女性史研究随着中外学术交流平台与日俱增,学者不但力图打破狭隘的"压迫史"论述,也将"性别"理论运用于研究之中。近 30 年来中国女性史的研究在北美汉学界发展尤其蓬勃。[⑤] 当中勒纳强调女性之间"差异性",以及具有的双重角色的见解可说是明显影响到中国女性史研究者,成为他们推翻"五四妇女史观"的基础。高彦颐于 1994 年出版的名著便打破传统以来,只视女性文化为次要的看法,描述 17 世纪的江南才女在女性交际圈的活跃参与和延伸,体现出女性在传统儒家体系下如何既不惹来争议,又能灵活地拓展生活空间的主动性,有效地展示女性多元化的面貌,全面打破"五四"脸谱化的旧中国受害女性

---

① 成令方:《女性主义历史的挑战:概念和理论——二十年来英美女性历史学者关注的议题》,《近代中国妇女史研究》,第 235—236 页。

② 同上书,第 239 页。

③ 陈东原:《中国妇女生活史》,商务印书馆,1928 年。持有这种"五四妇女史观"的史家不限于中国学者,在西方学术界里,不少学者都认为只有西方的价值观才可以解放那些正在受到迫害的中国女性。有关这种压迫史观的形成、发展及代表性著作,可参 Jinhua Emma Teng, "The Construction of the 'Traditional Chinese Woman' in the Western Academy: A Critical Review", *Signs: Journal of Women in Culture and Society* 22,no. 1(1996), pp. 115 – 151 及 Clara wing-chung Ho, "Women in Chinese History", in Naomi Standen, ed., *Demystifying China: New Understanding of Chinese History*, Rowman & Littlefield, 2012, pp. 99 – 106。

④ Margery Wolf, *Women and the Family in Rural Taiwan*, Stanford University Press, 1972.

⑤ 详参卢苇菁:《美国中国妇女研究评述》,收入张海惠主编:《北美中国学——研究概述与文献资源》,中华书局,2010 年,第 490—506 页;姚平:〈前言〉,收入姚平主编:《当代西方汉学研究集萃.妇女史卷》,上海古籍出版社,2012 年,第 1—18 页。

理论。① 由此,高氏指出:"中国妇女历史研究必须对特定的阶层和个别地区予以更多的关注,同时还要高度重视妇女之间的社会、阶层背景差异。"②

另外,勒纳及琼·凯利-加多提出的历史分期概念也为中国女性史研究领域带来新的视角。高彦颐透过江南才女的交际活动研究,打破传统以朝代为标志的史学分期,认为明清的女性文化并未因为朝代更换而间断,反之继续发展,因此她认为"这种社会史研究,会为我们业已熟知的历史分期带来修正和调整"。③ 曼素恩(Susan Mann)在1997年的作品中,就以生命历程、才学、性别分工、经济劳动及娱乐消闲多方面来探讨18世纪中国女性,这似乎是与勒纳出版的女性数据集有着异曲同工之处,④同样突破传统史学所沿用的历史分期,以女性的生活体验来撰写她们的历史,并对传统历史分期提出了相同的质疑:"女性是否经历过所谓的盛清时期呢?"藉以引发学界对中国传统史学理论作出多方面的反思。⑤

1975年勒纳强调有关女性史史料的丰富性驳斥传统史家以史料缺乏为借口来忽视女性史研究,⑥时至今日中国女性史研究者显然是直接或间接响应勒纳的号召,例如魏爱莲(Ellen Widmer)、孙康宜(Kong-i Sun Chang)、伊沛霞(Patricia Buckley Ebrey)、方秀洁(Grace S. Fong)、管佩达(Beata Grant)、伊维德(Wilt L. Idema)等学人即致力寻找过去被遗忘的女性文本,⑦力证过往史料实蕴含丰富的性别内容。其中曼素恩的观点更与勒纳如出一辙,她特别指出:"不幸的是,研究中国史的学者并不能理直气壮地使用(文本不易取得)这些忽视妇女的借口。本书所

---

① Dorothy Ko, *Teachers of the Inner Chambers: Women and Culture in Seventeenth-Century China*, Stanford University Press, 1994;中译本据《闺塾师:明末清初江南的才女文化》,李志生译,江苏人民出版社,2005年。

② 高彦颐:《闺塾师:明末清初江南的才女文化》,李志生译,第4页。

③ 同上书,第1页。

④ Gerda Lerner, ed., *The Female Experience: An American Documentary*.

⑤ Susan Mann, *Precious Records: Women in China's Long Eighteenth Century*, Stanford University Press, 1997;中译本据《兰闺宝录:晚明至盛清时的中国妇女》,杨雅婷译,左岸文化出版社,2005年,第49页。

⑥ Gerda Lerner, "The Challenges of Women's History", in *The Majority Finds Its Past: Placing Women in History*, p. 172.

⑦ 有关著作列举如下:Ellen Widmer, "The Epistolary World of Female Talent in Seventeenth-Century China", *Late Imperial China*, vol. 10, no. 2(1989), pp. 1 - 43; Ellen Widmer and Kang-i Sun Chang, eds., *Writing Women in Late Imperial China*, Stanford University Press, 1997; Patricia Buckley Ebrey, *The Inner Quarters: Marriage and the Lives of Chinese Women in the Sung Period*, University of California Press, 1993; Kang-i Sun Chang and Haun Saussy, eds., *Women Writers of Traditional China: An Anthology of Poetry and Criticism*, Standford Unversity Press, 1999; Wilt Idema and Beata Grant, *The Red Brush: Writing Women of Imperial China*, Harvard University Asia Center, 2004; Grace S. Fong, *Herself an Author: Gender, Agency, and Writing in late Imperial China*, University of Hawa'i Press, 2008.

引用的一切证据,都出自已出版的(而非保存在档案中的)中文资料,其中许多都是第一手资料……"①

在海外学术界的推动下,中国大陆女性史研究者,如高世瑜、臧健、杜芳琴等也一改过往的思考模式,摒弃过往千篇一律视女性为历史受害者的陈词滥调,转为以性别思维重新审视历史。杜芳琴更直言在 20 世纪 90 年代初,阅读了勒纳的《人类多数寻找其历史:将女性置于历史之中》后,深受其影响,注意到女性的多样化。其后又因《父权制的缔造》一书,启发了她研究中国华夏族父权制的起源。②

当女性史研究方兴未艾,勒纳强调学者要寻求的并不是单独一种探讨女性史的概念,而是女性史对整体历史带来的问题。③ 来到今天无论是欧美,抑或是中港台,中国女性史成果累累,尤以明清时期最受关注,其涵盖范围极为广泛,触及文学、民族、经济、社会、医疗等。各学人继承前人的治史模式,除了重新发掘女性的踪迹之外,还挑战既有的历史叙述和解释,建构两性共有的中华史。④ 这皆可见从比尔德到勒纳的传承,再综观勒纳对美国女性史研究学者的启发,以至中国女性史研究的发展,有关脉络都清晰地揭示了前人的远见是如何嘉惠后学。一个日臻完备的女性史架构,理应是跨年代、跨地域学者共同耕耘的成果。

五、总结:永不放弃

由 1963 年入读哥伦比亚大学开始,勒纳便知道在女性史研究方兴未艾时期,投身于此必然是一条漫长而又艰辛的道路。所幸种瓜得瓜,总结过往的成果,在短短的数十年里,女性史学者对传统理论作出了有力的挑战,质疑过往只以一半人口的经历来代表所有人历史的做法,各使以往被否定过去的各类群体能逐渐恢复他们的历史遗产。另外,近期以民主化和人性化的方向建立的学术理念,也令过去那些"无名氏"得以发出声音,讲述他们的故事。学者们亦重新发现过往被忽视的数

---

① 曼素恩:《兰闺宝录:晚明至盛清时的中国妇女》,杨雅婷译,第 426 页。

② 杜芳琴:《如何将父权制和社会性别理论引入中国历史研究——个人的体悟与实践》,《中华女子学院学报》2011 年第 2 期,第 96—106 页。

③ Gerda Lerner, "Placing Women in History: Definitions and Challenges," in *The Majority Finds Its Past: Placing Women in History*, p. 126.

④ 详参 Paul Ropp, "Women in Late Imperial China: A Review of Recent English-language Scholarship", *Women's History Review*, vol. 3, no. 3 (September 1994), pp. 347-383;衣若兰:《近十年两岸明代妇女史研究评述(1986—1996)》,《台湾师范大学历史学报》1997 年第 25 期,第 345—365 页;《最近台湾地区明清妇女史研究学位论文评介》,《近代中国妇女史研究》第 6 期(1998 年 8 月),第 175—187 页;游鉴明:《是补充历史抑或改写历史? 近廿五年来台湾地区的近代中国与台湾妇女史研究》,《近代中国妇女史研究》2005 年第 13 期,第 65—105 页;叶汉明:《妇女、性别及其他:近廿年中国大陆和香港的近代妇女史研究及其发展前景》,《近代中国妇女史研究》2005 年第 13 期,第 107—165 页;Gail Herchatter, *Women in China's Long Twentieth Century*, University of California Press, 2007。

据,并学习新的解释方法,组织不同的会议和开办关注女性史的研究生课程,借以提供分享知识、丰富经验的平台,加强相互启发,并从事尖锐、关键的辩论。对此,勒纳似乎应该感到安慰。[①] 不过,她强调这些成果虽然丰硕,但女性史的工作仍然需要继续寻找、恢复,并记录过去被遗忘的一半人口。这项工作还远远未完成,还有许多时期、地区和群体仍未被记载和论述。例如在农村生活的女性、少数民族的女性移民群体和工人阶级的女性都没有得到有系统的研究;至于有关那些结合传统家庭事务、母亲角色与兼职工作的女性虽然已被提及,但却没有得到充分的记载。[②] 因此,当勒纳被问及女性史学是否仍然有需要持续发展,而她又何时不再与主流的学术研究分离的时候,她即玩味地指出在过去的四千年,男性透过对其他男人活动的观察来定义文化,今天假如女性史学者再发展四千年,她们便能够讨论一下何谓主流的问题。[③] 因为在不久的将来,主流的史学研究已不再如传统史学般狭隘,而能建构两性平等立场的历史。

由补足早期女性史研究的缺陷以至挑战传统史学架构,勒纳所提出的理论都是深化了女性史研究的意义与价值。作为女性史的开拓者,勒纳再三肯定女性史的价值、引导学界重新发现久被遗忘的女性史料,大力提倡以两性视角来重建兼具 history 和 herstory 的历史,[④]并推动女性史成为一门学科,在在都见证着她对女性史研究的贡献。笔者对于其开山劈石、发凡起例之功,委实充满敬意。

作者简介:

郑爱敏,女,香港城市大学中文及历史学系讲师,主要从事中国女性/妇女史研究。

---

① Gerda Lerner, "A Life of Learning: Charles Haskins Lecture for 2005", pp. 20 - 21.

② Gerda Lerner, *Living with History/Making Social Change*, p. 173.

③ Felicia R. Lee, "Making History Her Story, Too", p. B. 7.

④ "Herstory"的概念源于索诚(June Sochen)一部以女性角度重新审视美国历史的专书,但影响所及,已打破地域限制,逐渐成为当代女性史研究专书者乐于采用的名词,并应用于不同地域的历史研究。参其 *Herstory: A Record of the American Woman's Past*, Alfred Publishing Company, 1974。

Contents and Abstracts

Women in *Loaves and Fishes*:
Why Dorothy Day Was Not a Feminist

Peng Xiaoyu

Abstract: Dorothy Day is often portraited as an activist rather than a thinker. Her works of mercy and her numerous essays published in journals and newspapers, however, have become a rich source for scholars to examine and to explore. An ambivalent attitude towards the believers of Western feminism reveals not only her profound empathy with the poor male and female, but also her acerbic and poignant opinions of pride and prejudice demonstrated by the middle class women in the United States. For her, the focus of attention was always directed to those little ones of no wealth or power, male and female. In this sense, of course, Day was not a feminist.

Keywords: Dorothy Day; Feminism; Catholic Social Thought; American Studies

Surpassing Gender Roles? Images of Imperial Women in
the Severan Dynasty (3rd century AD)

Elisabeth Günther

Abstract: The paper sheds light on identification processes in the Severan dynasty, analyzing the public representation of imperial women on coins and portraits. Concepts of identity and frames of values were used by the emperors as well as by the female relatives in ancient media to guarantee stability and continuity of their reign. Therefore the royal family and the imperial court took advantage of several media. Especially the expansion of traditional gender roles was an important tool for expressing identity and evoking identification processes on various levels during the Severan dynasty. Thus, femaleness of imperial women was highly useful for the whole imperial family and the continuity of the Severan rule in times of instability.

Keywords: Severan dynasty; Imperial women; identification

On Causes of Manumitting Female Slaves in Ancient Rome
Li Hongxia   (041)

Abstract: In ancient Rome, especially in the early Roman Empire, manumission was a common practice. Productive financial success and devoted personal service were the main causes of the manumission. Compared with male slaves, female slaves relied more on their personal relationships with their owners, marriage and childbirth, personal relationships with other people and personal service to achieve manumission.

Keywords: female slaves; manumit; causes

The Competition between Courage in *Laches*: a Discourse Analysis from the Perspective of Masculinities
Yang Fan   (050)

Abstract: $\dot{\alpha}\nu\delta\rho\varepsilon\dot{\iota}\alpha$, which means courage or manliness, is a new term for masculinity in the writings of ancient Greek writers in the classical period. However, the context of this word is vague and Plato clearly defines it as a virtue. This paper adopts the method of text analysis to discuss Plato's Laches, investigating the general concept of masculinity in Athens and exploring the relationship between discourse, power and gender. I not only pay attention to the historical context, but also analyzes Plato's subjective experience. In the dialogue, there is a philosophical debate about the education of young citizens and what is man's "courage". From this dialogue, we can look into the fierce conflict of masculinity in the discourse of Athens, and also see the construction of masculine identity by the elites when the Athens polis faces crisis.

Keywords: Masculinity; Plato's *Laches*; discourse; Athens

Clerical Celibacy in the High Middle Ages from the Perspective of Masculinity

Li Teng   (071)

Abstract: Since its introduction in the 1970s, the concept of gender has gradually become another significant analytical category beyond the class and nation in the field of historical research. Relatively speaking, the application of gender theory in the area of medieval studies is in the ascendant period, and the relevant research fields have broad prospects. In the High Middle Ages, the establishment of the clerical celibacy within the Catholic Church provided a fundamental basis of the division of sacred and secular in the western European society. The existing studies mainly focused on the understanding of the development of canon law and the internal logic of the Church reform, while few attentions had been paid to the gender dimension presented in this movement. The introduction of the concept "masculinity" offers a new perspective to re-examine the clerical celibacy in the High Middle Ages. The masculinity in the Middle Ages was mainly manifested as the protector of women and children, the family and the country, which also includes the ability to conceive and reproduce the offspring. In the process of implementing the clerical celibacy, the masculinity of the priests was deliberately erased, and formed a "third gender" outside man and woman. As a male in biological sense, the medieval clergy was subject to the physical discipline and Church's body control, and this system greatly affects the gender conscience in Europe during the pre-industrialized period.

Keywords: Masculinity; Clerical Celibacy; High Middle Ages; Body Discipline

On the Legitimacy of Female Participation in Politics in the London County Council (1889 – 1907)

Lu Weifang (085)

Abstract: 2018 marks the 100th anniversary of British women's suffrage movement. The political participation right of British women was carried out from many aspects and at many levels. British women went out of their families to participate in local public affairs, first of all in education, poverty alleviation and other fields in the 19th century. Women's participation in the municipal level was not easy, however. The battle over women's suffrage in the early days of the London County Council was ostensibly a political ploy by individual rivals, but the court's ruling showed that male mainstream was opposing women taking part in the London County Council. It was not until 1907 that Britain legally recognized the right to be elected and vote in LCC for a single woman with qualified property rights. It can be seen that the legitimacy of women's participation in politics in the London County Council was as difficult and slow as that of British women's suffrage movement in parliament.

Keywords: London County Council; women's voting penalties; female member of the county council; mayoress (female mayor)

Nationalistic Women from 1903 to 1945

Lu Jianrong (095)

Abstract: In the first half of the twentieth century, a considerable number of Chinese women in the new generation broke away from the old gender consciousness of female inferiority. They received gender equality education in women's schools. Their forerunners even ran women's magazines, which, on the one hand, fulfilled the ideal of women's economic independence, one the other, solicited contributions to promote the great cause of gender equality. While the Gender Equality Movement is in full swing, it is women who are throwing themselves into the torrent of nationalism that is causing setbacks in the cause of gender equality. They eagerly responded to the men's request for "maintaining national independence and Confucianism" and "new wives and mothers". This is like abandoning the feminist movement. Regarding the creation of nationalism, this article starts from two aspects. Firstly, modern Chinese women passively fell into the category of the new model women classified by men: "women martyrs", which allowed them to be included under the category of "martyrs" with exclusive male models. Secondly, in the teenage years when modern Chinese women were in middle schools, they wrote nationalistic articles and got them published on publications inside and outside the school. Concerning the first aspect, Qiu Jin was arrested and killed in 1907 for engaging in the Republican Revolution, and three female university students in Beijing died on March 18, 1926, protesting against the government's weakness in foreign affairs. The four women who died at the hand of the reactionary government were respected in the social, cultural and educational institutions and established their historical status as "women martyrs". Concerning the second aspect, in the writing, publication and disseminating activities of the eight female middle school students, they mostly focused on the anti-Japanese issue, especially the "May 9 Shame Day". Japan's invasion of China accidentally led to the emergence of Chinese nationalism. In this case, during school, women were able to speak freely about national affairs, but when they entered the society and got married, they returned to the old division of labor based on gender, with their work centering around the home.

Keywords: Cultural Hememony; Nationalism; Nationalistic discourse; Discourse Power; Gender Equality; Symbol of National Humiliation Day

Female Telephonists in the British Post Office during World War Two

Mark J. Crowley (106)

Abstract: While the historiography examining the British home front during the Second World War is extensive, Britain's largest employer, the Post Office, has received less attention. This paper aims to redress this historiographical chasm by paying attention to the pivotal role played by the Post Office female telephonist during wartime. Drawing on hitherto unexplored archival material at the British Postal Museum and Archive, The British Library Sound Archive and the National Archives, Public Record Office, Kew, this paper will show how the perceptions of the Government and the Post Office management of female telephonists' role changed with the intensification of war, showing how their role became an essential part of the war effort. It will survey the range of initiatives pursued by the Post Office pertaining to telephone communications, showing that women were at the forefront of these changes. Furthermore, it will demonstrate the extreme bravery of these women. Ultimately, this paper will demonstrate how women became an essential part of the Post Office's workforce and to the war effort in Britain generally.

Keywords: World War II; female telephonist; communications; equal pay for equal work; trade union

The Meeting, Legend and Deification of the Witches—focus on the Fieldwork, Folk Literature and Oral Materials of Shangdang Areas, Shanxi Provience

Yao Chunmin (119)

Abstract: Witches, also known as Shipo, Wunv and Wupo, are the communicators between the divine and the human world and they are the main operator of witchcraft in traditional Chinese society. With the Song and Ming Neo-Confucianism becoming the orthodoxy, witches and wizard were no longer recognized and even forbidden by the upper rulers in the traditional society. However, the situation of folk is totally opposite to it. The witch culture corresponded to the regional culture and found a broader living space for subsistence and development. For hundreds years of Ming and Qing dynasty, a dozen to hundreds of witches in Shangdang areas of Shanxi provience usually gathered together regularly in temples for showing their sorcery and finding audience. We can know from the local legend that the witches even fought with local governments by using their witchcraft. So we can see that they are prosperous in grassroots areas. Meanwhile, a legend about Tunainai (a woman who are bald) were widespread around villages in this areas, and its prototype was the local witches. Tunainai is an ugly girl of a particular family and usually never married or married to the dragon king. This kind of legends effectively prevent the female body from being defiled, which is the first step for them to becoming a goddess. From the special status in the temple's construction of Tunainai, we can see that the clan played an important role in local witches' deification.

Keywords: withches; the metting of Shipo; the lenged of Tunainai; the whiches' deification

A Study on Women's Opera Watching Behind Curtain in the Ming and Qing Dynasties—Centered on the Tian Family of Lianghu Village in Gaoping, Shanxi Province

Wang Shu   (133)

Abstract: As the most important and universal art form in the traditional society, opera is closely related to people's life, and it also has strong attraction for women who have been in purdah for a long time. But because of the limitation and construction from traditional etiquette, they couldn't appear in public theaters like men. In order to meet the needs of the Ming and Qing dynasties dowagers' entertainment life and take into account the norms of etiquette, a new way that satisfy this two issue—watching opera behind curtain—was coming into being. The Tian family of Lianghu Village in Gaoping, Shanxi Province has a building near the street, which is the dedicated theatre for women to cater for their needs and cover the woman's body reasonably. This compromise special way of watching opera is not only the strong response to the female appeal under the opera fashion in the Ming and Qing Dynasties, it also reflectd that some powerful and ceremonious families were respected, approved and supported the self-consciousness of women's opera watching.

Keywords: female audience; opera watching behind curtain; Lianghu village

The Re-examination about the Study of Huaxia Group's Patriarchy and The New Exploration on Conceptual Framework of"Difference between Internal and External"

Du Fangqin   (147)

Abstract: Based on the review of the changes of the theoretical methods in

211

the study on Patriarchy in the past 30 years, this paper makes a re-examination about the formation and transformation of the patriarchal meta-institution. The paper focuses on the systematic research on the internal connection, structure and operational mechanism of the patriarchal gender system originated from the "paternal-state system" of "Zhou Li" to the "household and the state isomorphism" after Qin and Han dynasties. In re-examining the theories and methods of the study of the native patriarchy, as well as in the interactive analysis of the localized gender perspective and historical materialism, we can found how the core concept of the Patriarchal Gender System that influenced China up to now converted, deepened and expanded from "difference between male and female" to "difference between internal and external", and how to form a compound patriarchy which still exists today among the civilian. Thus, as an effective analysis category and conceptual framework, "internal and external differences" are of great significance to the historic Patriarchy and the innovative transformation of the Contemporary Gender System Culture and the promotion of gender equality.

Keywords: Huaxia patriarchal systems; patriarchal gender systems; construction; operational mechanism; differences of men and women; differences of internal and external; conceptual framework

The Theoretical Horizon and Approach in
Western New Women Biography History

Chen Maohua (170)

Abstract: Since the 1990s, "daily life" and "global" turn had arisen in the field of western women history, a lot of talented female historians had written New women biography paradigm. Compare with traditional women biography, New women biography had broken through and gone beyond the frame of Feminism and Structuralism, and had accepted Henri Lefebvre's critical theory of daily life, which held that daily life is the field of practical activities of individual production and reproduction. Some female historians absorbed this theory and realized that female's experience is the truest evidence, but often had been ignored. In additional to that, it was "discovered" and "created" in daily life.

These female historians introduced the perspective of global history, history of sexuality and conceptual history, and applied the comprehensive narrative strategy to tell the story of women. They hoped that through reveal women how to understand and construct themselves, and explain that they used concepts which were constructed by history, it will explore women's living condition and destiny, construct the subjectivity demands of women, therefore achieve the academic objective of holistic history

Keywords: New history of women biography; Daily life experience; Cultural materialism; cultural materialism; Holism

Gerda Lerner: An American Historian and the "Godmother" of Women's History

Zheng Aiming (180)

Abstract: Gender studies have prospered in the past few decades. The adoption of a gender perspective for interdisciplinary research has consistently become a trend in the international academia. Scholars have been investing a lot of efforts to re-examine women in fields such as medicine, religions, literature, economy, and education, etc. As far as historical scholarship is concerned, scholars are gradually giving up the concept of viewing women as victims. Instead, more emphasis has been placed on reinterpreting the existing historical narratives by using gender as a category of historical analysis. It is generally believed that by complicating the positioning of women, a new history for both men and women could be constructed.

Indeed, the increasing attention on gender history today is a result of the collective efforts of previous scholars. Born in 1921, Gerda Lerner is a pioneer in women's history and has contributed tremendously to the field of women's history that she is labeled as the "godmother". Lerner actively engaged herself in the promotion of gender studies, emphasizing that women who constitute half of the total population in human history should not be ignored and their history must be studied. She also challenged the notion of "traditional history", which neglected the historical experience of women, thus could not be taken as an "objective history." Her academic activism and holistic ideas have significantly inspired contemporary historians in women studies. In her teaching profession, Lerner believed that historical knowledge must not be merely owned by the academic world, but should also be integrated into the public culture. She successfully established the first M. A. and doctoral programs in women's history in U. S., and has led women's history to become one of the academic mainstreams. With the support of the U. S. President Jimmy Carter in 1980, she founded the first national "Women's History Week" to advocate the importance of women in history. It has subsequently become an annual activity and was extended into "Women's History Month" since 1987. Today Gerda Lerner is considered as the "godmother" of women's history. She has received various awards and honors in recognition of her accomplishments and contributions to her discipline.

By presenting Gerda Lerner's early experience, academic views and achievements, as well as her intellectual influence, this article shall provide a comprehensive understanding of Gerda Lerner and will also catch a glimpse of the development of women's history.

Keywords: Gerda Lerner; Godmother; Women's history

征稿启事

　　妇女史是当代史学研究的一个前沿性的领域。本着在新的历史时期联合国内外学术界推动妇女与性别史研究的愿望,我们创办了《妇女与性别史研究》专辑,由上海三联书店出版发行,每年一至两期,辟有专题研究、理论方法、论坛、述评和学术前沿动态等栏目。

　　《妇女与性别史研究》专辑基本的宗旨是:倡导以扎实的史料为基础,以社会性别和全球的视角,运用历史学、社会学、文化学、人类学、心理学和神话学等学科的理论和方法,结合历史上男性的状况,探讨人类文明进程中女性的角色、状况以及性别关系;我们不但要研究中外历史上的上层女性,也要关注下层普通女性;不但要看到不同民族、不同地区和不同阶层女性的共性,还要探讨她们之间的差异。我们希望进一步拓宽妇女和性别史的研究范围,丰富其研究内容,并开辟一些新的研究领域,如与女性和性别史相关的性史、身体史等。与此同时,我们还期待通过对人类历史上女性状况和性别关系的考察,为当今女性的发展与和谐的性别关系的建设提供历史的经验和教益。

　　在此,我们竭诚欢迎学界同仁赐稿,文章题材选择不限,论证风格不拘,唯以学术价值和专业规范为准绳,既欢迎旁征博引论证厚重的长文,也欢迎短小精粹不乏创见的短文。在惠赐大作之前,《妇女与性别史研究》提请您垂注以下几点:

　　1. 本刊电子投稿信箱为 yizhaoyin@163.com; fnyxbsyj@163.com; ljp@shnu.edu.cn。

　　2. 大作请附上 200—400 字的中英文内容提要和 3—5 个关键词。

　　3. 请在文末附上作者信息和联系方式。

　　4. 所有来稿一律实行匿名评审,不论刊用与否,均在 2 个月内予以答复。

　　5. 引文和注释格式:注释规范参考《历史研究》,注释均采用脚注方式,如 1、2……的形式,word 默认每页重新编号。引用的外文论著皆不必翻译为中文。

编辑部联系方式:

电子邮件:yizhaoyin@163.com;fnyxbsyj@163.com; ljp@shnu.edu.cn

通信地址:上海市徐汇区桂林路 100 号上海师范大学人文学院世界史教研室

《妇女与性别史研究》编辑部(200234)

Call for Contributions

Women's history is a cutting-edge research field in contemporary history studies. In the hope of promoting women and gender studies by combining the efforts of the academia both in China and abroad, we have founded the *"Historical Studies of Women and Gender"* series, which will be published once or twice a year by Shanghai Sanlian Press. The journal consists of the following sections: thematic studies, theories and methodologies, forums, reviews and academic frontiers.

The basic purpose of the magazine is to explore women's role in the process of human civilization, their status, and gender relations based on solid historical research from the socio-gender and global perspectives and informed by theories and methods from a wide range of disciplines including history, sociology, cultural studies, anthropology, psychology, mythology and so on. We encourage consideration of women's roles and experiences in association with those of the male gender. We encourage explorations of both the elite women and women of lower classes, as well as the differences and commonalities of women of different nationalities, regions and classes. We hope to further expand the scope of women and gender studies, enrich its contents, and promote new areas of research, such as the history of sexuality in connection with women's status and gender relations, the history of the body, and so on. Through the investigation of women's status and gender relations in world history, we also hope to provide historical experience and lessons for the development of women and the construction of harmonious gender relations today.

We, therefore, invite submissions on diverse themes and topics and varied lengths. Short, insightful articles are as welcome as long, articles. Author guidelines are as follows:

- All contributions should be sent via email to: yizhaoyin @ 163. com, fnyxbsyj@163. com, and ljp@shnu. edu. cn.
- All contributions should be accompanied by an abstract of 200 – 400 words in both Chinese and English and three to five key words.
- Please include information about the author(s) such as affiliation, rank, and contact methods at the end of the paper.
- All contributions will be reviewed anonymously. Regardless of whether the submission is accepted or not, the author(s) will be notified of the result within two months after the receipt of submissions.
- As regard the citations and formatting, please refer to *Historical Research* , or follow the Chicago-style citation, all the notes should take the form of footnote, each page shall be renumbered by default. Chinese translations for the titles of foreign books and papers are not required.

Contact Information:

Email: yizhaoyin@163. com; fnyxbsyj@163. com; ljp@shnu. edu. cn.

Mailing Address: *Historical studies of Women and Gender Editorial Department* , Department of World History, College of Humanities and Communications, Shanghai Normal University,

100 Guilin Road, Xuhui District, Shanghai (200234)

图书在版编目(CIP)数据

妇女与性别史研究. 第三辑/裔昭印主编. —上海：上海三联
书店,2018.12
ISBN 978 - 7 - 5426 - 6567 - 6

Ⅰ.①妇…　Ⅱ.①裔…　Ⅲ.①妇女史学－研究
Ⅳ.①D441.9

中国版本图书馆 CIP 数据核字(2018)第 272839 号

妇女与性别史研究(第三辑)

主　　编 / 裔昭印
副 主 编 / 洪庆明

责任编辑 / 殷亚平
装帧设计 / 一本好书
监　　制 / 姚　军
责任校对 / 张大伟

出版发行 / 上海三联书店
　　　　(200030)中国上海市漕溪北路 331 号 A 座 6 楼
邮购电话 / 021 - 22895540
印　　刷 / 上海肖华印务有限公司

版　　次 / 2018 年 12 月第 1 版
印　　次 / 2018 年 12 月第 1 次印刷
开　　本 / 710×1000　1/16
字　　数 / 350 千字
印　　张 / 13.75
书　　号 / ISBN 978 - 7 - 5426 - 6567 - 6/D・409
定　　价 / 58.00 元

敬启读者,如发现本书有印装质量问题,请与印刷厂联系 021 - 66012351